Stella Adler

Die Schule der Schauspielkunst

Stella Adler

Die Schule der Schauspielkunst

The Art of Acting
22 Lektionen

Herausgegeben von Howard Kissel

Aus dem amerikanischen Englisch
von Maria Buchwald und Angela Schumitz

HENSCHEL

Bibliografische Information der Deutschen Nationalbibliothek
Die Deutsche Bibliothek verzeichnet diese Publikation in der Deutschen Nationalbibliografie; detaillierte bbliografische Daten sind im Internet über http://dnb.dnb.de abrufbar.

ISBN 978-3-89487-506-0

7. Auflage 2025

Übersetzung: Maria Buchwald und Angela Schumitz
Lektorat: Susanne Van Volxem
Umschlaggestaltung: Ingo Scheffler, Berlin
Porträt Stella Adler auf dem Umschlag: © Irene Gilbert, Archival Collection, Stella Adler Academy and Theatre, Los Angeles
Satz und Gestaltung: Grafikstudio Scheffler, Berlin
Druck und Bindung: MultiPrint Ltd.
Printed in the EU

www.henschel-verlag.de

Inhalt

Vorwort

Stella Adler ist für mich viel mehr als eine Schauspiellehrerin. In ihrer Arbeit vermittelt sie dem Schauspieler das Nützlichste überhaupt: wie man die eigenen emotionalen Abläufe und damit auch die der anderen versteht. Dabei hat sie – im Gegensatz zu manch einem Vertreter von *The Method* – sich nie dazu hergegeben, ihre Kenntnisse in aufdringlicher Weise zu vermarkten. Folglich blieb ihr Beitrag zur Theaterkultur weitgehend unbekannt und erhielt sie nicht die Anerkennung und Würdigung, die ihr gebührt hätten.

Soviel ich weiß, war sie die einzige amerikanische Künstlerin, die nach Paris ging, um bei Konstantin Stanislawski zu studieren, der selbst ein begnadeter Beobachter des menschlichen Verhaltens und die herausragendste Persönlichkeit des russischen Theaters war. Sie brachte das Wissen um seine Technik in ihr Land zurück und nahm es in ihren Unterricht auf. Sie konnte nicht ahnen, dass ihre Lehre die Theaterkultur auf der ganzen Welt beeinflussen würde. Fast alle internationalen Filmemacher haben Anregungen durch amerikanische Filme erhalten, die wiederum von Stella Adlers Lehre beeinflusst worden sind. Viele von uns haben sie aus tiefstem Herzen geliebt, und wir alle verdanken ihr eine Menge.

Ich persönlich schulde ihr großen Dank für die unschätzbaren Ratschläge, die ich von ihr erhalten habe, und fühle mich geehrt, dass ich mein ganzes Leben lang mit ihr und ihrer Familie privat und beruflich verbunden sein durfte.

Marlon Brando

Einführung

Stella Adler hatte eine erhabene Auffassung von Theater. Es ging ihr um die zweitausend Jahre alte Idee des Theaters, wie sie stets betonte. Sie hatte nicht die geringsten Zweifel, dass das Theater ein Mittel ist, um Wahrheit zu finden und zu verbreiten. Immer wieder beschwor sie ihre Zuhörer, dass im Theater vor allem die Idee im Vordergrund stehe. In ihren Augen musste ein Schüler, der sich dieses Theaterkonzeptes würdig erweisen wollte, der sich würdig erweisen wollte, einen Fuß auf die Bühne zu setzen, sich mit ebenso viel Engagement darauf vorbereiten wie ein Novize auf die Priesterschaft – auch wenn er nicht so viele Entbehrungen auf sich nehmen musste. Dies mag erklären, warum Stella Adler gelegentlich so streng mit ihren Schülern war: Sie leitete schließlich keine Berufsschule. Ihre Vorstellung von Schauspielkunst hatte mit Beruf im herkömmlichen Sinne nichts zu tun, sondern vielmehr mit *Berufung*. Mit Leuten, die ihre erhabene Vorstellung von der Kunst, die sie bei ihr erlernen wollten, nicht teilten, hatte sie nur wenig Geduld.

Stella Adlers Sicht des Theaters war von drei Männern geprägt: ihrem Vater, Jacob P. Adler, einem der großen Stars des Jiddischen Theaters; ihrem Kollegen Harold Clurman, dem Begründer und geistigen Leiter des *Group Theater*, den sie später heiratete; und Konstantin Stanislawski, dem russischen Schauspieler, der als Erster die besonderen Probleme erkannte, welche das moderne Theater für den Schauspieler aufwirft, und eine Technik ersann, ihnen zu begegnen.

Ihrem Vater verdankte Stella Adler vor allem eine eingehende Kenntnis des Lebens und Arbeitens am Theater. Er war nicht nur der Star seiner Truppe, sondern auch ihr Manager. Ihr familiärer Hintergrund ermöglichte ihr somit Einblicke in sämtliche Aspekte des Theaters. Diese Erfahrungen hätte sie vielleicht auch machen können, wenn ihr Vater nur ein zweitrangiger Schauspieler gewesen wäre, aber das war er nicht: Er war großartig! (Wie sie gerne bemerkte, wusste Stanislawski sehr wohl, dass ihr Vater vor ihm die Hauptrolle in Leo Tolstois DER LEBENDE LEICHNAM gespielt hatte.) Von klein auf hatte er Stella und ihren Geschwistern, von denen einige ebenfalls Schauspieler wurden, die für Schauspieler unabdingbaren Gewohnheiten und Verhaltensweisen nahe gebracht. Tatsächlich schlugen vierzehn Mitglieder des Adler-Clans eine Theaterlaufbahn ein und begründeten damit eine einflussreiche amerikanische Theaterdynastie.

Wenngleich ihre Beziehung zu Harold Clurman sehr komplex und nicht immer eitel Sonnenschein war, machte sie nie ein Hehl daraus, in welch hohem Maße sie sich ihm als Lehrer verpflichtet fühlte, als Mann mit einem profunden Verständnis von Theater. Für sie war er ein Visionär. Sein nahezu spiritueller Glaube an die Macht des Theaters hatte ihn zur Gründung des *Group Theater* veranlasst. In den düsteren Zeiten der Depression war diese Theatergruppe ein Lichtblick für viele, die der Ansicht waren, das Theater könne über die Unterhaltung hinaus eine weitaus bedeutendere Rolle im amerikanischen Leben spielen. In REAL LIFE, ihrem Buch über das *Group Theater*, stellte Wendy Smith fest, dass Clurman den oft recht angeschlagenen *Group*-Mitgliedern zu neuer Inspiration und einem missionarischen Gefühl verhalf. Für die zunehmend auf Erfolgskurs segelnde Stella Adler bedeutete der Anschluss ans *Group Theater* in finanzieller Hinsicht einen Rückschritt, und doch unternahm sie diesen Schritt, denn sie teilte Clurmans Visionen. Es ist wohl kein Zufall, dass viele Mitglieder des *Group Theater* Juden waren. Sie erhofften sich eine Erfüllung ihrer messianischen Sehnsüchte, die sie nicht mehr an den Glauben ihrer Vorväter koppeln konnten. Freilich ist es genauso wenig ein Zufall, dass die dauerhafteste Wirkung dieser Theatertruppe pädagogischer Art war. Die Gruppe brachte eine Reihe großartiger Schauspieler und einige ausgezeichnete Regisseure hervor, doch das folgenreichste Ergebnis ihrer kurzen, turbulenten Existenz – die *Group* bestand knapp zehn Jahre lang – war die Herausbildung einiger der angesehensten Schauspiellehrer der Nachkriegszeit: Lee Strasberg, Sanford Meisner, Robert Lewis und natürlich Stella Adler.

Was Stanislawski angeht, den dritten Mann, der Stella Adler stark beeinflusst hat, so war sie sehr stolz darauf, als Einzige von all denjenigen, die ihren Lebensunterhalt mit der Vermittlung seiner Schauspielmethode verdienten, tatsächlich bei ihm selbst studiert zu haben. Zum ersten Mal in Berührung mit ihm bzw. seinen Theorien kam sie über Lee Strasberg, der zusammen mit Clurman und Cheryl Crawford das *Group Theater* gegründet hatte. Allerdings interpretierte er Stanislawski auf eine Weise, die Stella Adler von Anfang an große Schwierigkeiten bereitete. Anders als viele Kollegen vom *Group Theater*, die dort ihre ersten Schritte auf der Bühne machten, hatte Stella Adler in der Kompanie ihrer Eltern bereits jahrelang Bühnenerfahrung gesammelt, wodurch sie in der Lage war, Strasbergs Ansatz auf seine Praxisfähigkeit hin zu überprüfen. Bis sie Stanislawski persönlich begegnete, konnte sie zwar nicht wissen, wie Strasberg dessen Ideen im Einzelnen abgewandelt hatte, doch sie spürte instinktiv, dass sie das, was Strasberg den größtenteils recht unbedarften *Group* Mitgliedern eintrichterte, nicht akzeptieren konnte.

»Mr. Stanislawski, ich habe das Theater geliebt, bis Sie kamen«, erklärte sie ihm, als sie ihn in Paris kennen lernte, »aber jetzt hasse ich es«. Stanislawski lud sie ein, sich seine Technik von ihm persönlich erläutern zu lassen. Ein paar Monate lang ging sie täglich zu ihm zum Unterricht. Ihre Erkenntnisse aus dieser Zeit bestärkten sie in der Vermutung, dass das, was Strasberg der *Group* beibrachte, seine eigene Methode war und nicht die von Stanislawski.

Im Kern der Auseinandersetzung zwischen Stella Adler und Lee Strasberg ging es um das emotionale Gedächtnis, ein Konzept, das Stanislawski zu Anfang seiner Beschäftigung mit der Frage, was Schauspielen eigentlich sei, entwickelt, im Laufe der Zeit aber anderen Konzepten untergeordnet hatte. Für Strasberg lag die zentrale Aufgabe des Schauspielers darin, sich früher erlebte Gefühle ins Bewusstsein zu rufen. Bei Stella Adler – und wie sie betonte auch bei Stanislawski – muss die Vorstellungskraft die Führung übernehmen. Die emotionalen Erfahrungen des Schauspielers sind anders als die der Figur, die er spielt. Der Schauspieler muss sich mit Hilfe seiner Intelligenz und Fantasie einen Zugang zum Geist seiner Figur verschaffen. Das Spielen ist laut Stella Adler etwas, was sich nach außen wendet, dem Publikum zu, und nicht etwas, worin sich der Schauspieler nur selbst spiegelt. Für sie bedeutete Schauspielen Handeln. Handlungen, so ihre Auffassung, erregen Gefühle sowohl im Schauspieler als auch bei den Zuschauern. Wenn der Schauspieler das Wesen der Handlungen, die er spielt, begreift, hilft er dem Publikum, sein Verhalten besser zu verstehen.

Die Betonung auf das Tun und nicht das Fühlen macht die Adler-Methode brauchbarer. Man kann vom Schauspieler durchaus verlangen, Handlungen zu spielen, jedoch nicht, Gefühle heraufzubeschwören – das war Stella Adlers und Stanislawskis Ansicht. Jener Herangehensweise ans Schauspielen liegt die Auffassung zugrunde, dass Handlungen einen tieferen Hintergrund haben und dass das Wesen einer Handlung es wert ist, darüber zu streiten. In dieser Hinsicht – der Vergleich mag hier gestattet sein – war ihr Unterricht eine säkularisierte Form der Interpretationskämpfe, die sich die Juden seit Tausenden von Jahren bei der Beschäftigung mit ihren religiösen Schriften liefern. Und auch ihre Auseinandersetzungen mit den anderen ehemaligen *Group*-Mitgliedern, die ebenfalls Schauspiellehrer wurden, können so gesehen werden.

Angesichts der Persönlichkeiten von Lee Strasberg und Stella Adler erscheint es seltsam, dass Strasberg der Bekanntere von beiden wurde. Stella Adler hatte eine immense theatralische Ausstrahlung. Sie war eine wunderschöne Frau und konnte sich großartig präsentieren. Der Komponist Richard Adler erinnerte sich, dass sie in den vierziger Jahren unweigerlich die auffälligste Erscheinung in einem Raum war, der Mensch, dem sich alle Augen zuwandten – selbst wenn Chaplin anwesend war.

Sie gebot großen Respekt. In den siebziger Jahren verblüffte ihr ehemaliger Schüler Marlon Brando, der Mann, der T-Shirt und Jeans zur Uniform des modernen Schauspielers gemacht hatte, einen Journalisten, indem er mit Krawatte und Anzug auftauchte. Als der Journalist ihn fragte, warum er denn so gekleidet sei, erklärte Brando, dass er mit Stella Adler zu Mittag essen wolle.

Doch trotz ihres schillernden Auftretens konnte sie sich nicht besonders gut vermarkten. Mitte der sechziger Jahre wurden Strasberg und sie nach Moskau eingeladen, um sich ein Stück des *Moscow Art Theater* anzuschauen, das Stanislawskis Lehren folgte. Nach ihrer Rückkehr lud Stella Adler die Lehrer ihres Studios zum Abendessen ein, um ihnen zu berichten, was sie in Moskau erfahren hatte, Lee Strasberg dagegen veranstaltete gleich eine Pressekonferenz.

Dieses Buch verdankt seine Entstehung der Beziehung Stella Adlers zu Glenn Young, dem Gründungsverleger von Applause Books. Young zufolge ist ihre Verbindung bei ihren vielen Gesprächen über die Stücke Ibsens, Strindbergs und Tschechows entstanden. »Ich habe mich immer für das interessiert, was zwischen den Zeilen eines Textes zu lesen ist, bestimmte Momente, bestimmte Eigenschaften der Figuren«, erzählte Young. »Ich glaube, die Tatsache, dass da jemand ein spezifisches Interesse an diesen Stücken hatte, ein Interesse an ihrer subatomaren Ebene, hat sie fasziniert. Auf dieser Ebene verstanden wir uns großartig.«

Alle, die Stella Adler kannten, wussten, wie reich, wie barock ihr Geist war, mit welchem Elan sie viele Dinge gleichzeitig anging. Wenn jemand begriffen hatte, dass das Theater der Schnittpunkt von Geschichte, Philosophie, Ökonomie, Psychologie, Farbe und Licht ist, dann war das Stella Adler. Ihre Vorstellungswelt ließ sich nicht auf etwas reduzieren und auch nicht korrigieren. Sie hatte etwas sehr Bodenständiges an sich.

In gewisser Weise war Stella Adler regelrecht extravagant, und sie forderte auch ihre Schüler dazu auf, extravagant zu sein. Sie bot ihnen ein Zugangsrecht zu dieser »intellektuellen Extravaganz«. Das Buch, das schließlich über sie erschien, kam mir wie eine Antithese dazu vor. Es war ein blasses, sehr formales, eindimensionales Buch, ohne Wagnis, ohne Leidenschaft. All das Feurige an Stella war hier gezähmt worden. Dennoch scheint es eine Menge Leute gegeben zu haben, die ihr immer wieder erzählten, wie sehr sie dieses Buch liebten. Ich war wahrscheinlich der Erste, der bemerkte, dass es wohl kaum als das beste Zeugnis ihres Vermachtnisses anzusehen war.

Eines Tages bestellte sie mich in ihre Wohnung in der Nähe des Metropolitan Museum an der Fifth Avenue. Sie führte mich in einen kleinen Raum, an dessen Wänden sich reihenweise Kladden und Notizbücher stapelten. »Darling, mein ganzes Leben steckt in diesem Zimmer. Ich hätte gern, dass du dich hier ein wenig umschaust und mir dann sagst, was man mit diesem meinem Leben anfangen kann.«

Jeder, der Stella Adler kannte, wusste, dass sie sehr schüchtern sein, aber gleichzeitig wie ein Feldwebel auftreten konnte. Mit dieser Bitte überreichte sie mir ihre Wohnungsschlüssel und verschwand nach Kalifornien. Den ganzen Sommer lang suchte ich immer wieder das kleine Zimmer auf. Stundenlang saß ich dort, ohne mir viel aufzuschreiben. Sie hatte ihre Notizen während der Arbeit verfasst, und ich las ein Heft nach dem anderen. Viele der Aufzeichnungen wiederholten sich, waren gleichsam Reinkarnationen ihrer selbst. Aber selbst in diesen Fällen gab es immer wieder ein Überraschungsmoment, ein neues Beispiel, eine neue Ausnahme, die ihr in den Sinn gekommen war.

Kurz nach ihrer Rückkehr aus Kalifornien, wo sie unterrichtet hatte, zitierte sie mich wieder zu sich und fragte mich, zu was ich ihr riete. Spätestens an diesem Punkt war mir klar geworden, dass man Stella Adlers Methodik nur dann angemessen wiedergeben könnte, wenn man sie in ihrer ganzen Persönlichkeit darstellen würde. Ich wusste, ohne die Magie ihrer Stimme würde auch die Magie ihrer Ideen niemals spürbar werden. Das wahre Leben zwischen den Synapsen der Gedanken musste deutlich zu erkennen sein. Stella Adlers einzigartiges Wesen, ihr intellektuelles Vermögen, ihre Großherzigkeit mussten widergespiegelt werden, jener Geist, der dem Theater und der Szene der New Yorker Theaterschulen fehlte.

Als es dann so weit war, dass dieses Buch realisiert werden sollte, war mein einziges Anliegen, in jeder Zeile Stella Adlers Stimme hörbar werden zu lassen. Das größte Lob für dieses Buch bestünde darin, dass eines Tages jemand um die Aufführungsrechte für eines der Kapitel bitten würde.

Wenn Stella Adler zu ihrem Unterricht kam, betrat eine Aristokratin des Geistes das Klassenzimmer. Ich wollte, dass der Leser verstand, warum ein paar der zynischsten, verrücktesten und respektlosesten jungen Leute, die sich unweigerlich unter den New Yorker Künstlern und Schauspielern befanden, ohne Zögern aufstanden und applaudierten, sobald Stella Adler den Raum betrat.

Darin also bestand der Auftrag, den Glenn Young mir erteilte: nicht nur die Lehren Stella Adlers zu vermitteln, sondern auch ihren Tonfall.

Sie unterrichtete mit Leidenschaft. Als ich sie 1983 interviewte, sagte sie, für sie sei der Unterricht eine Form des Schauspielens, und das war es wohl tatsächlich, wenn ich von der Stunde ausgehe, die ich miterlebt und an deren Anfang ein bewegender Nachruf auf den soeben verstorbenen Tennessee Williams gestanden hatte. Viele ihrer Lektionen, die ich mir vom Tonband anhörte, hatten einen dramatischen Aufbau: zuerst eine förmliche Einführung, dann eine Vertiefung des Unterrichtsstoffes, dann eine plötzliche Eskalation hin zu heftigen Gefühlsausbrüchen, während derer die Schüler oft schrecklich angeschrien wurden, gefolgt von einem Abkühlen und schließlich, fast wie eine Geste der Wiedergutmachung, einem unerwartet intimen Tonfall.

Die Kapitel dieses Buches beruhen auf einer Reihe von 1983 entstandenen Tonbandaufzeichnungen, einem von Stuart Little 1985 verfassten Manuskript und einer gekürzten Fassung dieses Manuskriptes sowie einer Reihe von Transkriptionen ihrer Lektionen, die Marjorie Loggia und Milton Justice angefertigt hatten. Hinzu kommen eine Reihe weiterer Transkriptionen ohne eindeutigen Verfasser und zahlreiche Notizbücher zu ihrem Unterricht. Einiges ist auch aus einem 1988 erschienenen Buch über ihre Methodik eingeflossen.

Was ich persönlich über Stella Adlers Methodik weiß, basiert auf dem Schauspielunterricht, den ich bei einem ihrer Schüler, Ivan Kronenfeld, genommen habe, für den ich ihm unendlich dankbar bin. Auch Ron Burrus, der viele Jahre lang eng mit ihr zusammengearbeitet hat, bin ich dankbar dafür, dass ich ihm bei seinem Unterricht zusehen durfte.

Dieses Buch ist keines der üblichen Anleitungsbücher für Schauspieler. Ich glaube, ein solcher Ansatz hätte Stella Adler beleidigt. Für sie war die Schauspielkunst unlösbar verbunden mit ihrer Philosophie über die Welt, in welcher der Schauspieler agiert. Die Welt in Stella Adlers Augen – und wahrscheinlich auch in denen eines Propheten aus dem Alten Testament – ist eine gefallene Welt.

In ihren Bemerkungen über den Archetyp des Aristokraten sagt sie: »Eine große Gefahr für uns alle liegt in der politischen Gleichmacherei. Heute sehen wir nichts mehr, das größer werden will. Wir vermuten, dass alles immer weiter abfällt, dünner wird, schmieriger, gewöhnlicher, gleichgültiger. Genau darin liegt die Krise. Mit der Angst vor dem Menschen haben wir auch die Liebe zum Menschen verloren, die Achtung für ihn, die Hoffnung auf ihn. Diese Zukunftsaussicht bedrückt uns. Worin besteht der momentane Nihilismus, wenn nicht darin? Wir sind des Menschen überdrüssig.«

Unabhängig davon, was ihre Schüler sich vorstellten, bereitete Stella Adler sie nicht auf eine Fernseh- oder Filmkarriere vor, sondern auf ihre mögliche Begegnung mit den »geheiligten Texten« der dramatischen Literatur. Ihre Schüler sollten sich vornehmen, König Lear oder Hedda Gabler zu spielen, nicht Lance und Cherie in irgendeiner Vorabendserie.

Colleen Dewhurst erzählte einmal, als junge Schauspielerin sei sie bei Adlers und Clurmans Unterricht recht überrascht gewesen, dass diese ihre Schüler Könige und Königinnen spielen ließen. Bis dahin, meinte Dewhurst, hätten sie und ihre Mitschüler immer nur die Küche – die Küche der Arbeiterklasse, wohlgemerkt – als Handlungsort für großes Drama betrachtet und nie darüber hinaus gedacht. Und so ist es leider nach wie vor viel zu oft.

Eine solche Kurzsichtigkeit macht es umso wichtiger, dass Stella Adlers Stimme weiterhin gehört wird, in all ihrer Komplexität, ihrer Leidenschaftlichkeit, ihrer gelegentlich komischen Abfälligkeit, ihrer oft überhöhten Wut, ihrer Weisheit und ihrer unleugbar patriarchischen Würde.

Howard Kissel

1. Lektion

Die ersten Schritte auf den Brettern, die die Welt bedeuten

In den folgenden Lektionen werden Sie noch häufig von mir zu hören bekommen, dass es beim Schauspielen nicht um Sie als Person geht. Aber gleich zu Beginn will ich Ihnen auch verraten, dass es sehr wohl auf Sie ankommt. Ihr Leben hält Sie unaufhörlich auf Trab. Vielleicht haben Sie für Ihren Frühstückskaffee keine Zeit mehr gefunden, oder es reichte nur noch für einen schnellen Espresso in der Cafeteria. Vielleicht schreit Ihr kleines Kind zu Hause, Ihr Mann liebt Sie nicht mehr, oder Ihr Freund hat Sie nicht angerufen. Jeder hat seine eigenen Sorgen und Nöte. Und dann gibt es da noch jene zerstreuten, orientierungslosen Menschen, die sich völlig grundlos verspäten. Einfach so, weil das nun mal ihre Art ist.

Sie müssen sich ein für allemal klar machen, dass Sie die Außenwelt draußen lassen müssen, sobald Sie diesen Raum betreten. Hier ist Ihr ganzes Selbst gefragt. Sie brauchen weder Ihren Vater noch Ihre Mutter. Auch nicht Ihren Mann oder Ihr Kind. Und was in der *New York Times* steht, darf Sie auch nicht kümmern.

Sie benötigen hier hundertprozentige Ichbezogenheit.

Sie erlernen einen Beruf, den es bereits seit zweitausend Jahren gibt. Doch in der heutigen Welt Schauspieler zu sein, bedeutet nicht mehr das Gleiche wie früher. Heutzutage sind Schauspieler mit Anforderungen und Gegebenheiten konfrontiert, von denen man sich vor fünfzig Jahren überhaupt keine Vorstellung machte. In meiner Anfangszeit als junge Schauspielerin wäre es einem Impresario oder Regisseur einfach nicht in den Sinn gekommen, eine Schauspielerin aufzufordern, als Julia vorzusprechen. Vorsprechen war damals schlicht nicht üblich. Niemand hätte ROMEO UND JULIA inszeniert, ohne einen geeigneten Romeo, eine Julia, eine Amme oder einen Bruder Lorenzo im Ensemble zu haben. Da wir alle Mitglieder einer Theatertruppe waren und mit dieser durch die Provinz tingelten, konnte man über einen längeren Zeitraum hinweg beobachten, wie wir uns weiterentwickelten. Dadurch wurde nach und nach offenkundig, für welche Art von Rollen wir uns eigneten und für welche nicht. Wir übernahmen Nebenrollen und lernten auf diese Weise zu spielen. Man zeigte uns, wie ein Speer zu halten war. Hielt einer den Speer nicht richtig, wurde es ihm noch einmal gezeigt. So lernten wir, wie man einen Speer hält – und manch einer auch, wie man den Hamlet spielt.

Diese Chance, diese Erziehung zum Schauspieler, bietet sich Ihnen heute nicht mehr – auch wenn Sie das zu wissen meinen, weil Sie mit dem amerikanischen Traum groß geworden sind, Schauspieler würden an der Theke im Drugstore nebenan »entdeckt«. Selbst wenn dieser Traum eines Tages wahr werden und Sie auf Anhieb nach oben kommen sollten, wären Sie doch ein bedauernswerter Schauspieler, der nicht gelernt hat, einen Speer zu halten. Sie wüssten nicht einmal, warum das so ist.

Sobald Sie einen Speer in Händen halten, verwandeln Sie sich. Sie müssen herausfinden, was es früher bedeutete, ein solches Wurfgerät zu halten. In unserer heutigen Zeit gibt es keine Anlässe mehr dafür, einen Speer zu tragen. Zumindest nicht die gleichen wie in früheren Zeiten. Früher gab es dafür wichtige Gründe – auch dafür, den Speer auf die richtige Weise zu tragen. Tat man es bei einer großen Feierlichkeit? Oder diente er als Waffe im Krieg? Sie müssen zunächst einmal diese Gründe verstehen. Das ist das Wesentliche an unserer schauspielerischen Arbeit. Heutzutage können Sie in diesem Beruf gleich ganz oben anfangen, auch wenn Sie niemals einen Speer in der Hand hielten. Heute gibt es Schauspieler, die aus dem Stand heraus die Hauptrolle bekommen. Es kommt einzig und allein darauf an, wo und wie man Sie einsetzt. Das ist ein völlig neues Phänomen.

Zu meiner Zeit wurde man nicht im Drugstore aufgefordert: »Spielen Sie doch den d'Artagnan!« Wir gehörten ja einer Schauspieltruppe an. Man verkörperte einen jungen Mann oder vielleicht auch einen alten. Entweder spielten wir kleine Rollen in Komödien oder Dramen. Gab einer den Falstaff, so konnte er nicht den Romeo spielen. In solch einer Truppe entdeckte ein jeder sein Potenzial. Die heutigen Schauspieler hingegen müssen auf diese wertvolle Erfahrung verzichten. Sie und Ihr Potenzial sind eine unbekannte Größe. Die einzige Möglichkeit, Ihr Potenzial zu erkunden und das Metier schnell zu erlernen – denn das es ist, was heutzutage von Ihnen erwartet wird –, sind Studios und Schauspielschulen.

Heute trifft man zuweilen auf die ziemlich versnobte Auffassung, Schauspielen lerne man nicht in der Praxis. Dahinter steckt die Überzeugung, dass man das Schauspielen in einer Schule lernen muss. Nun, ich bin durchs Schauspielen Schauspielerin geworden. Doch diese Zeiten sind längst vorbei. Einst reisten die Menschen im Planwagen durch Amerika. Auch das ist vorbei. Schauspielschulen sind zwar nicht der ideale Ort, doch die einzige Möglichkeit, die Sie haben. Deshalb sind Sie hier.

Sie kommen zu mir, um ein Handwerk zu erlernen, das auf eine zweitausendjährige Tradition zurückblickt. Die Anfänge des Theaters haben ihren Ursprung in der griechischen Antike. Der Strom der Bühnenstücke reicht vom alten Rom über das elisabethanische Zeitalter, die Zeit von

Jakob I, die Restauration und die französische Renaissance, die Romantik, den Realismus und Naturalismus Ibsens bis in die Gegenwart. Diese Tradition umfasst alle regionalen und nationalen Eigenarten, alle Sprachen, die unterschiedlichen Stile und Epochen, die verschiedenen Gesellschaftsschichten, Sitten und Gebräuche aus vergangenen Zeiten, die Mode, die sich von einer Generation zur nächsten wandelte, das sich verändernde Mobiliar, den Zeitgeist sowie die Entwicklung, die aus dem irdenen Becher einen Pappbecher werden ließ.

Das ist heute das Erbe eines jeden Schauspielers, eines jeden Theaterschülers. Also eine ganze Menge, was da auf Sie zukommt, aber irgendwie muss Ihnen das bewusst gemacht werden. Ein junger Schauspieler neigt heutzutage dazu, sich im Kleinen einzurichten. Er versucht, seine kleinen Gefühle zu schützen, während er in seinen Jeans bequem auf einem kleinen Stuhl sitzt und auf seine kleine Welt schaut, die gerade mal von einer Ecke zur anderen reicht. Er beschränkt sich auf die Normen seiner eigenen Generation, lebt in den engen Grenzen seiner unmittelbaren Umgebung und interessiert sich für nichts, was über den eigenen Erfahrungshorizont hinausgeht. Die Folgen sind mangelnde Achtung gegenüber der Welt im Allgemeinen und Ignoranz gegenüber allem, was ihm fremd ist. Allmählich geht ihm die realistische Einschätzung der eigenen Stärken und Schwächen verloren, denn er findet nichts, womit er sich messen könnte.

Es ist Zeit, endlich die Scheuklappen abzunehmen.

Sie kommen aus unterschiedlichen Kreisen und gesellschaftlichen Zusammenhängen. Was Sie hierher geführt hat, ist die Tatsache, dass Sie Talent haben. Sie dürfen das ruhig wörtlich nehmen. Allein schon die Tatsache, dass Sie es fertig gebracht haben zu sagen: »Ich will Schauspieler werden«, ist ein erstes Zeichen von Talent.

Wichtig ist – und daran sollten Sie immer wieder denken –, dass Sie den Mut hatten, hierher zu kommen, dass Sie aus eigenem Antrieb hier angerufen haben und schließlich zu mir gekommen sind. Mit gutem Gewissen können Sie sagen: »Ich habe bereits einen Pluspunkt erworben.« Für nichts auf der Welt dürfen Sie das jemals wieder aufgeben. Sie haben etwas erreicht.

In unserer Gesellschaft, wo man ständig Altes durch Neues ersetzt, haben viele von Ihnen das Bestreben, eine Menge Geld zu verdienen. Selbst wenn Sie Priester werden wollten, würden Sie versuchen, irgendwie Kapital daraus zu schlagen. Ich habe zwar noch nie einen Priester danach gefragt, aber irgendwann werde ich es tun. Diesen Wunsch nach Wohlstand haben Sie nun einmal. Und Ihre Eltern bestätigen Sie darin. Jeder sagt Ihnen, Sie müssten erfolgreich sein. Erfolg bedeutet für manche von Ihnen Film und Fernsehen, es bedeutet, ohne Pause beschäftigt zu sein. Es bedeutet, Applaus zu erhalten. Es verleiht Ihnen ein Gefühl der Bestätigung.

Und nun will ich Ihnen ein großes Geheimnis verraten: Kein Schauspieler ist wirklich erfolgreich, sofern er nicht sein Leben lang tief in seinem Inneren davon überzeugt ist, dass er gut ist. Wenn Sie selbst nicht davon überzeugt sind, dass Sie gut sind, kann Ihnen keine noch so hohe Gage dieses Gefühl vermitteln! Kein noch so stürmischer Applaus und kein Erfolgssysmbol! Dieses Gefühl, dieses Selbstvertrauen muss ein Schauspieler trotz aller Widrigkeiten in sich tragen. Und es ist unsere, meine Aufgabe, dieses Selbstvertrauen in Ihnen zu verankern. Und wenn Sie es dann haben, werden Sie mich nicht mehr brauchen. Sie werden niemanden mehr brauchen. Sie werden mit dem Regisseur *zusammenarbeiten*, aber Sie werden niemals sagen: »Helfen Sie mir!«

Ich habe erlebt, dass Leute zu mir kamen und mich fragten: »Lehren Sie *The Method*?«

Nun, Stanislawski selbst – und ich sage Ihnen voller Stolz, dass ich meines Wissens der einzige Mensch bin, der tatsächlich mit ihm gearbeitet hat –, war ein sehr konservativer Lehrer. Wenn Sie seine Bücher lesen, wird Ihnen das auffallen. Aber besser ist, Sie lesen seine Bücher gar nicht erst, denn das ist vollkommen zwecklos. Er stammte aus einer Kultur, die der Ihren völlig fremd ist, und Sie würden ihn überhaupt nicht verstehen. In seinem zweiten und seinem dritten Buch spricht er ständig über die Schönheit eines Vokals und darüber, was das »s« uns sagt, und dass es eine Unmenge Bedeutungen haben kann. All das würde Sie nur verwirren. Er beschäftigte sich intensiv mit vielen Dingen, die nichts mit der so genannten Interpretation der *Method* zu tun haben.

Stanislawski hatte seine Methode. Verstehen Sie? Eine Methode, die den französischen Schauspielstil mit einbezog, der wiederum auf der Commedia dell'Arte basierte. Es war eine Methode, die die italienische Schule des Opernschauspiels in sich aufgenommen hatte. Für Stanislawski war Tommaso Salvini der größte Schauspieler, und von Salvini stammt der Ausspruch: »Was ist Schauspielen? Stimme, Stimme und nochmals Stimme.« Auch dies nahm Stanislawski in seine Methode auf.

Die *Method* ist etwas, was Sie mit meiner Hilfe finden werden. Ich bin eine von zwei Millionen, die davon inspiriert worden sind. Aber mein spezieller Beitrag dazu wird Sie davon *unabhängig* machen. Danach werden Sie stark genug sein, sie neu zu formulieren und Ihren eigenen Weg zu gehen.

Heutzutage ist es sehr in Mode, ein *Method*-Schauspieler zu sein. Deshalb ist es an der Zeit, das zu ändern. Wenn etwas wirklich in Mode ist, dann ist etwas falsch daran. Einmal kam ein Schauspieler auf mich zu und sagte: »Ich bin ein *Method*-Schauspieler« und murmelte dann noch irgendetwas. Ich sagte zu ihm: »Verschwinden Sie von hier. So was will ich hier nicht. Das ist mir zu dekadent.«

Es wird Ihnen nicht zehn Mal in Ihrem Leben die Chance geboten werden, dies hier zu lernen. Sie haben Glück, weil ich aus derselben Gesellschaft wie Sie komme. Die Gesellschaft hat mich nicht aufgefressen. Sie hat es zwar versucht, aber ich konnte es verhindern, und irgendwie wird es Ihnen ebenfalls gelingen.

Ich weiß, dass Sie gezwungen sind, sich Ihren Lebensunterhalt zu verdienen, und ich weiß, dass Sie Erfolg haben müssen. Ich weiß, dass wir in unserer Gesellschaft nicht so tun können, als wäre Erfolg nicht wichtig. Heutzutage drängen die Einflüsse der Gesellschaft Sie, schon erfolgreich zu sein, noch ehe Sie die erforderliche Reife dafür erlangt haben. Diese Einflüsse ziehen Sie herunter. Sie haben Sie schon jetzt heruntergezogen – Sie große, wundervolle, junge, viel versprechende Künstler! Sie haben Sie schon so weit heruntergezogen, dass Sie halb davon zerstört sind. Sie wissen es nur nicht, weil Sie sich so sehr danach sehnen, Erfolg zu haben.

Ich möchte, dass Sie in der Lage sind zu sagen: »Sie können mir diese Rolle geben oder auch nicht. Ich weiß, dass ich Schauspieler bin. Ich weiß, dass meine Arbeit zu meinem Leben gehört, ganz gleich, ob man mir die Rolle gibt oder nicht. Ich weiß es, selbst wenn man mir diese Chance nicht gibt.«

Für jeden Dollar, den Sie mit Theaterspielen verdienen wollen, sollten Sie sagen: »Ich will und werde herausfinden, wie ich auch ohne diesen Dollar leben und arbeiten kann.« Für jede Stunde, die Sie mit dem Versuch verbringen, Geld mit Theaterspielen zu verdienen, sollten Sie in Ihre eigene Kunst investieren. Sie werden nicht nur in Form von Geld belohnt werden, sondern mit Weiterentwicklung, mit der Möglichkeit, in Ihrem Beruf zu überleben und ohne äußeren Erfolg auszukommen, mit der Fähigkeit zum inneren Wachstum. Lernen Sie zu arbeiten und sich zu entwickeln, so werden Sie entdecken, dass Ihr Leben von der äußeren Welt nicht zerstört werden kann. Wenn Sie acht Stunden am Tag arbeiten müssen, sollten Sie sich immer mal wieder eine Stunde nehmen, die nur Ihnen gehört und in der es nicht ums Geldverdienen geht. »Wer bin ich?« ist eine wichtige Frage, die Sie sich immer wieder stellen müssen.

Am Ende unserer gemeinsamen Arbeit müssen Sie sagen können: »Mein Leben gehört mir, ganz gleich, wo ich bin.« Sie dürfen nicht am

Boden zerstört sein, weil irgendjemand Ihnen eine Rolle nicht gibt. Und das können Sie erreichen, indem Sie für jede Stunde, die Sie mit Geldverdienen verbringen, auch etwas für sich selbst tun. Ihr Los ist es, Ihre Zeit für eine Weile aufzuteilen. Das unterscheidet einen Schauspieler, der einfach nur eine Rolle bekommen will, von einem Schauspieler, der eine Rolle spielt, weil das zu seinem Leben gehört.

Selbst wenn Sie ganz von dem Ziel, Erfolg zu haben, durchdrungen sind – und vielleicht ist das so –, wird diese Ausbildung Ihnen helfen, immer zu wissen, was Sie in jedwede Erfahrung im Theater einbringen müssen. Ansonsten könnte es sehr wohl passieren, dass Sie irgendwann einmal erfolgreich sind, aber in dem Augenblick, wo Sie es nicht mehr sind, völlig am Boden zerstört sind. Und das ist gefährlich. Solange Sie leben, müssen Sie über alles die Kontrolle behalten. Und da Sie Schauspieler sind, müssen Sie eben über diese Tätigkeit die Kontrolle behalten.

Ich werde Ihnen helfen, sich zu fordern, aber zuallererst müssen Sie sich über Ihr eigenes Ziel im Klaren sein.

Ihre erste Aufgabe besteht darin, aufzuschreiben, welches Ziel Sie haben. Sie können zum Beispiel schreiben: »Ich erhoffe mir Glanz vom Theater, Lachen und Spaß. Dafür muss ich tanzen lernen und brauche einen Körper, der sehr beweglich ist. Ich will singen lernen. Ich muss Noten lesen lernen. Ich muss lernen, mit all den Dingen umzugehen, die für die Unterhaltung erforderlich sind, die beständig und gut sind und die ganze Zeit meine gesamten Fähigkeiten verlangen. Und nicht nur jetzt, sondern auch dann, wenn ich einmal in einer Operette von Gilbert und Sullivan auftrete.«

Sie werden bald sehen, dass Sie, um künstlerisch wahrhafte Größe zu erlangen, sich anstrengen und über sich hinauswachsen müssen. Sie können auf der Bühne nicht so sprechen wie im Alltag. Das geht einfach nicht. Sich anstrengen zu müssen, ist ein großes Privileg. Der Künstler hat ganz allein die Verantwortung, sich hundertprozentig zu fordern. Das ist ganz Ihre Sache. Und es ist nicht leicht. Doch wenn der Künstler seinen vollen Einsatz bringt, blüht die ganze Welt auf.

Zu Beginn dieser Lektion habe ich gesagt, dass Ihnen eine gewisse Ichbezogenheit erlaubt ist, eine Ichbezogenheit, die sich auf die Arbeit konzentriert. Sie müssen mit einer gewissen Ruhe hierher kommen. Und das können Sie nicht, wenn irgendetwas Sie ablenkt: Wo ist mein Buch? Bekomme ich gleich einen Anruf?

Ich verlange Ruhe. Befreien Sie sich von allem – von der Zeitung, von Ihrer Handtasche, von Ihrem Lippenstift. Wenn Sie das tun, werden Sie merken, dass eine Last von Ihnen genommen wurde.

Von mir aus können Sie Ihre diversen Verabredungen verwechseln. Sie können es sogar absichtlich machen. Sie können behaupten, Sie könnten aus diesen oder jenen Gründen nicht zu einer Party gehen. Das interessiert mich alles nicht. Aber Sie dürfen keine einzige Unterrichtsstunde versäumen! Es gibt keinen Grund – abgesehen von einem Todesfall –, eine Stunde auszulassen. Sehen Sie zu, dass Sie keine Erkältung und keine Rückenschmerzen bekommen. Und gehen Sie in dieser Zeit auch nicht zu Ihrem Psychoanalytiker. Das gehört nicht ins Theater.

Sie benötigen eine eiserne Gesundheit. Sie müssen gesund sein und wissen, dass Sie es sind. Schauspieler niesen nicht auf der Bühne. Sie bekommen keine Lungenentzündung. Sie bekommen keinen Schüttelfrost. Sie haben keinen Juckreiz, und Ihre Füße schmerzen nicht. Sie haben keinen Hexenschuss. Nichts dergleichen darf Ihnen passieren. Ihre gute Gesundheit sind Sie sich selbst und Ihrem Beruf schuldig. Ich bin mein Leben lang Schauspielerin gewesen und habe nie unter Kopfschmerzen gelitten. Sie dürfen sich nicht gehen lassen. Ihre Gesundheit ist der Bereich Ihres Lebens, der vollkommen Ihrer Kontrolle unterstehen sollte.

Um alle Schwächen, die Sie haben, müssen Sie sich selbst kümmern. Ich werde nicht zu Ihnen nach Hause kommen und Sie bemuttern, und auch niemand anderes wird es tun. Sie müssen um Ihre Schwächen wissen und sie beheben. Stanislawski lispelte ziemlich stark. Als ich mit ihm in Paris arbeitete, sagte er: »Ich kann Sie morgens nicht treffen. Da arbeite ich immer zwei Stunden lang an meinem Lispeln.« Damals – zwei Jahre, bevor er starb – war er in seinen Siebzigern und Leiter des Moskauer Kunsttheaters. Er wusste, dass er dieses Problem hatte, und arbeitete daran. Jeder, der hier anwesend ist, muss an sich arbeiten. Es ist ein Privileg, die Gelegenheit dazu zu haben.

Wenn Ihr Körper oder Ihre Stimme nicht in einer guten Verfassung ist, kann auch Ihre schauspielerische Leistung nicht befriedigend sein. Verstehen Sie mich? Sie ist dann blockiert, als wären Sie eingesperrt und könnten sich nicht richtig bewegen. Das bedeutet nicht, dass Sie nicht schauspielen können. Es bedeutet, dass neun Zehntel von Ihnen blockiert sind.

In einer Zeit großer Unordnung kann Ordnung Ihr Leben retten. Sie hätten keinen Beruf wählen können, der mehr Ordnung verlangt, denn der Vorhang im Theater muss sich genau um acht Uhr heben, und Sie haben pünktlich da zu sein.

Lässigkeit ist für den Schauspieler bei der Arbeit eher hinderlich. Wenn Sie den ganzen Tag eine (nach)lässige Haltung einnehmen, werden Sie am Ende gleichgültig und gefühllos sein. In seinem Theaterstück HAUS HERZENSTOD hat Bernard Shaw die Figur einer Tochter geschaffen, die ihre

Gefühle so sehr bagatellisiert, dass sie am Ende gar keine mehr hat. Statt eine lässige, gleichgültige Haltung anzunehmen, sollten Sie sich lieber verausgaben und es riskieren, Fehler zu machen. Wenn Sie engagiert und leistungswillig sind, werden Sie Zugang zu Geist, Herz und Seele finden und Selbstvertrauen gewinnen.

Mir geht es darum, dass Sie Ihr Bestes geben. Sie müssen erkennen, was Ihr Bestes ist. Ihr Bestes ist nicht John Barrymores oder Laurence Oliviers oder meins, sondern Ihr ureigenes. Jeder Mensch hat seine Maßstäbe. Und innerhalb dieser Maßstäbe ist jeder ein Star. Olivier könnte auf dem Kopf stehen und wäre trotzdem nicht Sie. Nur Sie können Sie sein.

Wenn Sie hier wären, um Tanz zu studieren, dann ginge es in dieser Unterrichtsstunde um Ihre Beine. Wenn Sie hier wären, um Klavier zu studieren, ginge es um das Instrument. Der Schauspieler benutzt seine Beine. Er benutzt seine Stimme, seine Augen, seine Hände. Er benutzt jeden Teil seines Körpers. Sein Körper ist sein Instrument.

Der Schauspieler ist vollkommen der Öffentlichkeit preisgegeben. Er steht auf der Bühne. Er steht im Rampenlicht. Jede seiner Bewegungen wird genau beobachtet. Er kann sich nirgends verstecken. Wenn Sie das Gefühl haben, Sie müssten sich verstecken, dann sind Sie am falschen Ort. Alles, was ein Schauspieler tut, hat Folgen. Es gibt nichts, was nicht zählen, keine Gültigkeit haben würde. Alles ist festgelegt wie die Strecke des *Orient Express*.

Der Schauspieler muss seinen Körper entwickeln. Der Schauspieler muss an seiner Stimme arbeiten. Aber das Wichtigste, woran der Schauspieler arbeiten muss, ist sein Geist.

Heutzutage ist viel von dem, was für Schauspielen gehalten wird, nur das Sichselbstfinden in irgendeiner Rolle. Das interessiert mich nicht. Natürlich müssen Sie Ihre eigenen Erfahrungen in die Rollen, die Sie spielen, einbringen, aber Sie müssen sich gleich zu Anfang klar machen, dass Hamlet kein Mensch wie Sie war.

Das Theater, an dem ich groß wurde, war ein Ort, wo die Schauspieler nicht nur sich selbst spielen wollten, wie so viele Schauspieler das heute anstreben. Sie wollten auch nicht einfach nur Charaktere spielen, die sich von ihren eigenen unterschieden. Sie wollten Charaktere spielen, die bedeutender waren als sie selbst.

Im Theater von heute erreichen die Schauspieler oft nicht das Niveau der von ihnen dargestellten Figuren. Vielmehr ziehen sie die großen Figuren auf ihr eigenes Niveau herunter. Ich fürchte, wir leben in einer Welt, die der Kleinheit huldigt. Übertreibe ich? Ja. Gibt es Ausnahmen? Natürlich. Viele Ausnahmen? Nein.

Es gab eine Zeit, wo man ein großer Schauspieler sein musste, um den

Ödipus zu spielen. Bis vor dreißig oder vierzig Jahren mussten Sie Größe haben, wenn Sie irgendeine wichtige Rolle wie den Hamlet oder den Willy Loman spielen wollten. Schreiben Sie Folgendes auf: »Ich muss Größe entwickeln.« Sie sind hier, um daran zu arbeiten.

Wenn Sie an einen großen Theaterautor herangehen, müssen Sie dem, was groß an ihm ist, gerecht werden. Sie müssen seine Größe ermessen und dieses Format und diese Bedeutung in sich selbst finden. Ich werde noch auf das Wort Größe zurückkommen. Schauspielen hat mit Größe zu tun – darum geht es.

Schauspielen ist mit einer ganzen Anzahl Dinge verbunden, die leicht zu verstehen sind. Viele Schauspieler begreifen entsprechend mühelos, was sie mit ihrer Stimme tun sollen und was sie mit ihrem Körper erreichen können. Manche Übungsaufgaben, die Ihnen aufgegeben werden, kommen Ihnen vielleicht mechanisch vor, aber ich versichere Ihnen, sie sind nur dann mechanisch, wenn Sie sie dazu degradieren. Denn alle zielen auf etwas Umfassenderes ab.

Ihre Aufgabe ist es nicht nur, die Übungen zu machen, sondern sie in dem Bewusstsein von etwas Umfassenderem zu machen. Entweder lernen Sie, jeder Übung so viel Achtung entgegenzubringen, als wäre sie Teil der Eröffnungsvorstellung an der Scala, oder die Eröffnungsvorstellung an der Scala ist für Sie nicht mehr als eine Übung. Verstehen Sie, was ich sagen will?

Bis zu einem gewissen Grad unterliegt das, was wir als Schauspieler tun, vollkommen unserer Kontrolle. Technik ist zuallererst eine Methode zu kontrollieren, was wir auf der Bühne tun. Überdies hilft uns Technik, etwas Tieferes zu erreichen, etwas weniger Fassbares, etwas Schwierigeres, das wir lernen müssen, festzuhalten und umzusetzen.

Der große Schauspieler Laurence Olivier sprach oft über den Augenblick, wenn er sich fertig geschminkt und sein Kostüm angelegt hatte. Er warf dann immer einen letzten Blick in den Spiegel, ehe er seine Garderobe verließ. Manchmal, so erzählte er, habe er bei diesem schnellen Blick das Gefühl, er sähe nicht sich selbst in Schminke und Kostüm. Manchmal habe er den unheimlichen Eindruck, es sei seine Figur, die ihn da aus dem Spiegel anschaue.

Eines Abends, als Olivier den Othello spielte, muss er eine geradezu phänomenale Vorstellung gegeben haben. Sogar er selbst war ganz verblüfft. Und die Zuschauer hörten gar nicht mehr auf zu applaudieren. Maggie Smith, die die Desdemona spielte, war ebenso überwältigt. Als der Vorhang zum letzten Mal niederging, kam sie in seine Garderobe. Sie fand ihn allein im Dunkeln sitzend vor.

»Larry, wie hast du das gemacht?«, fragte sie ihn.

»Ich weiß es nicht«, sagte er. »Ich weiß es nicht.«

Olivier besaß eine enorme Technik. Manchmal haben wir Amerikaner zu viel Achtung vor der Technik der Engländer. Und zuweilen haben wir das Gefühl, diese Technik sei alles, was sie haben, und es fehle ihnen jene elementare, ursprüngliche Emotion, von der wir häufig etwas zu viel haben. Man kann eine solche Vorstellung, wie sie Olivier an diesem Abend geboten haben muss, nicht ohne Technik, nicht ohne immensen Ehrgeiz geben, aber man muss überdies noch unglaubliches Format besitzen.

Interessanterweise geriet Olivier kurz nach dieser großartigen Vorstellung in eine schlimme künstlerische Krise. Es war vermutlich das, was man heute eine Midlife-Krise nennt, aber sie war ungewöhnlich schwer. Er war urplötzlich davon überzeugt, er habe keine Ahnung vom Schauspielen. Jedes Mal, wenn er die Bühne betrat, fürchtete er, es könnte ein Moment in der Vorstellung kommen, wo er gezwungen wäre, zum Publikum hinunterzugehen und die Zuschauer um Verzeihung zu bitten und darum, den Vorhang herabzulassen, weil er plötzlich seinen Text vergessen haben würde oder nicht mehr in der Lage wäre weiterzuspielen. Das passierte zwar niemals, aber jahrelang quälte ihn der Gedanke, es könnte tatsächlich geschehen. Viele Jahre später schilderte er diese Krise in einem Interview, und damals fragte ich mich, ob sie wohl mit jenem Abend zusammenhängen mochte, an dem er eine der besten darstellerischen Leistungen seines Lebens geboten und nachher nicht verstanden hatte, wie es dazu gekommen war.

Jedenfalls sind wir heute nicht mehr gewohnt, eine solche Art des Schauspielens zu sehen. Ich würde sogar so weit gehen zu behaupten, dass sie uns Angst macht. Ich sagte bereits, dass wir in einer Welt leben, die der Kleinheit huldigt. Aber die Bühne, auf der Sie stehen, ist groß. Der Dramatiker ist groß. Nur Sie sind klein – bisher.

Lassen Sie mich Ihnen ein einfaches Beispiel geben. Sie können sagen: »Zwei mal zwei ist vier« und das ziemlich unbedeutend klingen lassen. Sie können dasselbe aber auch auf eine Weise sagen, die offenbart, dass zwei Millionen Jahre Evolution nötig waren, um darauf zu kommen. Das ist es, was wir als Schauspieler vermitteln müssen. Das ist es, was Größe erfordert.

Ich habe ein »Polizeilich gesucht«-Poster, ein Fahndungsplakat, das ich hierher mitbringen werde – für den gefährlichsten Schauspieler von ganz New York. Dieser Schauspieler ist ein Mörder. Machen Sie ja keinen Schritt in seine fantasielose, prosaische Welt! Dieser Schauspieler tötet die Sprache. Er tötet Ideen, weil er sie gewöhnlich und zweitklassig macht. In unserer Welt ist der Schauspieler zum kleinsten, unbedeutendsten Element im Theater geworden. Ich möchte, dass Sie ihn wieder zum stärksten Element im Theater machen.

Ich werde Ihnen helfen, Gewohnheiten zu entwickeln, die Ihnen Größe verleihen. Wir wollen mit Ihrer Sprechweise beginnen. Ihre stimmlichen Fähigkeiten müssen entwickelt werden. Für das Fernsehen reichen sie aus, aber nicht fürs Theater. Wenn Sie auf der Bühne stehen, müssen Sie sich bewusst sein, dass Sie sich an die ganze Welt wenden und dass Ihre Worte so wichtig sind, dass die ganze Welt zuhören muss.

Sie sprechen nicht mit Ihrer eigenen Stimme zur Welt. Sie tun es in der Stimme eines Dramatikers, der bedeutsam für die Welt ist, der die Welt veränderte und nicht nur eine Zeit lang darauf verweilte. Wir müssen die Ungleichheit zwischen Ihrer Alltagssprache und der Sprache bedeutender Autoren verringern.

Benutzen Sie nicht nur die Umgangssprache. Imitieren Sie nicht, was Sie in Ihrem Umfeld hören. Vermeiden Sie die Ausdrucksweise der Penner und Saufbrüder. Denn das ist die Sprache, die der Schauspieler auf dem Fahndungsplakat verwendet. Distanzieren Sie sich davon. Machen Sie nicht gemeinsame Sache mit diesem Schauspieler. Sie haben nur eine geringe Vorstellung von dem, was das »wahre Leben« ist. Sie müssen darüber hinaus gehen.

Das Theater lebt von Worten. Es lebt von der literarischen Qualität der Sprache. Ich möchte, dass Sie darüber nachdenken, wie Sie sprechen. Ich verlange nicht von Ihnen, sich mit den Worten anderer Menschen zu befassen, sondern auf Ihre eigenen Worte zu achten. Das bedeutet, dass Sie sich selbst korrigieren müssen. Sie müssen diszipliniert sein. Wir müssen lernen, korrekt zu sprechen. Ich möchte, dass Sie Ihre Gedanken klar ausdrücken können.

Wir müssen lernen, richtig zu essen. Essen ist hervorragend geeignet, um sich zu disziplinieren. Die Amerikaner sind besessen vom Essen. Von den Büchern auf der Bestsellerliste der *New York Times* geht es in zehn von zwölf um Diäten – in keinem einzigen um Literatur.

Heutzutage trinken die Menschen zu viel. Das schadet dem Körper. Ein Schauspieler darf das nicht tun. Er muss sich disziplinieren.

Sich selbst beim Sprechen zu disziplinieren und zu korrigieren ist eine lebenslange Aufgabe. Das hat nichts mit Vorsprechen oder Proben zu tun. Ich zum Beispiel achte sehr genau darauf, was ich esse, und nicht minder darauf, was ich lese. Sie könnten mich nicht dazu bringen, ein Buch, das ich nicht lesen möchte, auch nur in die Hand zu nehmen – ebenso wenig würde ich eine Flasche Wodka zum Frühstück trinken, nur weil jemand sie auf meinen Tisch gestellt hat.

Wie viele Menschen lesen ziellos? Wie viele Menschen lesen nur zum Zeitvertreib? Sie sind zu alt dafür! Lesen ist nichts Spielerisches. Man tut es, um Wissen zu erwerben. Sie fahren ja auch kein Dreirad mehr, oder? Es ist jetzt Zeit für Dante, nicht für DIE DREI KLEINEN SCHWEINCHEN.

Mein zweiter Ehemann Mitchell Wilson war Wissenschaftler. Er und Enrico Fermi arbeiteten gemeinsam an der Entwicklung der Atombombe. Mein Mann pflegte zu sagen, dass wir in unserer Zeit zehn Jahre hinzugewonnen hätten. Aber nicht an Reife. Wir haben sie an die Jugend drangehängt. Noch mit achtundzwanzig sind wir »Kids«.

Ich verlange nicht von Ihnen, Ihre Unschuld aufzugeben. Wir sind hier, um Ihre Unschuld auszubilden, zu bewahren, zu verfeinern. Aber Sie dürfen Unschuld nicht mit Jugend verwechseln. Ich will, dass Sie unschuldig, weise und dabei fünfundneunzig sind.

Ich möchte, dass Sie DER PROPHET von Khalil Gibran lesen. Gibran wurde als Enkel eines maronitischen Pristers 1883 im Libanon geboren. Als er zwölf war, zog seine Familie nach Boston, aber er ging nach einigen Jahren auf eigenen Wunsch in den Libanon zurück, wo er an der maronitischen Schule in Beirut studierte. Nach seinem Studium unternahm er Reisen durch den ganzen Mittleren Osten. Danach kehrte er in den Westen zurück und verbrachte ein paar Jahre in Paris, wo er bei dem berühmten Bildhauer Rodin studierte, der ihm eine große Zukunft als Künstler voraussagte. Bis zu seinem Tod im Jahr 1931 schuf er viele Werke, in denen er die Weisheit des Ostens und des Westens miteinander verband; das berühmteste ist sein Buch DER PROPHET.

Ich möchte, dass Sie eine seiner Ideen herausnehmen, sie in Ihren eigenen Worten niederschreiben und dann hier auf die Bühne gehen und sie uns vorstellen. Das bedeutet, Sie müssen sich mit dem Text, mit den darin enthaltenen Ideen auseinander setzen. Jeder Text enthält Ideen. Sie müssen ihn immer wieder lesen, und nach und nach werden Sie ihn begreifen. Ich gebe Ihnen deshalb Gibran, weil er imstande ist, Sie zu erheben und dahin zu bringen, wo er Sie hinführen möchte. Ihr Geist ist dem Nüchternen, Seelenlosen zugewandt, aber er will Sie auf sein Niveau heben.

Beim Schauspielen dreht sich alles ums Geben. Der Schauspieler muss vor allem freigiebig sein. Er hortet seine Schätze nicht. Er muss sagen: »Ich will, dass Sie diesen Essay hören. Er enthält wunderbare Ideen.« Aber ehe Sie großzügig sein können, müssen Sie etwas zu geben haben. Ideen kommen nicht aus Ihren Beinen. Sie kommen nicht aus Ihrer Stimme. Sie kommen aus Ihrem Geist. Das Theater ist dafür da, Ihren Geist zu entwickeln. Es ist eine Bildungsstätte für Ihren Geist. Sie können tanzen ohne Geist. Und Sie können sicherlich singen ohne Geist – aber nicht schauspielen.

Tanzen schließt das Denken aus. Sie müssen begreifen, dass ich keine Tanzlehrerin bin. Sie müssen Ihren Körper disziplinieren, damit Sie Ihren Geist benutzen können. Miss Adler ist nicht da, um Ihnen zu helfen, gut auszusehen oder sich gut anzuhören. Ich bin nicht Dale Carnegie!

Ich möchte, dass Sie sich angewöhnen, Dinge zu betrachten und dann aufzuschreiben, was Ihnen daran gefiel und was nicht. Und ich möchte, dass Sie das jeden Tag tun. Wir können sofort damit beginnen. Etwa so: Ich mag die Farbe des Kleides, das Miss Adler trägt. Aber mir gefallen ihre Ohrringe nicht; meiner Meinung nach sind sie geschmacklos. Mir gefällt die lederne Aktentasche, die der Junge in der ersten Reihe hat.

Fügen Sie nach einigen Wochen hinzu, warum Ihnen etwas gefiel. Vielleicht entdecken Sie, dass Sie ein Faible für zerbrochene Pflastersteine haben. Oder aber es geht Ihnen auf, dass Sie zerbrochene Pflastersteine nicht mögen, weil Sie Gegenstände vorziehen, die ihre eigene definierbare Form besitzen. Damit werden Sie allmählich etwas über Ihre Wahrnehmung und Ihren Geschmack herausfinden.

Ich möchte, dass Sie zehn weiße, zehn blaue und zehn rote Gegenstände hier vorstellen, die Sie in dieser Woche gesehen haben – ein roter Gegenstand könnte zum Beispiel der Pullover dieses Mädchens sein, ein blauer der Umschlag des Buches, das dieser Junge hier unter seinen Stuhl gelegt hat.

Es gibt etwas, das über allem anderen steht: die Augen des Schauspielers. Wenn er sieht, sieht er ganz genau. Er verallgemeinert nicht. Er muss achtsam sein. Er muss lernen, den Unterschied zwischen verschiedenen Rots zu erkennen – das Rot eines Sportwagens, das Rot einer Hibiskusblüte und das Rot des Blutes. Das sind drei verschiedene Rots. Und sie bedeuten drei verschiedene Dinge.

Die Fähigkeit, genau zu sehen, hat mit der Fähigkeit, unterschiedlich zu reagieren, zu tun. Sie reagieren auf ein bestimmtes Rot nicht genauso wie auf ein anderes. Sie können passiv auf das Rot eines Hydranten reagieren, dessen Farbe verblasst und stellenweise abgeblättert ist. Dagegen werden Sie nicht passiv auf das leuchtende Rot eines Feuerwehrautos reagieren, das vorbeisaust.

Kritisches Sehen, Selbsterkenntnis, Disziplin und Selbstkontrolle: Das sind die Dinge, an denen wir arbeiten werden. Aber selbst wenn Sie sie beherrschen, wird Ihnen nicht eines von Nutzen sein, wenn die Energie fehlt. Sie müssen die Energie entwickeln, die für die Bühne notwendig ist. Daran müssen Sie arbeiten. Das wird Ihnen nicht einfach so von Gott geschenkt.

Die Welt liegt vor Ihnen. Sie müssen sie wahrnehmen. Sie müssen Dinge sehen, die Sie niemals zuvor gesehen haben. Und dann müssen Sie sie der Welt zurückgeben.

Alles, was Sie als Schauspieler tun, ist wichtig. Sie müssen die Bedeutung dessen, was Sie als Schauspieler geben können, erkennen. Und Sie müssen ein enormes Verantwortungsgefühl für das, was Sie tun, entwickeln. Auf der praktischen Ebene heißt das, dass Sie keine Übungsaufgabe, keine einzige Unterrichtsstunde auslassen dürfen.

Wir sind eine gegenseitige Verpflichtung eingegangen: Sie müssen begreifen, dass diese Verpflichtung eine moralische Dimension hat. Es gab eine Zeit, wo ein Handschlag eine moralische Verpflichtung widerspiegelte, wo Männer eher gestorben wären, als ein Versprechen zu brechen, das mit diesem Handschlag verbunden war.

Der Schauspieler hat die Fähigkeit, diese Stärke zu vermitteln, anderen Menschen verständlich zu machen, dass selbst ein Handschlag eine moralische Bedeutung hat. Ein Schauspieler kann die Zuschauer unendlich viele Dinge fühlen und verstehen lassen.

Theaterautoren sind wichtig. Ebenso Bühnenbildner und Regisseure. Aber man hat es ihnen überlassen, das gesamte Terrain zu beherrschen. Wir Schauspieler müssen den wichtigsten Rang für uns reklamieren. Das ist die eigentliche Botschaft dieser Unterrichtsstunde.

2. Lektion

Die Welt der Bühne ist nicht Ihre eigene Welt

Wenn Sie Schauspieler werden wollen, müssen Sie als Erstes lernen, was Theater bedeuten kann. Und wie viel es bedeuten kann. Ich spreche hier nicht von der verfälschten, verdorbenen Auffassung von Theater, wie wir es heute leider allzu häufig antreffen, sondern von einem Theater, das mehr als zweitausend Jahre lang bestanden hat.

Sie haben die Möglichkeit, diese Schätze aus zweitausend Jahren in sich zu bergen. Aber Sie können nicht weitergeben, was Sie nicht besitzen. Daher müssen Sie das Theater genau so studieren, wie ein Priester oder ein Rabbi die religiösen Schriften studiert. Sie haben das Privileg, eine Verbindung zwischen Tradition und Zukunft herzustellen.

Das Theater muss unweigerlich all das widerspiegeln. Das Wort »Theater« kommt aus dem Griechischen. Es bezeichnet den Ort, an dem man sieht. Den Ort, den Menschen aufsuchen, um die Wahrheit über das

Leben und den Zustand der Gesellschaft zu erfahren. Das Theater ist ein geistiger und sozialer Röntgenstrahl seiner Zeit. Die Bühne kann ebenso wenig lügen wie ein Röntgenstrahl, wenn es darum geht, wer wir sind. Das Theater wurde erschaffen, um den Menschen die Wahrheit zu sagen.

Vor zweitausend Jahren schrieb Sophokles ein Stück über einen Mann namens Ödipus, der einen anderen tötete und danach mit dessen Witwe schlief. Der Mann, den er umbrachte, war sein eigener Vater, und die Frau, mit der er schlief, seine Mutter. Man hatte ihm vorausgesagt, dass er dies tun würde, aber er hatte gedacht, das Schicksal überlisten zu können.

Das, was Ödipus in der gesellschaftlichen Situation seiner Zeit unwissentlich getan hat, war gefährlich und hat das gesamte soziale Leben seiner Gemeinschaft bedroht. Sie hingegen wissen genau, dass bestimmte Verhaltensweisen eine Bedrohung für unser aller Wohlergehen darstellen. Darüber hat Sophokles geschrieben. Es ging ihm darum, Moral und Gerechtigkeit zu lehren.

Doch wir müssen nicht so weit in der Literaturgeschichte zurückgehen, um dies zu verstehen. 1947 schrieb Arthur Miller ein Stück mit dem Titel ALLE MEINE SÖHNE, in dem ein Vater beim Verkauf der Flugzeugteile, die seine Fabrik herstellt, die Regierung übers Ohr haut – mit der Folge, dass vermutlich er der Verantwortliche für den Tod des eigenen Sohnes ist. Das heißt: Wir alle, jeder Einzelne von uns ist bedroht, wenn uns Profit wichtiger ist als Verantwortung. Arthur Miller will uns Moral und Gerechtigkeit lehren. Er sagt: So war es, so ist es, und so wird es immer sein. Das sind die Themen des Theaters. Wenn es nicht auch Ihre Themen sind, können Sie jetzt immer noch aus diesem Kurs aussteigen.

Sie sind hier, um die richtigen Fragen stellen zu lernen, bzw. großen Theaterautoren als Sprachrohr für eben diesen Zweck zu dienen. Seit Sophokles haben Schriftsteller dies getan. Ein Teil Ihrer Vorbereitung muss darin bestehen, die Sprache der Vergangenheit zu verstehen und sie dem Publikum der Gegenwart schmackhaft zu machen.

Seien Sie sich bewusst, dass selbst ein eminent wichtiges Thema bagatellisiert und degradiert werden kann, wenn Sie nicht die Energie und das Interesse aufbringen, es angemessen darzubieten. Wir alle kennen Menschen, die vielleicht die richtigen Fragen stellen, aber dies in einem Ton, als würden sie nach einer Zigarette fragen. Wenn Sie zu diesen Menschen zählen, dann bestimmt nicht mehr lange.

Hören Sie sich selbst zu. Hören Sie Ihren Mitmenschen zu. Hören Sie Substanzielles? Oder geben Sie sich mit langweiligem Alltagsgeschwätz zufrieden? Hier in diesem Raum werden Sie lernen, jedes Thema, über das Sie diskutieren, auf sein höchstes Niveau zu erheben.

Ein Grund, weshalb ich Sie bat, einen Text von Khalil Gibran vorzubereiten, ist, dass seine Schriften »biblisches« Niveau haben. Sie haben Größe. Die meisten von Ihnen tauschen sich in Ihren Gesprächen über Belanglosigkeiten aus. Selten sind die Inhalte Ihrer Unterhaltungen interessanter oder bedeutsamer, als wenn Sie sagen würden: »Ich hätte gerne eine Zigarette.«

Sie müssen begreifen, dass Theater episch ist. Es ist umfassend wie das Alte Testament, das Familienleben oder das Wachstum der Bäume – Sie müssen all dem Aufmerksamkeit schenken. Sie dürfen nichts davon vernachlässigen.

Seien Sie ehrlich: Lesen Sie? Wenn Sie nicht Dante oder Keats oder Dostojewski lesen, dann sind Ihre Lektürebestrebungen nicht ernst zu nehmen. Sie diskutieren nicht über Ideen. Sie wissen gar nicht, wie Sie einander erreichen. Sie führen ein oberflächliches Leben.

Die Kunst des Schauspielens gibt es nicht erst seit heute. Sie hat eine uralte Tradition. Um in England als großer Schauspieler zu gelten, müssen Sie den Hamlet oder König Lear spielen. Hier in Amerika haben Sie diese Tradition nicht. Sie werden nicht in der Westminster Abbey begraben werden. Sie werden niemals zum *Commander of the British Empire* oder zu einem Mitglied des *House of Lords* ernannt werden. Aber Sie werden niemals wirklich groß sein, wenn Sie nicht ein hohes Ziel anstreben. Die Mitwirkung in dem Theaterstück TOD EINES HANDLUNGSREISENDEN kommt in etwa der in HAMLET gleich. Sie müssen dafür gerüstet sein. Damit Sie in bedeutenden Stücken spielen können, muss die Bandbreite Ihrer Schauspielkunst, muss Ihr ganzes Sein, Ihr Leben darauf abgestimmt sein.

Sie sind kein großer Dirigent, wenn Sie die drei Komponisten, die mit B beginnen – Bach, Beethoven und Brahms –, nicht dirigiert haben. Sie werden nie ein großer Komponist sein, ehe Sie nicht eine Symphonie geschaffen haben. Sie werden nie ein großer Schriftsteller sein, wenn Sie nicht in einem gewissen poetischen Stil schreiben.

Als die Zeitschrift *Time* auf mich zukam, um mich über Marlon Brando zu befragen, der einmal mein Schauspielschüler gewesen war, hieß es: »Ist er ein großer Schauspieler?« Ich antwortete: »Das werden wir nie wissen. Er hat bestimmt die Anlage zur Größe in sich, aber kein Schauspieler dieser Welt weiß, ob er groß ist, bevor er nicht die großen Rollen gespielt hat.«

Der erste Aspekt, an dem wir arbeiten wollen, besteht darin, in unserem Geist Bilder zu schaffen, die unseren Worten Energie verleihen. Sie sollen das, worüber Sie sprechen, vor sich sehen. Beginnen Sie immer erst dann zu sprechen.

Deshalb möchte ich, dass Sie sich darauf konzentrieren, die Unterschiede zwischen den verschiedenen Rots, den verschiedenen Blaus zu sehen – zu beobachten, wie Sie auf sie reagieren. Ein Schauspieler, der sich das Rot eines Briefkastens einmal genau angeschaut hat, wird es nie mehr tun, ohne zu sagen: »Ah, das ist das Rot aus meiner Übungsaufgabe.« Er wird nie mehr das Rot eines Nagellacks betrachten und es mit dem Rot der Verkehrsampel verwechseln.

Schauspielen ist keine abstrakte Tätigkeit. Der Schauspieler muss alles, was er macht, real erscheinen lassen. Wenn ich zusammen mit einem Stuhl auf der Bühne bin, so muss dieser Stuhl zum Zentrum meiner Aufmerksamkeit werden, damit er nicht nur ein abstraktes Objekt ist. Es ist dann ein Gegenstand, zu dem ich eine gewisse Beziehung habe.

Manchmal kann ein Stuhl helfen, ein Theaterstück zu definieren. Wenn wir in Edward Albees Stück DER TOD DER BESSIE SMITH den Vater sehen, wissen wir fast alles, was wir über ihn wissen müssen, weil er auf einem zerschlissenen Korbstuhl auf seiner Veranda sitzt. Nichts sagt mehr darüber aus, wer wir sind, als ein zerschlissener Korbstuhl. Sein Anblick drängt einen geradezu zu sagen: »Was ist mit dir geschehen? Du warst einst weiß, und jetzt bist du heruntergekommen.«

Albees Stück handelt von einer Gesellschaft, die eine große Künstlerin sterben ließ, weil sie schwarz war. Die Bluessängerin Bessie Smith starb, weil ein Krankenhaus für Weiße im Süden Amerikas sie nicht aufnahm. In dem Stück sehen wir die Sängerin niemals selbst, aber Albee offenbart uns eine Menge über die Öffentlichkeit, die dafür verantwortlich war, dass sie wegen ihrer Hautfarbe starb. Ihr Vater, der auf dem Korbstuhl sitzt, ist ein Mann voller Hass: Er hasst seine Tochter, er hasst sich selbst, er hasst Schwarze, er hasst den Bürgermeister, der ihn nicht empfangen will. Der Vater verkörpert den Zusammenbruch der Ordnung in den Südstaaten. Und all das können wir an dem zerschlissenen Korbmöbel ablesen.

Was den Stuhl hier in meiner Hand angeht, so kenne ich den Braunton, in dem er gehalten ist, ganz genau. Ich kenne jede Kerbe an seiner Rückenlehne. Ich weiß, wo die Farbe abgeblättert ist. Ich weiß, wo die Federn durch die Polsterung des Kissens stoßen. Ich weiß, ob die Stuhlbeine wackeln oder ob die Armlehnen festgemacht werden müssen.

Ich weiß ebenso, was der Stuhl von mir verlangt, ob er mich zwingt, aufrecht zu sitzen, oder ob er mir eine lässige Haltung erlaubt. Wenn ich in einem Liegestuhl liege – wie lange brauche ich dann, um auf die Wahrheit darüber, wo ich mich befinde, zu reagieren?

Sie werden sehr oft von mir hören, was Stanislawski sagte: »Wahrheit in der Kunst ist Wahrheit in den Umständen, und der erste Umstand, der Umstand, der alles beherrscht, ist: Wo bin ich?«

Wenn ich den Stuhl nicht vollständig verstehe, bin ich gezwungen, es vorzutäuschen. Und das ist das Schlimmste, was ein Schauspieler tun kann. Die gleiche Haltung müssen wir gegenüber einem dramatischen Text einnehmen. Wir müssen ihn vollkommen verstehen, müssen jede Nuance und jede Absonderlichkeit kennen, ehe wir wirklich vertraut mit ihm sind. Wir müssen verstehen, was er von uns fordert. Ansonsten können wir ihn nicht vermitteln und werden unaufrichtig. Gibt es etwas Schlimmeres?

Der Schauspieler weiß, wie leicht es ist zu lügen, vorzutäuschen. Daher muss er sich mit Dingen umgeben, die wahr sind. Solange er seine Aufmerksamkeit darauf richten kann, wird er nicht versucht sein zu lügen.

Der Schauspieler befindet sich immer in besonderen Situationen und Umständen. Wenn Sie auf der Bühne stehen, um die Ideen von Gibran wiederzugeben, dann sollten Sie sich selbst fragen: »Wo bin ich?« Es gibt verschiedene Möglichkeiten, diese Frage zu beantworten. Sie können es auf realistische Weise tun und sich ganz an die Äußerlichkeiten halten. Sie können sagen: »Ich bin am Stella Adler Conservatory an der West 56th Street, in einem Raum mit weißen Wänden, mit einem Podium, das Fenster nach hinten hat. Von oben sind Scheinwerfer auf das Podium gerichtet.«

Sie können aber auch fantasievoll vorgehen und sagen: »Ich stehe auf einem öffentlichen Platz, zu dem Menschen gekommen sind, um mich sprechen zu hören.« Wenn Sie fantasievoll sein wollen, müssen Sie sehr präzise sein. Was für Gebäude umgeben diesen Platz? In welchem Teil des Landes befinden Sie sich? Welches Jahr haben wir? Und welche Jahreszeit? Was für Leute hören Ihnen zu? Was für Kleidung tragen sie? In was für einem Unterricht befinden sie sich? Ist dies ein alter Platz mit historischen Gebäuden? Ist es ein Park? Wenn ja, welche Art Bäume können Sie sehen? Und welche Blumen? Und so weiter und so weiter. Je mehr Sie sich auf die Sie umgebenden Umstände konzentrieren, desto wohler werden Sie sich fühlen.

Die Umstände ermöglichen uns zu sehen. Um präzise sein zu können, müssen wir sehen, wo wir stehen. Wir können nicht sehen, was nicht da ist. Und nichts wird da sein, bevor Sie es nicht einbringen. Wenn ein Schauspieler etwas sieht, kann er es auch den Zuschauer sehen lassen. Das ist die Regel Nummer eins beim Schauspielen: Es müssen Bilder da sein.

Je besser ein Schauspieler ist, desto genauer erschafft er die Umstände. Er hat immer einen Partner. Manchmal ist der Partner ein anderer Schauspieler auf der Bühne, mit dem er kommuniziert. Manchmal ist der Partner auch das Publikum. Wenn Sie heute auf der Bühne stehen, um uns die Gedanken und Ideen von Gibran vorzustellen, wird Ihr Partner das Publikum sein. Doch normalerweise besteht das Publikum nicht aus befreundeten Kollegen, die sich alle erdenkliche Mühe geben werden, Ihnen Mut zu machen, und lächeln, als verstünden sie, worüber Sie sprechen, ganz gleich, ob dies der Fall ist oder nicht.

Das Publikum, vor dem Sie im Theater stehen werden, besteht aus lauter Unbekannten, kleinen alten Damen, die im zweiten Rang sitzen und Schwierigkeiten haben, Sie zu hören. Es ist unbedingt erforderlich, dass diese kleinen alten Damen jedes Wort hören, das Sie auf der Bühne sagen, und es auch verstehen. Dafür sind Sie verantwortlich.

Wenn Sie zu jemand anderem sprechen, ganz gleich, ob zu einem anderen Schauspieler auf der Bühne oder zu einer alten Dame im zweiten Rang, dann ist das Wichtigste, dafür zu sorgen, dass sie etwas *sehen*. Kommunikation bedeutet, jemanden anderen das sehen zu lassen, was Sie selbst sehen. Wenn ich über hoch gewachsene Bäume mit schönen, großen, gelben Zitronen spreche – sehen Sie sie dann vor sich? Ja, Sie kommen gar nicht umhin, sie zu sehen. Alles, was Sie auf der Bühne sagen, muss genauso deutlich sichtbar sein.

Ich habe Ihnen Gibrans PROPHET zu lesen gegeben, weil diese Essays von den universellen Wahrheiten über Ehe, Kinder, das Geben, Zeit, Freude und Schmerz handeln. Wenn Sie sich nur mit banalen Alltagstexten beschäftigen, werden Sie dadurch keine innere Bereicherung erfahren, denn sie gelangen aufgrund ihrer minderen Qualität nicht vom Kopf zum Herzen. Die Gibran-Essays sollen Sie offen machen für Ideen, denn ein Schauspieler muss eine persönliche Beziehung zu den Ideen eines Autors haben. Und die sollte seine Interpretation des Textes beseelen.

Nachdem Sie nun einige von Gibrans Ideen in sich aufgenommen und verinnerlicht haben, sollten Sie sich zunächst einmal vergewissern, ob sie einfach und klar genug sind, dass jeder – ganz gleich, wie unwissend er ist – versteht, was Sie sagen. Das Theater ist nicht nur etwas für intelligente Leute.

Ihre Aufgabe besteht nicht etwa darin, uns zu zeigen, wie klug und gebildet Sie sind, wie gut Sie mit literarischen Texten umgehen können. Sie müssen Gibrans Ideen so genau und vollständig verstehen, als wären es Ihre eigenen. Und sie müssen für Sie genauso wichtig sein, als wären es Ihre eigenen, damit Sie wirklich das Bestreben haben, sie anderen mitzuteilen. Ich muss diese Dringlichkeit spüren. Ihr ernsthaftes Bedürfnis, die Zuhörer sehen zu lassen, was Sie gesehen haben, wird Ihre Stimme beflügeln.

Gewöhnen Sie sich an den Gedanken, dass Sie das hier nicht als Schauspiel*schüler* tun – Sie tun es als Schauspieler. Täten Sie es nur als Schüler, so könnten Sie es mit Ihrer gewöhnlichen Alltagsstimme tun und dabei auf Ihre Füße schauen. Es ist jedoch Ihre Pflicht, es wie alles, was Sie auf der Bühne tun, lebendig zu gestalten.

Sie selbst werden in dem Maße wichtig, wie die Idee des Autors in Sie eingeht. Am besten, Sie sprechen die Idee gar nicht vorher für sich aus, sondern vermitteln sie direkt so, dass sie für das Publikum verständlich wird. Dafür eignet sich vornehmlich ein Vokabular, das dem, was Sie tun und wer Sie sind, am nächsten ist.

Der Essay sollte Ihre Beziehung zu einer bestimmten Idee in Gang setzen. Zum Beispiel sagt Gibran: »Begegnet ihr eurem Freund auf der Straße oder auf dem Marktplatz, dann soll der Geist in euch eure Lippen bewegen und eure Zunge leiten. Laßt die Stimme in eurer Stimme zum Ohr seines Ohrs sprechen. Denn seine Seele wird die Wahrheit eures Herzens bewahren, so wie man sich an den Geschmack des Weins erinnert, wenn seine Farbe vergessen und das Gefäß nicht mehr ist.« Wie können wir das einfach und direkt ausdrücken? Eine Möglichkeit: »Wenn ihr mit einem Freund sprecht, dann solltet ihr nur das sagen, was euch wirklich wichtig ist, und er wird es nicht vergessen.«

Nachdem Sie diese Idee dargelegt haben, sollten Sie Ihre eigene Antwort darauf geben. Mit dem Essay hat Ihre Beziehung zu einer Idee begonnen – und genau das streben wir an.

Zudem müssen Sie uns klar machen, dass diese Ideen allgemeingültig sind. Wenn Gibran über den Schmerz spricht, müssen wir spüren, dass dieser Schmerz nicht irgendwann in einer anderen Zeit aufgetreten ist. Dieser Schmerz ist jetzt in Ihnen. Und er ist kein leichtes Kopfweh. Er ist eine Migräne.

Das kann der Schmerz über Vietnam oder der Schmerz über Bangladesch sein. Es kann auch der Schmerz über den Tod eines anderen Menschen sein. Dieser Schmerz, der da in Ihnen pulsiert, tritt bei allen Menschen seit Jahrtausenden in Erscheinung.

Nun erwarte ich keineswegs, dass Ihnen die Vorstellung von Gibrans Ideen mühelos gelingt. Im Gegenteil, Sie werden scheitern. Aber das macht überhaupt nichts. Ich will Ihnen ein Geheimnis verraten: Das ist überhaupt die einzige Möglichkeit, etwas zu lernen. Dieses Lernen muss Sie etwas kosten. Wenn Sie mit einer Sache scheitern, aus diesem Misserfolg jedoch etwas lernen, wird dies zu Ihrer Weiterentwicklung beitragen. Ich habe immer wieder über Größe gesprochen. Sie werden kein Format bekommen, wenn Sie nicht zuvor scheitern. Es wird Ihnen nur dann misslingen zu lernen, wenn Sie nicht aus Ihrem Misslingen lernen. Wenn Sie auf die Nase fallen, werden Sie mit frischem Elan wieder aufstehen!

Ich wäre sehr glücklich, wenn Sie in sechs Monaten zu mir kämen und sagten: »Miss Adler, ich möchte die Gibran-Übung noch einmal machen. Ich habe jetzt erst wirklich verstanden, worum es dabei geht.« Dass wir mit Gibran beginnen, bedeutet nicht, dass er trivial oder dass die Übung leicht wäre. Mitnichten! Vielmehr trägt sie den Samen für alles andere, das wir studieren werden, in sich.

Wer möchte es als Erster versuchen? Sie, Robert? Prima, sehr mutig von Ihnen!

Robert: Gibran sagt über die Ehe ...

Stella: Es ist sehr nett von Ihnen, auf die Reputation des Autors zu vertrauen, aber wenn Sie auf der Bühne stehen, *verkörpern* Sie ihn. Wenn Sie sagen: »Sein oder nicht sein«, dann leiten Sie das auch nicht mit den Worten ein: »Shakespeare sagt: ›Sein oder nicht sein‹«. Sie sprechen einfach den Text. Tun Sie dasselbe mit Gibran.

Robert: Die Ehe verbindet zwei Menschen für ihr ganzes Leben, aber es sollte Freiräume in ihrer Verbindung geben.

Stella: Das war klar und deutlich, aber wir wollen noch mehr von Ihnen. Ich brauche Ihre Reaktion auf Gibrans Vorstellung von einer ehelichen Verbindung. Indem Sie erklären, was er sagt, müssen Sie eine Menge Fragen beantworten, die aus dem Text hervorgehen. Glauben Sie, dass eine Ehe, die man eingeht, automatisch das ganze Leben lang bestehen sollte? Heißen Sie Gibrans Meinung gut, wonach die beiden Ehepartner die persönliche Freiheit des jeweils anderen respektieren sollten? Jede bedeutende Meinung verlangt eine Reaktion, eine Interpretation.

Wer will der Nächste sein? Schön, Jennifer.

Jennifer: Zeit ist das Kostbarste, was wir haben. Bevor ich Gibrans Essay gelesen habe, schaute ich ständig auf meine Uhr und verschwendete so meine Zeit. Nachdem ich den Essay gelesen hatte, lernte ich, meine Zeit zu genießen.

Stella: Sehr gut, Jennifer, aber was meinen Sie wirklich, wenn Sie sagen, dass Sie Ihre Zeit genießen?

Jennifer: Also, ich bin jetzt offener und aufgeschlossener für meine Umgebung, wenn ich irgendwohin unterwegs bin. Ich treibe den Taxifahrer nicht mehr an. Und ich lese nicht mehr so schnell wie früher. Ich lebe für das Heute und ich lebe mehr in der Fülle.

Stella: Sehr gut, meine Liebe. Jennifer hat verstanden, was Gibran

> schrieb, und hat auf seine Idee reagiert. Und genau das sollten wir mit den Ideen eines Dramatikers tun – unsere Aufgabe ist es, sie zu erleben und zu interpretieren. Gibrans Essay leitete Jennifers Beziehung zu einer Idee ein, und genau das ist auf der Bühne gefordert.

Schließlich wollen wir nicht den Autor selbst auf der Bühne stehen haben. Wir brauchen Sie, die Schauspieler, und außerdem den Autor, dessen Gedanken durch Ihre lebendige Vorstellung ausgedrückt werden.

Erkennen Sie, dass Sie all das leisten müssen, dass all diese Übungen Ihrer Entwicklung dienen? Sie müssen sich entwickeln, um als Schauspieler arbeiten zu können. Sie müssen ein wirklicher Mann sein, um John Gabriel Borkman oder Richard III spielen zu können. Sie müssen ein Mann bzw. eine Frau sein, der/die viel weiß. So wie Sie weder die Hedda Gabler noch Shaws Jeanne d'Arc spielen können, wenn Ihr gesamtes Wissen aus der Vorstadt stammt.

Sie können nicht auf die Bühne gehen, wenn Sie nicht von Dingen inspiriert sind, die Sie ständig mit Leben erfüllen – und mit Problemen. Denn dadurch entwickeln Sie sich weiter.

Ich möchte, dass Sie für die nächste Stunde irgendetwas aus der Natur mitbringen. Studieren Sie es genau, damit Sie danach imstande sind, hier auf der Bühne zu stehen und es uns vorzustellen. Ist es zum Beispiel eine Blume, so sollten Sie zwischen dem Gelb des inneren Blütenkerns und dem Gelb der Blattränder unterscheiden können.

Außerdem möchte ich, dass Sie einen der roten, blauen oder weißen Gegenstände, die Sie diese Woche hier eingebracht haben, noch einmal vorstellen und ihn in den Umständen, in denen er sich befindet, das heißt, in seinem Kontext beschreiben. Wenn es sich beispielsweise um das Blau eines Lampenschirms handelte, dann möchte ich, dass Sie uns diesen Lampenschirm genau vor Augen führen, uns etwa erklären, dass er aus Plastik ist und die Form einer umgekippten Suppenschüssel hat. Der Schirm steckte auf einem hölzernen Zylinder, der knapp acht Zentimeter Durchmesser hatte und dreißig Zentimeter hoch war. Das Holz war unbearbeitet. Ebenso der runde Fuß. Die Lampe stand auf einem Tisch aus grauem Kunststoff. Neben der Lampe befindet sich ein Foto in einem silberglänzenden Rahmen ... Verstehen Sie, was ich meine?

Sie sollen uns jene Gegenstände vorstellen, damit wir verstehen, dass diese Farbe und dieser Gegenstand in eine ganz bestimmte Zeit gehören. Ist die Lampe aus Plastik, kann sie nur aus unserer Zeit stammen. Ist der Tisch aus Kunststoff, kann auch er nur aus unserer Zeit sein. Ist der Lampenschirm aus Seide, so könnte er zwar aus unserer Zeit sein, gehört aber wahrscheinlich in einen sehr wohlhabenden Haushalt. Wenn der Tisch aus Mahagoniholz ist, könnte er ebenfalls aus unserer Zeit sein, stammt aber entweder aus einem altmodischen Haushalt oder einem, der mit exklusiven antiken Möbeln eingerichtet ist, oder aber einem, der so arm ist, dass man sich hier nur gebrauchtes Mobiliar leisten kann.

Wenn Sie schauspielen, dann müssen Sie eine Welt um sich herum erschaffen, die in eine ganz bestimmte Zeit gehört. Und dies wird Ihnen nur gelingen, wenn Sie Ihre eigene Welt deutlicher und bewusster wahrzunehmen lernen.

Ferner möchte ich, dass Sie irgendeine Handlung vorführen, die Sie im Alltag beobachtet haben, und uns dabei begreiflich machen, dass wir vielleicht zwar denken, sie sei gewöhnlich, dass sie es aber in Wahrheit nicht ist.

Sie haben einen Beruf, in dem Sie erkennen müssen, dass das Leben etwas Bedeutendes und nichts Zufälliges ist. Thornton Wilder hat dies auf geniale Weise verstanden. In seinem Stück UNSERE KLEINE STADT geht es darum, das, was man für selbstverständlich gehalten hat, wirklich zu sehen. Im letzten Akt ist Emily gestorben. Sie betrachtet ihre eigene Beerdigung und bekommt dann die Möglichkeit, in der Zeit zurückzugehen und einen Tag aus ihrem Leben noch einmal zu durchleben. Man warnt sie, es nicht zu tun, aber sie besteht darauf. Sie beschließt, einen glücklichen Tag dafür auszusuchen. Ihre kluge Schwiegermutter rät ihr, lieber einen unwichtigen Tag zu wählen. »Es [hier: der Tag] wird schon wichtig genug werden«, sagt Mutter Gibbs zu Emily.

Sie wählt ihren zwölften Geburtstag aus. Alles, was geschieht, könnte normaler nicht sein: Eine Mutter ruft ihre Kinder zum Frühstück herunter. Das geschieht – seit langer, langer Zeit – auf der ganzen Welt. Inmitten dieser Normalität bittet Emily (die, jetzt als Tote, nicht nur an dem Tag teilnimmt, sondern ihn gleichzeitig als Außenstehende beobachtet) ihre Mutter: »Ach, Mutter, sieh mich nur einen Augenblick so an, als ob du mich wirklich sehen würdest.«

Was geschieht, ist absolut alltäglich, aber Emily bricht zusammen und sagt zu dem Spielleiter: »Dies alles geschah, und wir bemerkten es nicht.« Schließlich kann Emily die Intensität dessen, was sie sieht, nicht mehr ertragen. Sie fragt den Spielleiter: »Begreifen Menschen jemals das Leben, während sie's leben? – jeden, jeden Augenblick?«

Zuerst antwortet der Spielleiter: »Nein«, dann fügt er hinzu: »Die Heiligen und die Dichter vielleicht – bis zu einem gewissen Grade.«

Was uns umgibt, nehmen wir als gegeben hin. Wir akzeptieren es. Wir verstehen nicht, dass es viele hundert Jahre so vor sich ging und sich so langsam veränderte, dass wir es gar nicht bemerkten. Daher verlieren wir das Gefühl für uns selbst und dafür, woher wir kommen. Wir verlieren jedes Gefühl für die Kontinuität von Geschichte – und das Bewusstsein, dass Geschichte im Alltag weitergeht. Jeden Augenblick Ihres Lebens leben Sie Geschichte – oder erleben Sie noch einmal.

Sie sehen, wie ein Mann aus dem Haus geht, um eine Zeitung zu kaufen. Wie viele Jahre sind Männer aus dem Haus gegangen, um die Zeitung zu kaufen? Ein paar hundert Jahre? Und das war auf der ganzen Welt so. Der Kauf einer Zeitung ist nicht nur etwas, was Sie sehen. Es ist etwas, das es schon gab, bevor Sie es gesehen haben. Und es hat eine Geschichte. Dank Ihres geschichtlichen Bewusstseins werden Sie das Leben und alles, was damit verbunden ist, nicht mehr für selbstverständlich halten.

Sie sehen einen Mann, der mit seinem Hund spazieren geht. Das kann ein junger Mann sein oder auch einer, der sechzig oder siebzig Jahre alt ist. So etwas geschieht seit Jahrhunderten. Er spricht in einem ganz bestimmten Tonfall mit seinem Hund. Auch das geschieht seit Jahrhunderten.

Sie sehen einen Mann, der mit einer jungen Frau Händchen hält. Wie lange geht das nun schon so? Seit Adam und Eva. Es ist *nichts* Gewöhnliches. Obwohl Sie vielleicht versucht sind, zu glauben, es sei etwas Gewöhnliches, ist es die Aufgabe des Schauspielers zu zeigen, inwiefern es in diesem Fall anders ist.

Sie sehen eine Frau, die Nahrungsmittel trägt. Was Sie nicht sehen, ist, dass Menschen seit Beginn der Zeit Nahrungsmittel getragen haben. Geschichtlich bedeutsam daran ist, dass die Frau heutzutage die Nahrungsmittel in einer Plastiktasche vom Supermarkt nach Hause trägt. Sie muss das Gemüse nicht mehr in einem Sack, den sie selbst gewebt hat, vom Feld tragen.

Sie müssen in jedem Augenblick die Bedeutsamkeit des Lebens erkennen. Sie brauchen es nicht auszuschmücken – nur erkennen. Erkennen Sie das geschichtlich Bedeutsame. Erkennen Sie, dass Sie selbst eine Fortsetzung der Geschichte sind.

Es wäre wundervoll, wenn Sie Ihr Leben auf diese Weise leben würden, aber wir alle wissen, dass das nicht der Fall ist. Deshalb brauchen Sie diese Übungen.

3. Lektion

Schauspielen heißt etwas tun

Schauspielen und etwas Tun sind dasselbe. Wenn Sie schauspielen, dann *tun* Sie etwas, aber Sie müssen lernen, es nicht anders zu tun, wenn Sie es *schauspielerisch darstellen.*

Wir werden viel Zeit mit dem Studieren von Handlungen verbringen. Dabei werde ich zuerst von Ihnen verlangen, ein paar ganz einfache Dinge zu tun, Dinge, bei denen Sie unmöglich etwas vortäuschen können. Am Ende müssen Sie alles auf der Bühne tun – egal, wie kompliziert es ist – und zwar genau so einfach und ohne Umschweife, wie Sie es sonst auch tun.

Sehen Sie zuerst die Tafel an. Sehen Sie das Klavier an. Sehen Sie die Treppenstufen an. Sehen Sie die Tür an. Sehen Sie mich an. Sehen Sie meine Weste an. Gut, jetzt wollen wir's noch einmal machen: Sehen Sie die Tafel an, das Klavier, die Stufen, die Türe, mich, meine Weste ... Sie sehen, nichts Kompliziertes. Wir fragen auch nicht, wozu die Handlung dient oder was sie erfordert.

Lassen Sie uns jetzt ein wenig weiter gehen. Finden Sie heraus, welcher Stuhl auf der Bühne der größte ist. Finden Sie heraus, welches das größte Möbelstück im Zuschauerraum ist. Finden Sie heraus, welche Lampen nicht funktionieren. Finden Sie heraus, welche Menschen eine Brille tragen.

Bei jeder meiner Anweisungen habe ich Sie aufgefordert, etwas Bestimmtes zu tun. Es waren winzig kleine Handlungen, unbedeutende Dinge. Sie waren alle ausführbar. Und eben das müssen wir bei jeder Handlung lernen – sie ausführbar zu machen.

Beachten Sie, dass ich niemals gesagt habe: »Finden Sie irgendetwas!« Ich habe auch nicht gesagt: »Sehen Sie irgendetwas an!« Und ich habe auch nicht gesagt: »Zählen Sie irgendetwas!« Ich habe immer gesagt: »Zählen Sie die *Lampen*, zählen Sie die *Stühle*. Zählen Sie die Anzahl der *Brillen.*« Ich habe immer gesagt: »Finden Sie etwas Bestimmtes, sehen Sie etwas Bestimmtes an.« Immer etwas ganz Bestimmtes. Schauspielen ist keine theoretische Wissenschaft.

Eine Handlung muss irgendwohin führen. Sie muss ein Ende haben. Sie spielt sich nicht im Vagen ab. Hätte ich zu Ihnen gesagt: »Zählen Sie irgendetwas«, so hätte es nicht funktioniert. Aber wenn ich sage: »Zählen Sie die blauen Blusen im Raum«, dann funktioniert es sofort. Jede Handlung hat ein Ziel, ein Objekt. Eine Handlung ist bedeutungslos, wenn Sie sie nicht vollenden.

Nun möchte ich, dass jeder von Ihnen sich einen Partner nimmt. Finden Sie heraus, welches Kleidungsstück Ihres Partners am weichsten ist. Und nun finden Sie die kleinen Lichter in den Pupillen Ihres Partners. Ist das schwieriger? Ja. Wodurch? Das Ziel macht es schwieriger. Das ist klar. Also verleiht Ihnen das Ziel die Kraft zu handeln, es bestimmt die Handlung.

Wenn ich Sie auffordere, die größte Vene an Ihrem Handgelenk zu finden, ist das vergleichsweise schwierig. Wenn ich Sie auffordere, zu zählen, wie viele Farben auf dieser Schachtel sind, ist das ebenfalls nicht ganz einfach. Eine Handlung wird durch ihr Ziel schwer oder leicht auszuführen.

In der letzten Unterrichtsstunde bat ich Sie, einen Gegenstand aus der Natur mitzubringen. Was ist hier die Handlung? Die Handlung besteht darin, diesen Gegenstand zu beschreiben. Es ist immer nützlich, die Natur zu studieren, weil sie groß und zeitlos ist. Meistens nehmen wir sie als selbstverständlich hin, doch damit würdigen wir letztlich das Leben herab.

Stellen Sie sich folgende Szene vor: Ein Mann und seine Frau unternehmen zusammen eine Reise, und er sagt: »Mein Gott! Weißt du, was das ist? Das ist Notre Dame!«, und sie antwortet darauf: »Ja, ich weiß, ich kann es sehen.« Beide sehen sie in Notre Dame etwas vollkommen anderes. Als Schauspieler müssen Sie alles, was Sie sehen, lebendig werden lassen.

Sagen wir, es handelt sich um einen Stein: »Ich sah einen wundervollen, großen Stein, einen sehr schönen Stein. Er war grau und seine Oberfläche uneben. Um ihn herum war Gras, aber an einigen Stellen war das Gras tot und hatte sich gelb verfärbt.« Gibt es hier jemanden, der den Stein nicht gesehen hat oder nicht wiedergeben könnte, was ich gesagt habe? Es muss genau so einfach und direkt sein.

Wie schwer oder wie leicht zu beschreiben ist, was Sie mitgebracht haben, hängt von dem ausgewählten Gegenstand ab. Sie geben ihn mir, dann gehen Sie auf die Bühne und beschreiben ihn, und ich werde Ihnen ein paar Fragen dazu stellen.

Wer möchte es als Erster probieren? Prima, Sheryl! Wie Sie alle sehen können, hat Sheryl eine Zitrone mitgebracht.

Stella: Was können Sie über ihre Form sagen?

Sheryl: Sie ist wie ein winziger gelber Fußball, aber sie hat einen kleinen Hubbel an jedem Ende.

Stella: Gut, Sheryl. Was können Sie über ihre Oberflächenbeschaffenheit sagen?

Sheryl: Sie sieht glatt aus, aber ihre Oberfläche ist in Wirklichkeit mit kleinen Punkten übersät. Sie ist gelb, aber nicht gleichmäßig gelb. Die kleinen Punkte sind etwas dunkler als die Stellen zwischen ihnen.

Stella: Sehr gut, Sheryl.

Haben Sie alle die Zitrone gesehen? Wären Sie auch, wenn ich sie nicht in der Hand hielte, in der Lage, sie anderenorts jemandem zu beschreiben?

War irgendetwas schwierig daran? Nein. Sheryl benutzte Wörter, die wir alle verstehen. Verwenden Sie keine hochtrabenden, ausgefallenen Wörter. Hochtrabende Wörter führen zu hochtrabenden Gefühlen. Benutzen Sie nicht das Wort »separieren«, wenn Sie »(ab-)trennen/(ab-)schneiden« meinen. Wenn Sie den Metzger um zwei Pfund Rindfleisch bitten, fragt er ja auch nicht: »Soll ich das Fett separieren?« Schauspieler sind viel mehr im Metzgergewerbe als in der akademischen Welt des Klassenzimmers und der Bibliothek zu Hause. Nehmen Sie Wörter, die mir in ihrer Einfachheit gefallen können. »Separieren« hört sich für meine Begriffe ziemlich hochgestochen an. Verwenden Sie Wörter, die mich erreichen, nicht Wörter, die ihren eigentlichen Sinn nicht treffen.

Wer möchte der Nächste sein? Okay, Linda. Linda hat eine Rose mitgebracht.

Linda: Die Rose ist scharlachrot.

Stella: Ja?

Linda: Sie hat einen Durchmesser von etwa zehn Zentimeter.

Stella: Das ist keine Mathematikstunde. Wir wollen keine abstrakten Begriffe. Wir wollen etwas sehen können. Ist die Rose ganz und gar scharlachrot?

Linda: Nein. Die Blattränder sind rosa.

Stella: Und der Stiel?

Linda: Der Stiel ist dunkelgrün.

Stella: Und?

Linda: Er ist einfach nur grün.

Stella: Ist das alles, was über den Stiel zu sagen ist? Was ist denn das Auffälligste an dem Stiel?

Linda: Ich weiß nicht.

Stella: Er hat Dornen! Das ist das Auffälligste am Stiel einer Rose! Manchmal ist es schwieriger, das Offensichtlichste zu bemerken als die kleinen, feinen Dinge, aber wir müssen alles sehen. Was können Sie sonst noch über die Rose sagen?

Linda: Sie ist wunderschön.

Stella: Das ist nur allzu offensichtlich. Schauen Sie sich die Rose noch

> einmal richtig an. Sehen Sie, dass sie in der Mitte, wo sich der Blütenstaub befindet, zusammengerollt ist? Sehen Sie, wie weich sie ist? Das alles sind einfache Beobachtungen, aber wenn Sie sie Ihrem Partner erzählen, wird er sich sicherlich daran erinnern, wird er es bestimmt auch sehen.

Es erfordert eine gewisse Anstrengung, Ihren Partner sehen zu lassen, was Sie selbst sehen, und ihn verstehen zu lassen, was Sie selbst verstehen. Es genügt nicht, dass Sie selbst es sehen und verstehen. Nachdem Sie mir die Rose gegeben haben, sind Sie am Zug. Sie stellen sich Ihre Rose vor und geben Ihre Beobachtungen wieder.

Die Worte sind nur das Ergebnis Ihrer Beobachtungen. Es wäre lächerlich, bloß die Worte herzusagen. Erst nachdem Sie etwas gesehen haben, kommen die Worte. Deshalb ist es niemals sinnvoll, Texte einfach nur auswendig zu lernen. Damit würden Sie Gefahr laufen, die darin enthaltenen Ideen und Objekte zu zerstören, mit denen Sie es zu tun haben.

Als Schauspieler müssen Sie lernen, sich für das, worüber Sie sprechen, zu erwärmen. Gehen Sie hinaus in die Natur, in die wirkliche Welt, um eine bildliche Vorstellung von den Dingen zu bekommen. Betrachten Sie das Meer, den Himmel, die Blumen. Gehen Sie nicht ins Kino und schauen Sie nicht fern – das sind Eindrücke aus zweiter Hand. Lassen Sie sich durch das Leben selbst inspirieren – durch Nahrungsmittel, Tiere, Kleider.

Einmal fuhr ich mit dem Zug nach Pisa. Als ich kurz vor der Ankunft aus dem Fenster schaute, konnte ich die Stadt sehen. Es war ein unglaubliches Gefühl, so aus dem Fenster schauen und den Turm von Pisa sehen zu können. Neben mir saß ein Mann, der einen Reiseführer in der Hand hatte. Statt aus dem Fenster zu sehen, schaute er sich die Bilder der Stadt lieber in seinem Führer an. Er war natürlich Amerikaner!

Man muss in die Natur gehen, um lebendige Bilder in sich aufzunehmen. Wählen Sie keine mechanischen Gegenstände, wenn Sie das Beschreiben üben. Keine Glühbirnen oder Radios oder Geschirrspülmaschinen. Sie sind kalt und bieten keine Möglichkeit zur Entfaltung. Gehen Sie zu den Dingen, die ewig sind, wie ein Stein oder eine Blume. Der Stein war schon da, ehe Sie geboren wurden. Er ist da, damit Sie ihn jetzt betrachten, und wird auch nach Ihrem Tod noch da sein. Der Stein hat eine bestimmte Bedeutsamkeit, die ihn beschreibungswürdig macht.

Als Schauspieler müssen Sie begreifen, dass das, was Sie sehen, ein Wunder ist, einfach weil es existiert. Schließlich haben Sie diesen Beruf erwählt, weil kein anderer für Sie in Frage kam. Beim Schauspielen fühlen Sie sich lebendiger. Deshalb müssen Sie die Dinge, die Sie um sich herum sehen, mit Leben erfüllen, damit Sie sie auf der Bühne darstellen können.

Was haben Sie Schönes gesehen? Lassen Sie es mich sehen. Begeistert es Sie? Feilen Sie an Ihren Beschreibungen, bis Sie mir Ihre innere Begeisterung darüber vermitteln können. »Ich habe die prächtigste, tiefröteste Nelke der Welt gesehen.« Die Nelke muss in Ihnen sein. Sie können die innere Wahrheit über diese Nelke nicht erzwingen. Sie müssen sie erleben, ehe ich sie erleben kann.

Sie müssen uns die Begeisterung über Ihren ausgewählten Gegenstand vermitteln. Aber nicht anhand einer Erklärung. Führen Sie uns hin. Zeigen Sie uns etwas, das zu Ihnen gehört – und stellen Sie es dann vor. Die Beschreibung ist weniger wichtig als die Gefühle, die Ihre Worte begleiten. Die Begeisterung geht aus Ihrer Wahl hervor – der Wahl eines bestimmten Tieres, einer Blume, eines Nahrungsmittels. Seien Sie nicht emotionslos bei Ihrer Beschreibung (ansonsten enden Sie nicht als Schauspieler, sondern als Firmenmanager). Scheuen Sie nicht davor zurück, Ihre Beschreibung interessanter zu gestalten, indem Sie den Gegenstand mit Details ausschmücken. Aber erklären Sie nichts. Man sollte nicht allzu viele Worte verwenden und nur die, die man mag. Das Gefühl, das durch die Beschreibung hervorgerufen wird, ist wichtiger als diese selbst.

Hier ist eine Übung, die wir gemeinsam machen können. Sehen wir uns einmal den Himmel an. Lassen Sie sich Zeit. Sehen Sie ihn? Welche Farbe hat er? Blau? Blau vermischt mit was? Ist es überall derselbe Blauton? Ist der Blauton neben den Gebäuden auf der anderen Seite der Straße anders als weiter oben? Welche Form haben die Wolken? Ich möchte nicht den wissenschaftlichen Namen hören. Welche Form, sagen Sie, haben sie? Merken Sie, dass Sie den Rest der Unterrichtsstunde damit zubringen könnten, die Wolken zu betrachten und zu versuchen, sie zu beschreiben? Ist Ihnen klar, dass der Himmel völlig anders gewesen wäre, wenn wir ihn zwei Stunden zuvor betrachtet hätten? Und dass er, wenn wir ihn in zwei Stunden erneut betrachten, wieder anders sein wird?

Jede Handlung hat Ihren Platz in der Welt. Als ich Sie bat, die verschiedenen Rots, Weiß und Blaus in einem erweiterten Rahmen zu beschreiben, wollte ich sie in ihrer Welt zeigen. Jedes Mal, wenn wir eine Handlung ausführen, müssen wir uns der Welt bewusst sein, in der sie stattfindet. Je genauer wir diese Welt sehen können, desto leichter wird das Ausführen der Handlung sein.

Verstehen Sie, was ich meine, wenn ich sage: »Wenn Sie auf der Bühne stehen, sprechen die Requisiten dann zu Ihnen?« Sie erleichtern Ihnen die Arbeit. Aber Sie müssen sie sehen. Sie müssen auf sie hören. Wenn Sie ein Ding sehen, existiert es und hat ein Leben. Und dieses Leben müssen Sie sehen. Sie müssen alles respektieren. Alles wird dann wiederum zu Ihnen sprechen.

Der nächste Schritt ist, alles so klar in Ihrer Fantasie zu sehen wie in der Realität. Es gibt nichts Inspirierenderes, als kreativ mit der Fantasie zu arbeiten. Dadurch wird in Ihnen wachgerufen, was jahrelang ungenutzt brachgelegen hat.

Ihre Fantasie – das ist die Fähigkeit, sich an Dinge zu erinnern, an die Sie nie gedacht haben. Damit Sie dies mühelos tun können, müssen Sie verstehen, wie reich Ihr Gedächtnis ist. Sie haben ein Bankkonto, von dem Sie nichts wissen, denn das Gedächtnis des Menschen ist so beschaffen, dass er nichts vergisst, was er jemals gesehen oder gehört oder gelesen oder berührt hat.

Sie nutzen nur einen winzigen Bruchteil Ihres Wissens. Und Sie wissen alles. Alles ist da. Sie müssen es nur abrufen. Jeder Schauspieler hat also reichhaltiges Material zur Verfügung, das außer beim Spielen niemals »angezapft« wird. Alles, was Sie seit dem Tag Ihrer Geburt gesehen oder gehört oder berührt haben, ist in Ihnen gespeichert. Damit Sie nun damit beginnen können, mit Ihrer Vorstellungskraft zu arbeiten, müssen Sie Ihrem Wissensschatz mehr Bedeutung zuerkennen und Ihrem Selbst eine größere Wertschätzung entgegenbringen.

Die Schauspielkunst ist in allem – außer in den Worten. Beschreiben, was man gesehen hat, und das Gesehene erleben sind zwei verschiedene Dinge. Das eine ist gut für die Zeitung und das andere für die Bühne. Sie können sagen: »Sie schlägt ihr kleines Kind« – das ist der Stil des Berichterstatters. Sie können aber auch sagen: »Schau, wie sie ihr kleines Kind schlägt. Ist das nicht furchtbar?«, und selbst das ist noch zu emotionslos für die Bühne. Man muss das Gegenwärtige betonen und selbst dazu Stellung beziehen. Gehen Sie in die Emotion hinein: »O mein Gott, das kleine Kind, das kleine Kind …« Dann sind Sie an Ort und Stelle, im gegenwärtigen Augenblick, und wir, die Zuschauer, erleben mit, was Sie sehen.

Betrachten Sie den Unterschied zwischen »Das arme Pferd wird mit der Peitsche traktiert« und »Schau, es wird mit der Peitsche traktiert, das arme Pferd! Das ist ja grauenhaft …« Damit haben Sie das Gegenwärtige hervorgehoben, sodass wir tatsächlich miterleben können, was Sie gesehen haben. Es ist der Unterschied zwischen dem Sehen (heute) und dem Erzählen (morgen), dass Sie es gesehen haben. Ein Beispiel: Ein Kind wird von einem Auto erfasst. Zuerst kommt der Schrei, dann das Erleben.

Was Sie im jetzigen Augenblick sehen oder erleben, unterscheidet sich von dem, was Ihnen später noch davon in Erinnerung sein wird. Wenn ein Arzt im Begriff ist, Ihnen eine Nadel in die Vene zu stechen, um eine Blutprobe zu machen, sagen Sie: »Nei-ei-n, ich will nicht mit dieser Nadel gepiekt werden! Das ist ja fürchterlich.« Zuerst haben Sie den Schmerz des Nadeleinstichs gespürt. Dann gehen Sie nach Hause und erzählen Ihrer Mutter, was geschehen ist: »Er hat mir mit der Nadel in die Vene gepiekt. Es war fürchterlich.« Das zweite Erleben ist passiver. Es hat weder die Unmittelbarkeit noch die Wirkung des ersten. Das zweite ist die Erinnerung an das Erlebte, das erste die Konfrontation damit.

Schauspieler neigen in solchen Situationen im Allgemeinen zum Überreagieren. Wenn ich zu einem Schauspielschüler sage: »Hier ist eine sehr lange Nadel, und der Arzt ist im Begriff, sie Ihnen in den Arm zu stechen«, so kommt es häufig vor, dass der Schüler zu schnell darauf reagiert. Das kommt daher, dass er die Reaktion aus dem Geschehen selbst ableitet, statt sich erst einmal die Nadel vorzustellen, bzw. dass er die Reaktion erfindet, statt sie tatsächlich zu fühlen.

Eine Reaktion kann nicht erzwungen werden. Sie muss entstehen. Ich kann einem Schüler eine imaginäre Schüssel hinhalten und zu ihm sagen: »Das ist sehr heißes Wasser. Geben Sie mir Ihre Hand.« Er wird sofort zurückzucken. Sie müssen sich selbst sagen: Ich will meine Reaktion nicht *vortäuschen*. Wenn ich wirklich aufnahmefähig bin, dann *wird* sie auch eintreten.

Sie müssen begreifen, dass Ihr Beruf nicht einfach nur ein Job ist, der beginnt, wenn Sie abends im Theater eintreffen. Schauspieler sein ist etwas, wofür Sie unaufhörlich zu arbeiten haben.

Meine Kindheit war keine, die man als normal bezeichnen würde, da ich mit dem größten Schauspieler zusammengelebt habe, dem ich je begegnet bin und der zufällig mein Vater war. Mein Vater ließ mir keinen Augenblick Ruhe. Wenn wir auf der Straße gingen, pflegte er auf jemanden zu deuten und zu sagen: »Schau sie an. Schau dir ihren Gang an.« Oder: »Sieh dir an, wie er seine Hände benutzt. Mach mal seine Stimme nach.«

Ständig wurde mir befohlen, etwas zu tun. Die Augen meines Vaters waren immer in Bewegung. Alle seine Kinder mussten etwas imitieren. Und dabei kümmerte es ihn nicht, ob wir wach waren oder schliefen. Wenn wir Besuch hatten, holte er uns nachts einfach aus dem Bett. »Mach deinen Lehrer nach«, befahl er uns dann zum Beispiel. Wir mussten die ganze Zeit schauspielen. »Sieh genau hin! Sieh ganz genau hin«, rief er dann immer.

Einmal saß ich mit ihm in einer Theaterloge, als er eine junge Frau in der angrenzenden Loge entdeckte, die einen nervösen Tick hatte. Er beobachtete sie eine Weile und fing dann sofort an, sie zu imitieren. Die ganze Zeit machte er das! So wird man Schauspieler ...

Wenn Sie diesen Beruf wirklich ergreifen möchten, können Sie es sich nicht leisten, ihre Studien auf den Unterrichtsraum hier zu beschränken. Das ganze Universum, die gesamte Geschichte der Menschheit sind Ihr Unterrichtsraum.

4. Lektion

Ein Schauspieler muss robust sein

In der letzten Lektion haben wir begonnen, an Handlungen zu arbeiten. Alles, was wir im Theater betreiben, ist eine Handlung. Denn das bedeutet Schauspielen schließlich. Also können wir nichts Wichtigeres lernen als das.

Einerseits ist Schauspielen sehr einfach. Man macht nichts anderes, als etwas zu *tun* – und tut dies so wahrheitsgetreu wie möglich. Komplexer wird das Ganze allein dadurch, dass wir die Handlungen auf der Bühne tun. Und dieses Podiums müssen wir uns stets würdig erweisen.

Dieses Podium erhebt Sie. Es verleiht allem, was Sie tun, Gewicht, Relevanz. Wenn ich hier unten herumgehe, so gehe ich einfach nur herum. Wenn ich auf der Bühne, auf dem Podium herumgehe, weiß jeder, der mir dabei zusieht, dass dieses Gehen eine bestimmte Bedeutung haben muss.

Eine der ersten Fragen, die Sie sich selbst stellen müssen, lautet: Wie möchte ich auf der Bühne gesehen werden? Möchte ich in Bestform gesehen werden? Möchte ich auf bestmögliche Weise mit meiner Stimme umgehen können?

Als Schauspieler dürfen Sie keinen kaputten Körper haben. Das ist etwas, was die Gesellschaft Ihnen leider nicht beibringen kann, denn Sie leben in einer Gesellschaft, wo es zum Alltag gehört, Menschen mit kaputten Körpern zu sehen, Menschen, die krumm oder schief gehen.

Haben Sie je in der griechischen Bildhauerkunst oder auf griechischen Vasen einen Menschen abgebildet gesehen, der eine krumme Haltung hat? Nein, diese Menschen gehen alle aufrecht. Jemanden, der dazu nicht in der Lage war, hätte man nicht Theaterspielen lassen, weil man wusste, wie wichtig das ist, so wie auch die Engländer es wissen und die Franzosen und die Deutschen. Die Einzigen, die es nicht wissen, sind die Amerikaner. Der Mensch geht kaputt, wenn er krumm geht.

Bei Pferden ist es so. Bei Hunden ebenfalls. Bei manchen Arten ist es so, bei anderen nicht. Die Wirbelsäule verläuft in aufwärtiger Richtung, und an ihrem Ende sitzt der Kopf. Das ermöglicht eine bequeme Haltung. Sie müssen sich immer vergegenwärtigen, dass Sie nach oben streben. Selbst wenn Sie sich niedersetzen, sinken Sie nicht in sich zusammen. Wenn Sie meinen, Ihr ganzer Körper ginge hinunter, wenn Sie sich setzen, so enthüllen Sie damit etwas über Ihren Charakter.

Die Gesellschaft, in der Sie leben, weist Sie jedoch nicht darauf hin. Ihre Väter waren bereits kaputt, und auch einige Ihrer Großväter waren es schon. Wie vielen Menschen war es gestattet, unbehelligt mit schlechter Haltung herumzulaufen? Hat man Ihnen jemals etwas zu diesem Thema gesagt? Machen Sie sich den Gedanken zu Eigen, dass Ihr Körper Sie nach oben ziehen muss.

Dasselbe trifft auf Ihre Stimme zu. Um auf der Bühne sprechen zu können, dürfen Sie keine Stimme haben, die nach innen geht, die nicht trägt. Es ist besser, eine zu große Stimme zu haben als eine zu kleine. Ist sie zu groß, können Sie ihren Umfang immer verringern.

Die meisten von Ihnen sind imstande, sich gegenüber ihrem Metzger verständlich zu machen, wenn Sie sagen: »Geben Sie mir bitte noch ein Steak.« Auf der Bühne werden sie freilich mit einer solchen Sprechweise nicht weit kommen. Jeder Schauspieler kann im Fernsehen sprechen, aber nur wenige Fernsehschauspieler können es auf der Bühne. Die Bühne verschluckt sie. Sie müssen Ihre stimmlichen Fähigkeiten entwickeln, damit Sie, selbst wenn Sie flüstern: »He, komm rüber zu mir«, noch in der hintersten Ecke des Saales gehört werden.

Ihre Stimme muss mehr Volumen bekommen. Sie müssen die richtige Tonlage finden, damit man Sie versteht. Sie müssen eine Schauspielerstimme haben. Es ist mir egal, ob sie grässlich klingt oder schön, aber in jedem Fall möchte ich Volumen.

Wenn Sie nicht sprechen können, können Sie nicht schauspielen. Dann sind Sie langweilig. Merken Sie sich das!

Eine einfache effektive Übung, die Ihnen helfen wird, Ihre Stimme auszubilden, besteht darin, jeden Tag laut einen Leitartikel vorzulesen. Lesen Sie ihn zuerst in Ihrer normalen Stimme vor. Beim zweiten Mal sollte Ihre »normale« Stimme immer größer und stärker werden. Als Nächstes lesen Sie ihn so, dass jemand, der fünf Meter von Ihnen entfernt ist, ihn immer noch verstehen kann. Lesen Sie so, als befänden sich die Zuhörer auf der anderen Seite des Tisches, dann auf der anderen Seite des Raumes, dann auf der anderen Seite der Straße, gute hundert Meter entfernt. Machen Sie die Abstände immer größer, während Ihre Stimmmuskeln sich erwärmen und kräftiger werden.

Das Sprechen geht nach *außen*, nicht wahr? Sie können nicht in sich *hinein*sprechen. Nur verrückte Menschen sprechen in sich hinein. Sie hingegen sprechen, um gehört und verstanden zu werden. Was tun Sie mit Ihrer Hand, wenn Sie »Guten Tag« sagen? Sie strecken sie aus. Immer wenn

Sie sprechen, machen Sie eine Bewegung nach Außen. NACH AUSSEN. Warum? Weil alles sein Wesen, seine Eigenart hat. Jedes Mal, wenn wir eine Handlung analysieren, müssen wir versuchen, ihr Wesen oder ihren Zweck zu analysieren. Das Wesen des Sprechens ist es, nach außen zu dringen. Das Wesen des Gehens hingegen ist fest, stabil.

Das Wesen des Körpers – was ist das Wesen des Körpers? Denken Sie an ein kleines Kind. Ein Baby stößt seine Füße nach außen, streckt seine Hände aus. Es strebt nach außen.

Wenn Sie dieses Naturell nicht haben, dann müssen Sie an sich arbeiten. Es ist nicht gut, in sich hineinzusprechen. Und es ist auch für den Körper nicht gut, in sich »hineinzugehen«. Was wäre, wenn ein Baum in sich hineinwachsen würde? Würde Ihnen das gefallen?

Wenn Ihr Körper Sie immer nach oben zieht und wenn Ihre Stimme stark genug ist, den Raum auszufüllen, dann sind Sie berechtigt, auf der Bühne zu stehen. Für den Augenblick möchte ich nur, dass Sie sich wohl auf diesem Podium fühlen, auf diesen Brettern, die die Welt bedeuten und vielleicht ja auch Ihren Erfolg bestimmen werden.

Ich möchte jetzt, dass Sie auf das Podium hinaufgehen und dort oben bleiben. Die Bühne trägt Sie, nicht wahr? Denken Sie daran, dass sie für Sie da ist. Sie müssen nicht gleich wieder herunterkommen! Manchmal trauen Schauspieler sich nicht, dort oben zu stehen. Diese wunderbaren, sensiblen Schauspieler – manchmal sind sie nicht sicher, dass sie auf ihren eigenen Füßen stehen können. Aber dieses Podium ist immer da. Trägt die Erde Sie etwa nicht? Wird sie nicht immer da sein? Das Gleiche gilt für die Bühne.

Und nun gehen Sie auf der Bühne herum. Bewegen Sie sich auf ihr. Trägt sie Sie?

Woraus besteht Ihre Handlung jetzt? Das werde ich Sie immer wieder fragen: Woraus besteht Ihre Handlung? Was tun Sie jetzt? Die Antwort ist in diesem Fall sehr einfach: Sie gehen auf der Bühne herum.

Es ist ein anderes Gehen, als wenn Sie durch einen Park spazierten. Oder in einem Flugzeug herumliefen. Es ist keine besonders interessante Handlung, aber sie hat ihr eigenes Wesen. Gehen Sie auf und ab. Gehen Sie zu Ihrem Sitzplatz und wieder zurück. Bei dieser Handlung haben Sie praktisch nichts anderes zu tun.

Eine Handlung ist etwas, das Sie immer selbst ausführen, und es ist etwas, zu dem Sie fähig sind. Sie bestimmen das Wesen Ihrer Handlung, und Sie tun etwas, das Sie bewältigen können. Das ist etwas sehr Grundlegendes. Stanislawski muss Ihnen bei diesem Problem nicht helfen und auch Harold Clurman nicht. Und ebenso wenig das Actors Studio. Es liegt durchaus in Ihren Fähigkeiten, eine Handlung zu bestimmen, die Sie ausführen können.

Was macht sie komplex? Wenn Sie auf der Straße gehen, sind Sie sich der Welt, die Sie umgibt, bewusst – oder auch nicht. Wenn Sie auf der Bühne sind – umgibt Sie dann eine Welt? Gewiss, das ist immer der Fall! Aber auf der Bühne müssen Sie diese Welt sehr oft selbst erschaffen. Wenn Sie auf dem Podium herumgehen, ohne sich seiner bewusst zu sein, so werden Ihre Handlungen gehemmt und unsicher wirken. Sie müssen die Bühne immer mit Ihrer Fantasie ausfüllen.

Lassen Sie uns mit einer ganz einfachen Handlung beginnen, mit etwas, das Sie eben getan haben: dem Betreten des Unterrichtsraums. Vielleicht erinnern Sie sich noch daran, wie Sie heute hereinkamen, vielleicht auch nicht. Sie sollen jetzt nicht genau wiederholen, was Sie getan haben. So nüchtern gehen wir hier nicht vor. Schauspielen ist nicht einfach das Imitieren des alltäglichen Verhaltens. Es bedeutet, das Wesentliche zu erfassen. Es bedeutet, den Zuschauern die Idee von einer Handlung zu geben. Was auf der Bühne geschieht, muss genauer, intensiver und interessanter sein als das Alltagsverhalten.

Bei dieser Übung müssen Sie den Zuschauern vermitteln, dass Sie in eine Schauspielklasse kommen. Die betritt man nicht wie eine Leichenhalle, und auch nicht wie ein Theater.

Nun packen Sie Ihre Sachen zusammen, gehen Sie hinaus und kommen Sie wieder herein. Beeilen Sie sich! Beeilen Sie sich! Das wird ja wohl nicht so schwierig sein, oder?

Gut, jetzt wollen wir einmal erörtern, was Sie getan haben. Linda, Sie haben sich von Jennifer Papier geborgt, als Sie hereinkamen. Das war gut. Es reicht nicht, *mit* etwas hereinzukommen. Viel besser ist es, draußen mit etwas anzufangen und es beim Eintreten zu beenden. Gegenstände genügen nicht. Es reicht nicht aus, dass Sie etwas in der Hand *haben*. Sie müssen etwas damit *tun*.

Robert, Sie haben sich ein Jackett angezogen. Ich weiß, warum. Sie haben gedacht: »Sie mag es nicht, wenn Männer kein Jackett tragen.« Aber die Zuschauer wissen das ja nicht. Obwohl Ihre Handlung also auf einer genauen Beobachtung beruht, werden die Zuschauer sie nicht zur Kenntnis nehmen.

Jeremy, Sie haben Ihr Hemd noch einmal neu in die Hose gesteckt. Dazu bestand keine Notwendigkeit. Sie laufen doch nicht mit einem heraushängenden Hemd herum.

Einen Bleistift herauszuholen, genügt als Handlung nicht. Die meisten von Ihnen schauen in ein Manuskript, wenn Sie zeigen wollen, dass Sie sich in einem Theater befinden. Sie erwecken den Eindruck, dass Sie läsen. Das war nicht ganz wahrheitsgetreu. Denn keiner von Ihnen hat sofort nach dem Eintreten angefangen zu lesen. Stimmig gewesen wäre es hingegen, wenn Sie die Vorstellung vermittelt hätten, dass Sie etwas in dem Manuskript suchten – wirklich *suchen.*

Sie stellen das »Betreten der Schauspielklasse« nicht angemessen dar, indem Sie einen Becher Kaffee mitbringen – auch wenn viele von Ihnen vorhin damit hereinkamen. Unterricht hat nichts mit Essen und Trinken zu tun. Sie vermitteln dem Publikum einen falschen Eindruck. Die Leute denken sonst, Sie gingen zu einem Baseballspiel. Zu viele Ihrer Ideen stammen von der Straße. Sie gehen doch nicht zu einer Probe für eine Fernsehshow!

Selbst etwas so Einfaches wie das Betreten eines Raumes, eines ganz bestimmten Raumes, bedarf der Vorbereitung. Wir, die Zuschauer, müssen sowohl ein Gefühl für den Ort bekommen, *von* dem Sie kommen, als auch von dem Ort, *zu* dem Sie gehen. Inwiefern unterscheiden sich die jeweiligen Situationen? Wir müssen erkennen, dass Sie etwas tun, nicht, dass Sie einfach nur ziellos herumgehen. Durch Ihre genaue Vorbereitung ersparen Sie sich die Demütigung, die Erniedrigung, die Einsamkeit und die Panik, die Sie empfinden, falls Sie »mit leeren Händen« auf die Bühne kommen.

Die Bühne wird Sie immer tragen. Sie wird Sie nie im Stich lassen. Sie können darauf sterben – und sie wird Sie nicht im Stich lassen. Falls Sie sterben, umgibt sie Sie. Das ist noch besser. Aber Sie müssen es sich immer verdienen, darauf zu stehen, müssen sich der Bedeutung würdig erweisen, die die Bühne Ihnen verleiht.

Jedes Mal, wenn Sie auf die Bühne gehen, müssen Sie das mit der nötigen Ernsthaftigkeit tun. Sie müssen sich darüber klar sein, was Sie da tun. Das Betreten der Bühne ist niemals etwas Unwichtiges, Zufälliges. Durch das, was Sie in der Hand halten, vermitteln Sie den Zuschauern etwas, aber noch wichtiger ist es, ihnen etwas zu vermitteln durch das, was Sie tun. Die Zuschauer werden Ihnen unvoreingenommen dabei zusehen; in jedem Fall vermitteln Sie ihnen etwas – das Richtige oder das Falsche.

Wenn Sie einen Arzt spielen, der kommt, einen Patienten zu untersuchen, können Sie dem Publikum dies über ein Stethoskop als Requisit begreiflich machen. Aber das Instrument alleine ist etwas Statisches, Unbewegliches. Wir müssen Sie in Aktion sehen, wie Sie zum Beispiel die Fieberkurve eines Patienten studieren. Ein guter Dramatiker beginnt sein Stück nicht mit Worten; er lässt zunächst den Ort für sich selbst sprechen, wobei der Schauspieler dafür zuständig ist, den Zuschauern sofort einen stimmigen Eindruck von diesem Ort zu vermitteln. Bevor ein Schauspieler auf der Bühne etwas sagt, muss er sich selbst fragen: Was veranlasst mich eigentlich zum Sprechen? All das verlangt genügend Vorbereitung.

Es gab eine Zeit, da stellten die Schauspielschüler in meinem Unterricht alles, was für ihr Spiel erforderlich war, selbst zur Verfügung. Wenn eine Spitzendecke gebraucht wurde, brachte man sie von zu Hause mit oder borgte sie bei einem Freund aus. Ein Schüler kam einmal mit einem richtigen Kandelaber in den Unterricht! All diese Dinge wurden deshalb mitgebracht, um eine Atmosphäre von Echtheit und Authentizität zu erzeugen. Zu Hause bei den Schülern fehlten die jeweiligen Utensilien dann zwar vielleicht, aber die gespielten Szenen gewannen eindeutig an Wahrhaftigkeit.

Leider scheinen die meisten von Ihnen hier gar nicht zu wissen, wo sie sich eigentlich befinden. Sie, die Sie heute meinen Unterricht besuchen, kennen doch Ihre Bühne gar nicht. Und solange Sie nicht wissen, wo Sie sind, können Sie auch nicht schauspielen! Nur in einer Irrenanstalt wissen die Menschen nicht, wo sie sind. Aber selbst wenn Sie einen Geisteskranken in einer Anstalt spielen, müssen Sie als Schauspieler wissen, wo Sie sind.

Sie müssen mit jedem Ort, mit dem Sie konfrontiert werden, vertraut sein. Sie müssen sagen können: »Ich bin hier zu Hause.« Das kommt vor allem anderen – vor den Worten, vor dem Talent!

Stanislawski erzählte von dem großen italienischen Schauspieler Salvini, er sei, wenn er den Othello spielte, drei Stunden, bevor der Vorhang sich hob, ins Theater gekommen und auf der Bühne herumgegangen. Warum wohl? Er tat es, um sich in die Situation und die Umstände hineinzuvertiefen.

Ich möchte wetten, dass die Mehrheit von Ihnen Lehrer hatte, die zu Ihnen sagten: »Wenn Sie jetzt auf die Bühne gehen, dann öffnen Sie die Tür und schließen Sie sie wieder. Dann nehmen Sie die (leere) Flasche und gießen sich einen Drink ein.«

Nun, bestellen Sie diesen Lehrern einen schönen Gruß von mir: So etwas ist unredlich!

Jede Handlung verlangt ihre eigene Vorbereitung, hat ihre eigenen Anforderungen. Um eine Flasche hochheben zu können, müssen Sie sich fragen: Wie viel Kraftanstrengung ist dafür erforderlich? Daran müssen Sie mindestens zwanzig Minuten lang arbeiten. Heben Sie die Flasche hoch, wenn sie leer und wenn sie voll ist. Tun Sie das so lange, bis die Muskeln sich daran erinnern, wie viel Aufwand dafür notwendig ist.

Üben Sie, einen Topf zu öffnen. Zuerst sollte das Abheben des Deckels nur eine normale Anstrengung erfordern. Dann sollte der Deckel lose sein. Üben Sie schließlich, einen Topf zu öffnen, der zu fest verschlossen ist. Üben Sie es immer und immer wieder, bis Ihre Muskeln sich erinnern, wie viel Kraft und Energie in jedem einzelnen Fall erforderlich sind.

Eine andere nützliche Übung ist das Einfädeln einer Nadel. Üben Sie es zuerst mit einem richtigen Faden und einer richtigen Nadel. Und jetzt nehmen Sie einen Faden und agieren Sie so, als würden Sie ihn in die Nadel einfädeln. Und jetzt nehmen Sie die Nadel und agieren so, als würden Sie den Faden hindurchziehen.

Als Nächstes nehmen Sie die Nadel und den Faden und nähen einen imaginären Saum an einem kleinen Stück Stoff um. Tun Sie es immer wieder, damit Sie es am Ende mit zwei Gegenständen können, nicht aber mit dem dritten – also: mit Nadel und einem Stoffstück, aber ohne Faden, mit Nadel und Faden, aber ohne Stoffstück.

Das alles hat nichts mit dem Verstand zu tun. Sie müssen die Muskeln respektieren. Sie sind imstande zu arbeiten, weil Ihre Muskeln arbeiten. Die Muskeln sind nicht wie Ihr Verstand. Der Verstand ist etwas sehr Kompliziertes, die Muskeln nicht. Sobald Sie sie einmal an eine Tätigkeit gewöhnt haben, erinnern sie sich daran. Allerdings akzeptieren die Muskeln keine Lügen. Die Muskeln sind sehr genau. Sie kennen den Unterschied zwischen einer vollen Flasche und einer halb vollen, zwischen einem Topf, dessen Deckel lose und einem, dessen Deckel zu fest auf dem Behältnis steckt.

Jedes Requisit, das Sie auf der Bühne verwenden, sollte eine Herausforderung für Sie darstellen. Zunächst einmal sind alle Requisiten Fremdkörper – erst dadurch, dass Sie damit arbeiten, machen Sie sie sich zu Eigen. Mit jedem Requisit, das Sie verwenden, müssen Sie sich in Ihrer Fantasie beschäftigen. Nehmen Sie nicht einfach irgendetwas vom Inspizienten entgegen. Er kümmert sich nicht darum, wie gut Sie damit umgehen können; er hat lediglich ein paar Gegenstände zusammengetragen. Es ist Ihre Aufgabe, sie zu »zähmen«. Authentizität vermitteln heißt, auf der Bühne zu Hause zu sein, und das erreichen Sie, indem Sie jedem Gegenstand, der Sie umgibt, eine Bedeutung geben. Und das tun Sie mit Hilfe Ihrer Fantasie.

Neunundneunzig Prozent dessen, was Sie auf der Bühne sehen und verwenden, entstammt der Fantasie. Auf der Bühne werden Sie niemals Ihren eigenen Namen tragen oder Ihre Persönlichkeit haben oder in Ihrem eigenen Haus sein. Jeder Mensch, mit dem Sie sprechen, wird der Vorstellungskraft eines Dramatikers entsprungen sein. Jede Situation, in der Sie sich befinden, wird eine imaginäre sein. Jedes Wort, jede Handlung muss durch die Fantasie hindurchgehen, wie durch einen Filter.

Schreiben Sie Folgendes auf: »Erst, wenn ein Faktum durch meine Fantasie hindurchgefiltert wurde, ist es keine Lüge mehr.«

Die Fantasie arbeitet sehr schnell. Ein Schauspieler muss schnell sehen, schnell denken und sich schnell etwas vorstellen können. In meinem

Unterricht, bei meinen Übungen zur Förderung der Fantasie geht es mir um die sofortige Reaktion meiner Schüler. Damit die Fantasie schnell arbeitet, muss der Schauspieler ihr nur ihren Lauf lassen. Das ist eine Übung, die Sie des Öfteren machen sollten.

Üben Sie für die nächste Stunde ganz einfache alltägliche Handlungen: Beseitigen Sie imaginären Schmutz von Ihren Schuhen, entfernen Sie eine imaginäre Feder von einem realen Rock oder einer realen Hose. Tun Sie so, als hätten Sie Klebstoff an den Händen, nehmen Sie sich jede Hand einzeln vor, waschen Sie sie und prüfen Sie, ob jeder Finger frei von imaginärem Klebstoff ist. Lernen Sie die sensorische Wahrheit des muskulären Gedächtnisses erkennen.

5. Lektion

Vorstellungskraft entwickeln

Wenn Sie hierher gekommen wären, um Ihre Beherrschung eines Musikinstruments zu vertiefen, wäre eines der Dinge, die Sie von Anfang an richtig lernen müssten, sich warm zu machen. Ich würde Sie anweisen, dies immer wieder zu üben, um vor einem Konzert genügend Sicherheit zu erlangen, die Kontrolle über die Finger oder den Atem zu haben, damit Sie das Maximum aus Ihrem Instrument herausholen könnten.

Das Instrument des Schauspielers ist sein Körper, daher muss er ihn in einem optimalen Zustand halten. Wie könnten wir als Pianisten unsere Arbeit tun, wenn die Klaviertastatur klemmen würde? Auch Sie müssen einwandfrei funktionieren. Sie dürfen sich nicht hängen lassen, nicht unachtsam sein. Mir ist es im höchsten Maße zuwider, wenn ich sehe, dass in einem Unterrichtsraum ein ganzer Haufen Mäntel von den Garderobehaken gefallen ist und achtlos auf dem Boden liegt.

Ich habe Ihnen bereits gesagt, dass Schauspieler nicht zum Kranksein neigen sollten. Auch dürfen Sie nicht schnell ermüden. Sie gehören einer speziellen Kategorie von Menschen an. Sie geben nicht auf. Sie nehmen sich zusammen, sind diszipliniert und achten auf sich. Sie sind aufgeweckt, intelligent und interessant. Sie fallen niemals in einen Alltagstrott.

Die allgemeine Laxheit unserer Gesellschaft, die das Sichgehenlassen fördert, ist nicht gut für das Theater.

Wir müssen die richtige körperliche Haltung haben, denn sie hat großen Einfluss darauf, wie wir atmen. Wir müssen in guter physischer Verfassung sein. Um auf der Bühne arbeiten zu können, müssen wir über enorme Energien verfügen.

Wir haben ein paar Übungen gemacht, die unsere Wahrnehmungsfähigkeit schärfen sollten: zwischen verschiedenen Rots, Weiß und Blaus zu unterscheiden und zu sehen, wie wir auf die Unterschiede reagieren; die Welt um uns herum zu betrachten und zu sehen, was sie besonders und was sie historisch interessant macht; die Natur zu betrachten und zu sehen, wie reich sie ist und wie anregend es ist, zu verschiedenen Zeiten dasselbe Stück Himmel zu betrachten und zu sehen, wie sehr es sich verändert.

Aber es gibt noch eine andere Art des Sehens, die ebenso wichtig ist. In Ihnen selbst sind unzählige Dinge, die Sie lernen müssen zu sehen. Sie müssen jetzt über Ihre eigenen Ihnen so kostbaren inneren Erfahrungen hinausgehen. Ich möchte, dass Sie in der Lage sind, zu sehen, und das, was Sie sehen, den Zuschauern mitzuteilen. Ich will nicht, dass Sie Nabelschau betreiben. Ein Schauspieler kann es sich in seiner Rollenarbeit weder leisten, nur auf sein eigenes Leben zu blicken, noch dabei ausschließlich aus seinen eigenen Erfahrungen zu schöpfen, wenn es darum geht, Ausdrucksmöglichkeiten und Gefühle zu finden.

Man hat den amerikanischen Schauspielern einen schlechten Dienst erwiesen, als man ihnen einredete, sie müssten *sich selbst* auf der Bühne erleben, anstatt das Stück zu erleben. Ihre eigenen Erfahrungen entsprechen nicht denen Hamlets – es sei denn, Sie leben ebenfalls als königlicher Prinz in Dänemark. Die Wahrheit der darzustellenden Figur liegt nicht in Ihnen, sondern in den Lebensverhältnissen am königlichen Hof. Hamlets Handlungen und seine Entscheidung darüber, ob er leben oder sterben soll, müssen seinen Lebensumständen entsprechen – nicht Ihren. Ihre einstige Unentschlossenheit darüber, mit wem Sie auf den Abschlussball gehen sollten, reicht hier als Erfahrungsschatz nicht aus.

Ganz gleich, welche Aktivität Sie auf der Bühne ausüben: Sie müssen immer zuerst die Umstände dafür schaffen. Stanislawski sagte: »Sie können auf der Bühne nicht ohne Vorbereitungen zu Abend essen.« Er meinte damit, dass Sie vom Abstrakten weg und hin zum Detail gehen müssen. Zunächst einmal brauchen Sie dafür Messer und Gabel, dann einen Tisch mit einer Spitzendecke und schlichten silbernen Kerzenhaltern. Sie brauchen einen Teller mit Essen und einen Suppenlöffel. Alle diese Dinge gehören zu der Tätigkeit des Abendessens dazu. Doch vor allem anderen müssen die Umstände geschaffen werden, in denen sie geschieht. Indem Sie die Umstände ändern, können Sie die Stimmung der ganzen Szene verändern.

Wenn die Tischdecke nicht aus Spitze, sondern aus einem groben Stoff ist, oder wenn gar keine Tischdecke da ist, sondern nur eine Petroleumlampe, dann wird es eine ganz andere Art Abendessen werden. Die Umstände werden von dem Stück vorgegeben, und Ihre Fantasie muss den Anforderungen des Stückes gewachsen sein.

Um Ihre Fantasie zu trainieren, müssen Sie Ihrem eigenen Wissensschatz mehr Bedeutung beimessen. Sie sind eine wahre Fundgrube von Bildern – nicht nur von den Dingen, die Sie gesehen, sondern auch von denen, die Sie sich in Ihrer Fantasie vorgestellt haben. Diese Bilder sind sehr machtvoll. Sie werden Sie beseelen. Sie werden Ihren Körper und Ihren Geist inspirieren.

Von jetzt an dürfen Sie nur noch auf fantasievolle Weise leben. Sie werden fantasievoll sehen und schauspielen. Das ist nicht schwer, wenn Sie akzeptieren, dass in allem, was Sie sich vorstellen können, ein Körnchen Wahrheit für Sie steckt. Die Aufgabe des Schauspielers ist es, die Fiktion zu »entfiktionalisieren«. Wenn Sie einen Zitronenbaum brauchen, aber noch nie einen gesehen haben, dann werden Sie im Geist eine Art Zitronenbaum für sich selbst erschaffen, und je mehr Details Sie erfinden, desto leichter werden Sie glauben, dass Sie ihn tatsächlich gesehen haben.

Sie haben ihn sich vorgestellt – also existiert er. Das meiste beim Schauspielen beruht auf diesem minutiösen Wissen dessen, was Sie gesehen haben und was Sie tun. Alles, was durch Ihre Fantasie hindurchgeht, hat das Recht zu existieren.

Wir wollen mit einer leichten Übung beginnen. Sie gehen eine Landstraße entlang. Sie wissen, wo Sie sich befinden. Schauen Sie zum Himmel hoch. Wo steht die Sonne? Wie lang ist Ihr Schatten? Wie ist die Straße beschaffen? Ist sie uneben? Verzerrt sie Ihren Schatten? Was für Wolken sind am Himmel? Welche Vögel sehen Sie?

Ein Zaun führt die Straße entlang, er umgibt eine Wiese. Wie grün ist ihr Gras? Wie hoch ist es? Weiden Kühe auf ihr? Und wenn, welche Farbe haben sie? Zählen Sie mir drei oder vier Dinge auf, die die Kühe logisch und wirklich machen.

Ein langer Ast ist quer über die Straße gefallen. Wann mag das geschehen sein? Ist das Laub noch von einem satten Grün? Oder ist der Ast schon lange tot? Wie viel Anstrengung kostet es, ihn aufzuheben und ins Feld zu werfen?

Sie sehen einen matschigen Weg, der auf der rechten Seite abgeht. Folgen Sie ihm. Was für Bäume säumen ihn? Tragen Sie Früchte? Sind sie reif?

Die Straße führt zu einer hölzernen Brücke. Macht sie einen stabilen Eindruck? Was für ein Geländer hat sie? Sie spannt sich über einen Teich. Was für Fische können Sie darin erblicken? Oder ist das Wasser zu schlammig, um Fische darin zu sehen? Auf der anderen Seite des Teichs ist ein Seil zwischen zwei Bäumen angebracht. Ein paar Kleidungsstücke hängen von der Leine: der Schlafanzug eines Kindes, Socken, das Jeanshemd eines Mannes, eine einfache alte Tischdecke, Arbeitsanzüge.

Schauen Sie sich die Arbeitsanzüge an. Betrachten Sie sie genau. Wie ausgeblichen ist der Stoff? Wie oft und an welchen Stellen sind sie ausgebessert worden? Welches Muster hat das Tischtuch? Wie hoch ist das Gras unter der Wäscheleine?

Was Sie gesehen haben, gehört nun ganz Ihnen.

In einem Stück wird Ihnen der Dramatiker niemals eine Tischdecke geben, mit der Sie bereits vertraut sind. Es ist Ihre Aufgabe, Ihre Fantasie spielen zu lassen. In seinem Manuskript wird nur »Tischdecke« stehen. Ihnen obliegt es, zu bestimmen, ob sie alt ist, ob zerknittert, ob abgewetzt, ob neu, ob gestärkt. Der Dramatiker wird nur den Gegenstand selbst vorgeben. Sie werden ihn zum Leben erwecken müssen.

Wenn der Dramatiker vorgibt, dass der Tag, an dem sein Stück spielt, schön ist, müssen Sie sich einen blauen Himmel vorstellen, mit weißen Schäfchenwolken und Vögeln, die in einer bestimmten Formation fliegen. Es wird an Ihnen sein, herauszufinden, was schön an dem Tag ist. Der Dramatiker wird Ihnen auch nie eine Landstraße nennen, die Ihnen bereits vertraut ist. Er wird lediglich schreiben: »Ich ging eine Landstraße entlang.« Sie werden die Details beisteuern müssen, beispielsweise: »Sie ist mit rötlichem Staub bedeckt. Rechts und links von ihr befinden sich Kornfelder.«

Wenn Sie an einer Szene arbeiten, so entsteht die Lebendigkeit durch Ihr Schauspiel, nicht durch die vorgegebenen Fakten. Die Fakten werden so lange leblos sein, bis Sie begreifen, dass jedem Ding Leben innewohnt. Sie als Schauspieler müssen uns das Wunder des Lebens schenken, nicht die nackten Fakten. Sie müssen den Zuschauern das Leben bieten, nicht den Tod.

Wir wollen uns nun einer anderen Übung zuwenden. Stellen wir uns die Robe eines chinesischen Kaisers vor. Eines unserer Probleme als Amerikaner ist, dass unsere gesamte Einstellung so praktisch, so nüchtern ist, dass wir alles auf unser Niveau herunterziehen. Doch unsere Vorstellungskraft erlaubt uns, in einer größeren, schöneren, aufregenderen Welt zu leben.

Stellen Sie sich zuerst den Stoff für diese Robe vor. Ist sie aus feinem Leinen? Ist sie aus Seide? Wie schwer ist die Robe? Ist sie rot? Ist sie golden? Welchen Farbton hat sie? Wie lang ist sie? Muss ihre Schleppe von Hofdienern getragen werden? Von wie vielen? Wie ist die Robe gemustert? Wie fein sind die Stiche? Stammt das Material der Robe aus der Natur? Besteht sie zum Beispiel aus Blättern? Aus den Federn eines Vogels? Eines echten Vogels? Oder eines Fantasievogels? Ist das Muster symmetrisch? Oder abstrakt?

Es gibt darauf keine »richtigen« Antworten. Und Ihr Ziel darf es dabei nicht sein, mir zu gefallen. Ihr Ziel muss es sein, Ihre eigene Vorstellungskraft anzuregen, Ihre Begeisterung zu entfachen. Und sie den Zuschauern zu vermitteln.

Eine Schauspielschülerin sagte einmal zu mir, sie habe Angst vor mir – außer wenn ich sie anlächeln würde. Ich gab ihr zur Antwort, in diesem Fall hätte ich bei ihr mein Ziel nicht erreicht. Denn im Theater werde nicht viel gelächelt. Und falls ich ihr den Eindruck vermitteln würde, dass es anders sei, würde ich sie auf eine Laufbahn voller Verwirrung und Unzufriedenheit vorbereiten.

Der Mensch, dem Sie gefallen müssen, sind Sie selbst. Aber Sie werden nirgendwohin kommen, wenn Sie es sich leicht machen, sich zu gefallen. Sie müssen so anspruchsvoll sein, wie Sie können.

Gut, also wer möchte uns seine Robe eines chinesischen Kaisers vorstellen? Danke, Jennifer.

Jennifer: Meine Robe ist aus orangefarbenem Brokat.

Stella: Ich muss Sie unterbrechen, Jennifer. Sie sprechen wie ein kleines Mädchen. *(imitiert sie)* »Meine Robe ist aus orangefarbenem Brokat ... Punkt.« Sie sind zu schnell vorgegangen. Sie hatten es zu eilig, zum Ende des Satzes zu kommen. Wenn ich die Robe beschriebe, würde ich vielleicht sagen: »Es war eine orangefarbene Robe, aus einem sehr leuchtenden Orange.« Für den Zuschauer entstünde somit der Eindruck, dass ich sie zwar vor mir sähe, aber ein wenig Mühe hätte, sie in ihrer Komplexität zu beschreiben, und noch nach den richtigen Worten suchte.

Jennifer: Ich habe eine orangefarbene Robe aus Brokatstoff gesehen. Ihre Schleppe war etwa zwanzig Zentimeter lang. Der Saum der Robe war mit Edelsteinen bestickt. Auf dem Rücken waren in einem Kreuzmuster Smaragde mit Rubinen angebracht, und die einzelnen Kreuze waren mit Diamanten ausgefüllt.

Stella: Das ist viel besser, aber immer noch nicht richtig. Es klingt einstudiert. Sie sagen etwas auf. Aber ich spüre nicht, dass Sie die Robe zum allerersten Mal sehen, dass Sie sie klar und ganz deutlich vor sich haben. Sie reden von Smaragden und Diamanten, weil Sie glauben, das sei es, was ich hören will.

Jennifer: *(nach einer längeren Pause)* Ich sehe eine lange, wunderschöne, seltsam anmutende Brokatrobe. Sie ist in einem sehr leuchtenden Orangeton gehalten. Ihr Saum ist mit Hermelin und mit rosafarbenem und weißem Pelz besetzt. Die ganze Robe glänzt und funkelt, die Schultern sind mit Diamanten übersät. Auf dem Rücken befinden sich noch mehr Diamanten und eine ganze Reihe Smaragde, im Kreuzmuster mit einer Reihe Rubine ...

Stella: Diesmal haben Sie sie wirklich *gesehen*, haben wirklich *gesprochen*. Selbst die Worte, die Sie verwendet haben, waren lebendiger und natürlicher. Sie haben Ihre Schilderung verbessert, indem Sie sie ausbauten.

Haben Sie bemerkt, dass Jennifer kicherte, als sie die Robe diesmal beschrieb? Das ist ein wichtiges Detail. Beim ersten Mal erstattete sie einfach nur Bericht. Ihr letzter Versuch war Schauspiel.

Es ist ein großer Unterschied zwischen einem Zeitungsbericht und einer Bühnenvorstellung. Ein Reporter muss objektiv, kühl sein, ein Schauspieler voller Leidenschaft. Wenn er zu kühl ist, eignet er sich besser zum Manager und sollte nicht unbedingt auf der Bühne stehen.

Das Fernsehen hat uns so abgestumpft, dass wir in unserer Arbeit mit einem Chirurgen zu vergleichen sind, der einen menschlichen Körper aufschneidet, ohne das Geringste dabei zu empfinden, weniger als der betäubte Patient selbst. Im OP ist dies erforderlich – auf der Bühne hingegen stirbt der Patient.

Wir stehen vor einem Dilemma: Wir wollen nicht, dass das, was wir darbieten, flach und uninteressant ist. Aber wir wollen auch nicht übertreiben, sodass die Zuschauer uns affektiert finden. Die Lösung liegt im Wahrhaftigsein. Je mehr Einzelheiten wir uns vorstellen, desto ehrlicher, glaubhafter und kraftvoller werden unsere Reaktionen sein. Neun Zehntel unserer schauspielerischen Arbeit beruhen auf dem minutiösen Wissen um das, was wir sehen und was wir tun.

Ein Schauspieler ist wie ein Schriftsteller voller Eindrücke, die zu ihm sprechen. Er sagt nicht: »Ich nehme Schinken und Eier.« So spricht ein arbeitsloser Bürovorsteher.

Wenn der Schauspieler Eier und Schinken bekommt, sieht er sie auf dem Teller, zusammen mit ein paar Kartoffeln, garniert mit Zwiebelstücken und grünem Pfeffer. Er sieht die Kellnerin. Er sieht den Tisch und das Restaurant mit all seiner Geschäftigkeit. Er sieht, dass der Boden schmutzig, sein Tisch hingegen makellos sauber ist. Er schaut sich um und sieht, dass keiner der Gäste an den anderen Tischen seinen Mitmenschen Aufmerksamkeit schenkt. Alle Leute haben es eilig. Ihre Blicke wandern ziellos durch den Raum. Manchmal blicken sie zur Tür, um zu sehen, wer hereinkommt.

Der Schauspieler nimmt das alles in sich auf. Er ist nicht nur da, um zu essen, zu bezahlen und wieder zu gehen. Er *lebt* dabei, beobachtet, schaut, versteht. Er fragt sich selbst: »Was ist das da? Was betrachte ich da?« – so wie ein Schriftsteller oder ein Maler es tun würde.

Eine Möglichkeit, die Fantasie zu beleben, ist, sie hin zum Unlogischen zu lenken. Schließlich sind wir keine Wissenschaftler. Wir sind keinesfalls verpflichtet, immer das Logische, Vernünftige zu tun.

Betrachte ich zum Beispiel eine Brille, so kann ich meine Fantasie schweifen lassen. Viele Leute tragen eine Brille, und trotzdem sind die meisten Gestelle ziemlich hässlich – zwei Glasstücke eben. Sie sind lediglich zum Hindurchsehen da. Früher trug ich eine Brille, habe es dann aber wieder sein lassen. Wenn ich es recht bedenke, habe ich das wohl getan, weil Glas keine besonderen Eigenschaften hat. Würde man sich nicht viel besser damit fühlen, wenn Wein oder Whisky in diesem Glas wäre? Aber an sich hat dieses Stück Glas nichts Persönliches.

Die Ränder der Brille sind glanzlos. Kennen Sie Steine, die glanzlos sind? Sie haben dann die Farben des Todes: blassgrün. Schön ist es, wenn sie aus Bernstein sind, wie Bernsteinohrringe. Bernsteinohrringe ändern ihre Farbe. Heutzutage tragen die Leute keinen Bernstein mehr, außer in Paris, wo man ihn noch häufig in den Läden findet. Franzosen tun sich schwer damit, irgendetwas aufzugeben.

Wenn ich Psychiater wäre, würde ich das wohl freie Assoziation nennen, obwohl ich es gerne viel persönlicher und introspektiver hätte. Beim Schauspielen nennen wir es »die Gedanken schweifen lassen«. Sie wählen irgendeinen Gegenstand aus und schauen, wohin er sie in Ihrer Fantasie trägt. Zum Beispiel sehe ich einen roten Stuhl, der mich nach Venedig führt, und Venedig erinnert mich an den Farbton einer Robe auf dem Porträt eines Kardinals, gemalt von El Greco, das im Metropolitan Museum hängt.

Die Betrachtung einer Seidenblume führt mich nach Chinatown in San Francisco, wo ich vor meinem inneren Auge antike Uhren sehe, leitet mich in die Praxis eines Akupunkteurs, lässt mich einem Künstler zuhören, der nach dem Abendessen ein Lied vorträgt, führt mir das Porträt meiner Eltern vor Augen.

Bei dieser Übung wird Ihnen klar, dass Sie eine Menge Dinge wussten, ohne etwas davon zu ahnen. Es ist so, als würden Sie einen Gebrauchtmöbelladen durchstöbern. Sie wissen nie, worauf Sie stoßen oder was Sie noch verwenden können.

Es gibt Zeiten, wo wir unsere Fantasie umherschweifen lassen können. Zu anderen Zeiten wiederum müssen wir sie zügeln.

Eine unserer folgenden Übungen besteht darin, Katzen zu beschreiben. Ich möchte, dass Sie drei verschiedene Katzentypen beschreiben: die Katze aus der Park Avenue, die Katze aus dem Rego Park und die Katze aus der 9th Avenue. Warum, glauben Sie, bitte ich Sie, sich alle drei vorzunehmen? Um Ihnen die Klassenunterschiede bewusst zu machen! In Amerika tun wir so, als wären alle Menschen gleich, aber wir wissen sehr wohl, dass das nicht der Fall ist.

Die Park-Avenue-Katze ist reinrassig, wahrscheinlich eine Persianerkatze, mit gepflegtem weißem Fell und einer herrischen Miene. Sie bekommt ihr Fressen auf einem eigenen Tellerchen. Irgendwo in der Speisekammer steht ihr Katzenklo, das ein Bediensteter tadellos sauber hält. Sie bekommt jede Menge Pillen, damit ihr Fell glatt und glänzend bleibt, Vitamine, damit sie ihre gute Gesundheit behält. Wahrscheinlich hat man ihr die Krallen gestutzt, um die kostbaren Möbel zu schonen.

Der größte Kontrast dazu wird die Ninth-Avenue-Katze sein. Ohne scharfe Krallen könnte sie gar nicht überleben. Sie muss sich gegen Ratten verteidigen, die vielleicht genauso groß sind wie sie selbst. Auch muss sie imstande sein, Hunde und andere Katzen zu vertreiben. Wenn sie Glück hat, öffnet ein mitfühlender Ladenbesitzer eine Dose Futter für sie und stellt sie auf den Bürgersteig. Anderenfalls muss sie im Müll nach Nahrungsresten suchen. Erfreulicherweise gibt es auf der Ninth Avenue haufenweise Speiseabfälle.

Natürlich wird sie kein reinweißes Fell haben, wenn sie in der Ninth Avenue lebt. Eher wird es mehrfarbig sein und dunkle Dreckspuren aufweisen. Außerdem wird es verfilzt sein, weil niemand es ausbürstet. Noch dazu wird die Katze am ganzen Körper Kratzer und Schrammen haben, ja vielleicht sogar getrocknete Blutreste von den Kämpfen, die sie ausgefochten hat. Ihre Augen – sofern sie überhaupt noch beide hat – werden unruhig sein und blitzschnell hin- und herhuschen. Sie kann sich den Luxus nicht leisten, still dazusitzen und sich zu putzen.

Die Park-Avenue-Katze kennt nur Ruhe und Gelassenheit. Die Ninth-Avenue-Katze hingegen ist es gewohnt, den ganzen Tag von Lärm umgeben zu sein – von quietschenden Taxis und Müllmännern, die die Müllsäcke in Container mit automatischen Lifts werfen, von denen die Säcke dann mit einem lauten Knirschen nach oben gehievt werden.

Die Rego-Park-Katze befindet sich irgendwo dazwischen. Sie wird nicht so verwöhnt wie die Park-Avenue-Katze sein, und sie ist vielleicht nicht reinrassig, aber sie ist auch nicht so widerstandsfähig und wachsam wie die Ninth-Avenue-Katze. Gut möglich, dass sie keinen eigenen Fressnapf hat wie die Park-Avenue-Katze, aber sie wird regelmäßig ihre Mahlzeiten bekommen. Vermutlich kann sie nach draußen und auf Mäusejagd gehen. In diesem Fall verfügt sie auch über scharfe Krallen – und nebenbei gesagt, werden die Möbel, die sie damit beschädigen könnte, nicht sonderlich wertvoll sein. Vielleicht sind sie mit Schonbezügen bedeckt.

Ist Ihnen klar, warum ein Schauspieler diese Unterschiede begreifen muss und wie die Vorstellungskraft ihm hilft, sie zu verstehen?

Eine meiner Schülerinnen beschrieb einmal das Zimmer eines Schauspielers in einem Haus außerhalb von Boston, in den sechziger Jahren des neunzehnten Jahrhunderts. Sie beschrieb das Bett mit dem eisernen Gestell und der alten Tagesdecke darüber, das Plaid auf dem Sofa, die altmodische Kommode mit den Nippfiguren darauf, die Bilder an den Wänden – alles mit Hilfe ihrer Vorstellungskraft. All das schöpfte sie aus sich selbst, eine Mischung aus dem, was sie wusste, und dem, von dem sie nicht wusste, dass sie es wusste.

Unerlässlich für den Schauspieler ist Bildung. Ein Schauspieler muss lesen, muss sich in Malerei und Musik auskennen, weil er dadurch die Vergangenheit besser versteht. Die Künste geben seiner Vorstellungskraft Nahrung.

Beim Schauspielen geht es darum, Dinge auf fantasievolle Weise zu erschaffen. Sie brauchen nicht zu sagen, dass Sie das Zimmer nicht kennen, dass Sie es vermutlich nie gesehen haben. Sie erschaffen das Zimmer, so wie Sie die Robe erschaffen – dann werden die Dinge zu Ihren. Sie müssen zu sich selbst sagen: Irgendwie wird es mir gelingen, diese Robe Wirklichkeit werden zu lassen. Denn das genau ist Ihre Aufgabe als Schauspieler.

Zu guter Letzt wird sich das Spektrum Ihrer Fantasie auch auf andere Dinge erstrecken, bis Sie sagen können: Ich weiß, was man empfindet, wenn man trauert, was man empfindet, wenn man isoliert ist, was es bedeutet, im Stich gelassen zu sein, wie es ist, verlobt oder verheiratet zu sein.

Manche Aspekte Ihrer Vorstellungskraft werden Sie selbst verblüffen.

Ich möchte, dass Sie sich für die nächste Unterrichtsstunde drei verschiedene Gärten ausdenken: den Garten der französischen Botschaft in Washington, den Garten einer italienischen Arbeiterfamilie in einem Bostoner Vorort und einen heruntergekommenen Garten in Mexiko.

Bringen Sie dabei sowohl Dinge ein, die Sie wissen, als auch Dinge, die Sie im Geist erst erschaffen müssen. Lassen Sie sie miteinander verschmelzen.

Sie sollen dann auf die Bühne gehen und uns auf einen Rundgang mitnehmen, uns beispielsweise linker Hand auf einen speziell beschnittenen Strauch im Garten der französischen Botschaft hinweisen oder uns im vorderen rechten Teil der Bühne eine Pergola in dem italienischen Garten zeigen oder, in der Bühnenmitte, einen Kaktus in dem ungepflegten mexikanischen Garten.

Und noch einmal möchte ich betonen, dass die Wahrheit in der Kunst die Wahrheit in den Umständen, den jeweiligen Situationen ist! »Wo bin ich?« ist die erste Frage, die Sie sich beim Betreten der Bühne stellen müssen, noch ehe Sie überhaupt irgendeine Handlung in Angriff nehmen. Das Ausdenken der Gärten ist unser erster Schritt beim Verstehen, wie man sich auf der Bühne zu Hause fühlt.

6. LEKTION

Sich die Welt des Stückes zu Eigen machen

Normalerweise fühlen Schauspieler sich in den Kulissen unwohl. Selbst wenn sie kein richtiges Lampenfieber haben, sind sie nervös. Das ist verständlich, denn Schauspieler haben in den Kulissen nichts zu suchen. Sie gehören dort nicht hin. Die Bühnenarbeiter gehören dorthin, sie haben in den Kulissen etwas zu tun. Wir warten hier lediglich auf unseren Auftritt.

Wir können uns dieses Warten nur dann zunutze machen und der zuweilen dabei auftretenden Panik entgehen, wenn wir uns auf das konzentrieren, was wir tun werden, sobald wir uns auf die Bühne begeben. Wenn es dann so weit ist, werden der Inspizient und der Beleuchter uns helfen, uns zu orientieren. Außerdem sind da auch noch die Kollegen, mit denen wir auftreten. Während wir hinter der Bühne sind, sind wir jedoch auf uns selbst angewiesen.

Wir können unsere Kostüme betrachten und uns davon inspirieren lassen, was uns beispielsweise die Knöpfe über eine bestimmte Epoche sagen, in der die von uns verkörperte Figur lebt, oder über die gesellschaftliche Klasse eines Mannes, der einen Anzug mit solchen Knöpfen trägt. Vielleicht hilft uns auch ein Requisit, in die Welt des Stückes einzutauchen.

Manche Menschen werden Ihnen empfehlen, Ihre Zeit hinter der Bühne zu bestimmten Atem- oder Entspannungsübungen zu nutzen. Das ist in Ordnung. Sie wollen sicherlich nicht mit einem verspannten Körper auf die Bühne kommen.

Aber der wichtigste Verbündete, den wir haben, um diese Zeit richtig zu nutzen, ist unsere eigene Vorstellungskraft – und daher müssen wir sie entwickeln. Ich habe Sie gebeten, drei Gärten vorzubereiten. Jedes Mal, wenn Sie auf die Bühne gehen, bereiten Sie im Grunde einen solchen Garten vor, einen Rahmen, in dem Sie sich wohl fühlen. Sie müssen im Geist eine persönliche Beziehung zu dem Bühnenbild, zu den Requisiten herstellen. Sie müssen Ihnen ebenso vertraut sein wie das Mobiliar in Ihrem Schlafzimmer.

Wer möchte uns auf einen Gang durch den Garten der französischen Botschaft in Washington mitnehmen? Okay, George.

George: Wenn Sie vorfahren …

Stella: Ich muss Sie gleich hier unterbrechen. Das Vorfahren ist nebensächlich. Der Parkplatz interessiert uns hier nicht.

George: Ein Diener stellt Ihren Wagen ab.

Stella: Gut, das akzeptiere ich. Wir wissen jetzt, dass die ganze Sache sehr förmlich werden wird. Weiter, George.

George: Sie betreten den Garten durch ein hohes schmiedeeisernes Tor. Die beiden Torflügel wirken sehr elegant – die Eisenverzierungen haben blattartige Wölbungen und erinnern an Pflanzen, sind aber ganz symmetrisch, und in der Mitte befinden sich die Buchstaben R und F, die für République Française stehen. Sie sind kunsthandwerklich sehr ausgefeilt und nehmen die blattartigen Wölbungen um sie herum wieder auf.

Stella: Sehr gut, George.

George: Wenn Sie nun durch das Tor gehen, gelangen Sie auf einen Kiesweg.

Stella: Gut. Sie wissen, dass im neunzehnten Jahrhundert, als reiche Leute ganze Heerscharen von Bediensteten hatten, einige Angestellte die Aufgabe hatten, stundenlang nur diese Kieswege zu rechen. Weiter, George.

George: Entlang des Kieswegs stehen Hecken, denen anzusehen ist, dass sie von mehreren Gärtnern stets sorgfältig gestutzt und gepflegt werden. Im Zentrum des Gartens befindet sich ein Brunnen, der seinem Aussehen nach Mitte des neunzehnten Jahrhunderts aus Frankreich importiert worden sein muss. In seiner Mitte steht eine Göttin aus schwarzem Marmor. Es ist Diana, die Jägerin; sie hält Pfeil und Bogen himmelwärts gerichtet. Den ganzen Rand entlang sind Düsen angebracht, die Wasserstrahlen auf die Statue werfen, und der nasse Marmor glänzt in der Sonne.

Stella: Sehr gut, George. Was immer Sie in den Botschaftsgarten stellen, muss imposant sein. Es muss elegant sein. Es ist da, um eine bestimmte Wirkung zu erzielen, um denjenigen zu beeindrucken, der das Glück hat – oder wichtig genug ist –, um eingeladen zu werden.

In Ordnung, wer möchte den Garten der italienischen Arbeiterfamilie in dem Bostoner Vorort vorstellen? Prima, Natalie.

Natalie: Rechts neben dem Haus befindet sich ein Beet mit Stiefmütterchen und Narzissen.

Stella: Denken Sie daran, dass es sich um eine Arbeiterfamilie handelt! Vielleicht haben die Leute tatsächlich hübsche Blumen, aber man sollte spüren, dass alles eine Funktion hat. Wahrscheinlicher ist, dass sie auf diesem Stück Garten Gemüse anbauen – eine Reihe Tomaten, vielleicht ein paar Kohlköpfe, Paprikaschoten, etwas Salat, ganz bestimmt ein paar Zucchini.

Natalie: Ich wollte ihnen auch einen kleinen Platz geben, wo sie Weintrauben anpflanzen.

Stella: Wenn Sie das tun, dann sollten Sie eine klare Vorstellung davon haben, wie Weintrauben wachsen. In jedem Fall sollten Sie alles deutlich genug vor Augen sehen, damit Sie es uns zeigen können. Vielleicht müssen Sie sich niederkauern, um uns die ersten kleinen Triebe dessen zu zeigen, was ein paar Wochen zuvor angepflanzt worden ist. Diese Handlung, das Niederkauern, wird von dem, was Sie sehen, bestimmt. Alles, was Sie auf der Bühne tun, sollte durch die Umstände bestimmt sein, in denen sich die von Ihnen dargestellte Figur befindet.

Der italienische Garten ist nicht dazu da, irgendjemanden zu beeindrucken. Man lädt hierher nur Freunde und Verwandte ein. Wenn es in diesem Garten eine Statue gibt, so ist es ganz sicher die Madonna. Und wenn ein Tisch darin steht, so ganz bestimmt ein Picknicktisch. Sie müssen noch mehr arbeiten, Natalie.

Wer möchte uns den Garten eines mexikanischen Hauses in einer Stadt nahe der Grenze zu Texas vorstellen? Okay, Jason.

Jason: Das Haus selbst ist ein Wohnwagen. Er steht nicht weit entfernt von einem anderen Wohnwagen. Der Garten ist also der Raum zwischen ihnen.

Stella: Gut, Jason.

Jason: Der Garten besteht mehr aus Sand als aus Erde. Nur ein kleiner Kaktus wächst darauf. Neben dem Kaktus liegt ein zerbrochenes Spielzeug, das einem der Kinder gehört, die hier leben.

Stella: Gut, Jason. Sie können sich setzen.

Jeder Gegenstand, den Sie auf die Bühne bringen, muss Ihnen etwas über die Umstände der Figur, die Sie spielen, und die Welt, in der sie lebt, sagen. Sie müssen jeden Gegenstand, mit dem Sie arbeiten, verstehen und einen persönlichen Bezug dazu herstellen. Und mit jedem Gegenstand müssen

Sie sich in Ihrer Fantasie beschäftigen. Zum Beispiel bringen Sie ein Buch mit auf die Bühne. Wir wollen eine Ahnung haben, um was für ein Buch es sich handelt. Ist es ein Band einer Enzyklopädie? Ist es die Bibel? Die Art, wie Sie es tragen, muss etwas aussagen.

Als Schauspieler müssen wir die Fähigkeit der Kinder haben, etwas »glauben zu machen«. Ein Kind glaubt, der Stock, den es auf und niederhüpfend zwischen seinen Beinen hält, sei ein Pferd. Das ist es, was das Schauspielen überhaupt ausmacht: die Überzeugung des Kindes, der Stock sei ein Pferd! Als Schauspieler haben Sie die Aufgabe, diese Überzeugung zu vermitteln. Was das Anliegen von Dickens und Balzac war, sollte auch unseres sein.

Ehe Sie ein Requisit verwenden, müssen Sie wissen, welches »Leben« es führt. Wenn Sie ein Gewehr in den Händen halten, sollten Sie wissen, wie man es auseinander nimmt, wie man es reinigt, wo man es aufbewahrt, wie man es benutzt. Das Gewehr hat sein eigenes Leben, mit dem Sie nichts zu tun haben. Dieses Leben müssen Sie ebenso gut kennen wie ein Polizist das Leben seines Schlagstocks.

Sie können unmöglich ein Schwert benutzen, wenn Sie nicht zuvor ein paar Monate lang von einem Fachmann instruiert worden sind. Der Brauch, ein Schwert zu tragen, hat eine lange Tradition. Wie nimmt man es aus der Scheide? Wie steckt man es zurück? Womit reinigt man seinen Stahl? Wenn Sie nicht wissen, wie man einen Gegenstand reinigt und wegsteckt, dann wissen Sie auch nicht, wie man ihn benutzt.

Jedes Requisit hat seine eigene Wahrheit und sein eigenes Wesen. Als Schauspieler müssen Sie jedes Requisit verstehen. Leider fehlt den meisten Schauspielschülern das Gespür dafür, dass sie den Requisiten Würde zuerkennen müssen. Aber Sie können ein Requisit nur dann richtig benutzen, wenn Sie ihm Würde zuerkennen und sogar eine gewisse Sympathie dafür entwickeln. Sie müssen so lange mit ihm arbeiten, bis Sie die Gewissheit haben, dass Sie richtig mit ihm umgehen können.

Stellen Sie einen persönlichen Bezug zu den Requisiten her, indem Sie ihnen Eigenschaften zuschreiben, die von Ihnen selbst stammen. So können Sie zum Beispiel von der Rose, die Sie gerade an Ihr Kleid stecken, ein paar (imaginäre) Wassertropfen schütteln oder einen Dorn von ihrem Stiel entfernen. Stellen Sie ein persönliches Verhältnis zu einem Pullover her, den Sie in eine Schublade legen, indem Sie einen losen Faden bemerken und ihn feststecken.

Ferner müssen Sie den Gegenstand »fragen«, was er von Ihnen verlangt. Ein Schauspieler, der im Stück einen Zylinder trägt, muss wissen, welches Leben dieses Requisit führt, wo es gewöhnlich aufbewahrt wird. Der Zylinder wird in einer Schachtel aufbewahrt, und diese Schachtel teilt

Ihnen etwas über sein Wesen und seinen Wert mit. Wissen Sie, wie man diesen Hut ausbürstet oder weglegt? Wissen Sie, dass Sie beide Hände benötigen, um ihn aufzusetzen? Er ist so gemacht, dass er mit aufrechter Haltung getragen werden muss. Ein Mensch, der ihn trägt, spricht, geht und denkt auf eine beherrschte, kontrollierte Weise. Keinesfalls dürfen Sie Ihre eigene Kultur, die Maß und Kontrolle verloren hat, beim Tragen dieses Zylinders vor Augen haben. In der Gesellschaft, in der man diesen Hut trug, unterstanden sowohl der Mensch als auch seine Kleider einer strikten Kontrolle.

Ihre Aufgabe als Schauspieler ist es, die Welt des Stückes so real zu machen wie Ihre eigene, ja vielleicht noch realer. Sie sind in Ihre Lebensumstände hineingeboren worden. Wenn Sie ehrgeizig sind, können Sie sie ändern, aber die meisten Menschen akzeptieren sie, ohne groß darüber nachzudenken.

Wenn Sie auf die Bühne gehen, können Sie nichts als selbstverständlich hinnehmen. Sie müssen die Gegebenheiten mit großer Sorgfalt und viel Verständnis erkunden. Nur so können Sie sich dort wohl fühlen. Ihre Konzentration auf die Umstände, die Sie auf der Bühne schaffen, hat unter anderem den Vorteil, dass Sie sich auf diese Weise keine sorgenvollen Gedanken wegen des Publikums machen. Wenn es doch geschieht, dann, weil Sie nicht wirklich in die Welt des Stückes eingetaucht sind.

Die erste Frage, die ein Schauspieler sich stellen muss, wenn er die Bühne betritt, lautet: »Wo bin ich?« Wenn er diese Frage sorgsam, wohl überlegt und gründlich beantwortet hat, ist er bereit. Dann sollte er ohne Anspannung oder Verkrampfung spielen können. Er weiß, dass er dorthin gehört. Die Entspanntheit erwächst aus der Wahrhaftigkeit der Umstände, die der Schauspieler schafft.

Viele Schauspieler fühlen sich auf der Bühne vor allem deshalb nicht wohl, weil sie in ihrer Arbeit nicht von den Umständen ausgehen. Sie beginnen mit den Worten. Die Worte können Ihnen etwas über den Ort mitteilen, aber der Ort ist es, der Ihnen sagen wird, wie Sie schauspielen müssen.

Sicherlich wundern sich einige von Ihnen darüber, dass wir, obwohl dies schon die sechste Unterrichtsstunde ist, noch immer nicht mit der Arbeit an konkreten Szenen begonnen haben. Wenn Sie das Klavierspielen erlernen, beginnen Sie da mit dem Studium von Beethoven-Sonaten? Natürlich nicht! Sie fangen mit Tonleitern an, mit dem Kräftigen Ihrer Finger, der Harmonielehre. Es braucht lange Zeit, bis Sie imstande sind, eine Beethoven-Sonate zu spielen. Dasselbe gilt für das Theater.

Sie sind noch nicht so weit, dass Sie mit Worten arbeiten könnten. Eines der wichtigsten Dinge, die Sie lernen müssen, ist, dass das Stück nicht in den Worten liegt. Es ist hinter den Worten. Selbst wenn Sie zwanzig Jahre lang unermüdlich arbeiten würden, würden Sie scheitern, wenn Ihnen die Umstände nicht vertraut wären. Der Schauspieler befindet sich immer an einem bestimmten Ort. Es liegt in seiner Verantwortung, diesen Ort zu verstehen. Er agiert nicht im luftleeren Raum. Er hält die Fiktion aus den Umständen heraus, indem er dem Ort überlässt, ihm zu sagen, was er tun soll.

Sie werden sich im Garten der französischen Botschaft anders verhalten als im Garten einer italienischen Arbeiterfamilie. Sie werden sich hier anders kleiden, ja sogar anders sprechen oder sich anders hinsetzen. Wenn Sie inmitten von Leuten, die Sie vielleicht noch nie getroffen haben, aber von denen Sie wissen, dass es Diplomaten und hohe Regierungsbeamte sind, Champagner schlürfen und Kanapees knabbern, dann werden Sie mehr auf Ihre Haltung, Ihre Gesprächsführung und Ihre Manieren achten, als wenn Sie mit einer Gruppe Menschen, die Sie seit vielen Jahren kennen, an einem Picknicktisch sitzen.

Ich möchte gerne, dass Sie sich etwas Komisches ausdenken, das jeweils in diesen beiden Gärten geschieht, etwas Anrührendes, etwas Störendes, etwas Schönes.

Das Schöne im Botschaftsgarten könnte der Auftritt einer Diplomatengattin sein, einer sehr auffallenden Frau, die früher eine bekannte Filmschauspielerin war und sich noch immer so kleidet, als würde sie unablässig fotografiert. Je nachdem, wie Sie sich die Dame vorstellen, könnte das eher komisch als schön sein.

In dem italienischen Garten könnte es schön sein, jemanden »Ahh!« sagen zu hören, wenn die Gastgeberin aus der Küche kommt und eine duftende Schüssel mit Nudeln auf den Tisch stellt. Wiederum hängt es davon ab, wie Sie sich diese Frau vorstellen; auch sie kann komisch sein, wenn auch vermutlich auf eine liebevollere, warmherzigere Art als die Diplomatengattin. Wenn die italienische Mama strahlt, weil sie stolz auf das ist, was sie gekocht hat, wenn sie versucht, ihren Stolz zu verbergen, dann sind wir gerührt über diese Bescheidenheit. Wenn der französische Botschafter eine Rede über das heldenhafte Verhalten eines Menschen hält, den er gleich ehren oder auszeichnen wird, und wenn es diesem Menschen sichtlich peinlich ist, so sehr gelobt zu werden, sind wir gleichermaßen gerührt. In jedem Fall ist das, was geschieht, spezifisch für die Umstände. Es findet nicht im Abstrakten statt, sondern in einem ganz bestimmten Garten.

Eines der wichtigsten Dinge, die Sie lernen müssen, ist, dass Sie so wenig wie möglich »schauspielern« dürfen. Wenn wir die Umstände diktieren lassen, was wir tun, wird alles einen Grund haben, wird alles vollkommen natürlich und wahrhaftig wirken. Nur wenn wir die Umstände nicht verstehen, müssen wir »schauspielern«, müssen wir »so tun als ob«. Und, glauben Sie mir, das Publikum wird das instinktiv spüren! Unsere Aufgabe ist es, dem Publikum die Umstände glaubhaft zu machen, und wenn wir vollkommen in die Welt auf der Bühne und in unsere Handlungen vertieft sind, werden wir es mitreißen.

Auch ein Konzertpianist macht sich nicht ständig Gedanken darüber, ob es den Zuhörern gefällt, dass er diesen oder jenen Ton ein wenig lauter spielt als die Tonfolge, die zu ihm hinführte. Er denkt überhaupt nicht an die Zuhörer. Er denkt an die Musik. Er versteht die Logik des Musikstückes, das er spielt, weil er es gründlich analysiert und geübt hat. Das Stück, das sind nicht nur die Noten auf dem Papier, sondern die Emotionen hinter den Noten, und je besser der Pianist diese Emotionen zum Ausdruck bringen kann, desto mehr werden die Zuhörer *sein* Aufgehen in der Musik teilen. Wir müssen ebenso gut vorbereitet, ebenso vertieft in unser Spiel sein wie ein Pianist. Und – das ist genauso wichtig – wir müssen dabei Freude empfinden. Wenn wir es für uns selbst und für das Stück tun, werden die Zuschauer von uns gebannt sein. Der Schauspieler hat viel mehr Spaß beim Spielen als das Publikum beim Zusehen.

Obwohl Laurence Olivier bereits viele Jahre vor seinem Tod unter großen gesundheitlichen Problemen litt, hörte er nie auf zu spielen. Auch John Gielgud hörte nie damit auf. Wenn Sie einmal erfahren haben, was es heißt, auf der Bühne zu stehen, werden Sie um keinen Preis der Welt mit den Zuschauern tauschen wollen.

Sie müssen an einen Punkt kommen, wo das Schauspielen Vergnügen bereitet und nicht mehr eine Quelle der Angst ist. Viele Leute glauben, Schauspieler seien neurotisch. Nun gut, es gibt Schauspieler, die ihre Neurosen lieben. Und ich fürchte, es gibt Schauspiellehrer, die sie dazu ermuntern, diese Neurosen zu kultivieren. Wenn ein Schauspielschüler neurotisch ist, kommt dem Lehrer die Rolle des Starken zu. Und dann wird der Schüler abhängig von dem Lehrer – etwas, was ich nie wollte. Der Lehrer wird somit zu einem Vater (oder einer Mutter) oder, noch schlimmer, zu einer Art Therapeut, der ständig fragt: »Was empfinden Sie dabei?«

Das gehört zu einer Schauspieltechnik, die sich darauf konzentriert, wer *Sie* sind, und nicht, wer die darzustellende Figur ist. Schauspielen kann der gesündeste Beruf der Welt sein, weil Sie darin Dinge tun können, die Ihnen im wirklichen Leben unmöglich sind. Er gibt Ihnen die Chance, mehr zu verstehen als nur das, was sich in Ihrem eigenen Leben abspielt. Diese Technik hat mit Handeln zu tun, nicht mit Fühlen.

Ich weiß nicht viel von Ihnen, aber ich wette, dass keiner von Ihnen Prinz von Dänemark ist und dass keiner von Ihnen Grund zu der Annahme hat, sein Vater sei von seinem Onkel umgebracht worden. Keiner von Ihnen hat eine Mutter, die möglicherweise Komplizin dieses Verbrechens war und dann den niederträchtigen Onkel geheiratet hat.

Es gibt sehr spezifische Umstände. Aufgabe des Schauspielers ist es, sie zu ergründen, sie sich vorzustellen, und nicht lediglich nach Umständen in seinem eigenen Leben zu suchen, die ihnen entsprechen könnten. Denn das wird er vergeblich tun. Sie fühlten sich bestimmt elend, als Ihre geliebte Großmutter starb. Sie waren als Kind untröstlich, als Ihr Hund von einem Auto überfahren wurde. Die Erinnerung an diese Begebenheiten kann Ihnen einen Anhaltspunkt dafür geben, wie Hamlet sich wegen des Todes seines Vaters fühlen mag, aber eben nur einen Anhaltspunkt. Was auch immer Sie aus Ihrer eigenen emotionalen Erinnerung rekonstruieren: Es kann kein Ersatz für die Arbeit mir Ihrer eigenen Fantasie sein!

Wenn wir über das Stück HAMLET nachdenken, fallen uns zumeist in erster Linie die reflektierenden Monologe darin ein. In diesem Fall werden wir höchstwahrscheinlich an Hamlets Gefühle denken. Doch die sind nur ein Teil des Ganzen. Was die Rolle schwierig macht, ist all das, was Hamlet *tut*. Er gibt vor, wahnsinnig zu sein. Er behandelt seine Liebste grausam. Schließlich tötet er ihren Vater und duelliert sich mit ihrem Bruder. Er sorgt dafür, dass seine Schulfreunde umgebracht werden. Er ist nicht nur ein junger Mann, der dasitzt und Betrachtungen über den Selbstmord anstellt. Es erfordert beträchtliche Vorbereitungen, um alle diese Dinge in die Tat umzusetzen; daher muss das Stück in einer Atmosphäre des spezifischen Umfelds beginnen, in dem sie sich zutragen.

Jeder Schauplatz hat seine eigene Atmosphäre, seine eigene Stimmung. Einer der größten Fehler, die ein Schauspieler machen kann, ist, Atmosphäre zu »spielen«. Wenn Sie die Umstände des Stückes verstehen, sind Sie nicht gezwungen, die Atmosphäre zu »spielen«, das heißt, sie künstlich zu erzeugen. Übrigens – wenn Sie sich in einer Inszenierung befinden und den Regisseur oder die anderen Schauspieler über das »Erzeugen von Stimmung« reden hören, dann sollten Sie sofort Ihren Agenten anrufen und Ihren Vertrag auflösen. Denn wenn die Leute dort so denken, bedeutet das, dass sie keinerlei Technik haben. Sie sind gewohnt, etwas vorzutäuschen; deshalb wird das Stück nicht gut werden, auch wenn *Sie* selbst alles richtig machen. Es muss mit den Umständen beginnen. Einen anderen Weg gibt es nicht.

Wenn Sie den Innenraum einer Kirche in Ihrer Fantasie auf die richtige Weise entstehen lassen, werden Sie die angemessene Atmosphäre schaffen. Eine Kirche hat ihre eigene Atmosphäre. Ein Krankenhaus hat seine Atmosphäre. Ein Spielplatz hat seine Atmosphäre. Eine Bibliothek hat ihre Atmosphäre. Jede Bar, egal, ob sie sich in einem teuren Hotel oder einer zwielichtigen Gegend befindet, hat ihre Atmosphäre. Indem Sie die physische Wirklichkeit erschaffen, werden Sie auch die entsprechende Atmosphäre erschaffen.

Je vollständiger die Wirklichkeit ist, die Sie für sich selbst erschaffen, je umfassender Sie die Umstände der Figur und des Stückes verstehen, desto leichter wird die ganze Arbeit für Sie sein.

Sie werden nur dann nervös auf die Bühne kommen, wenn Sie sich nicht richtig vorbereitet haben, wenn Sie zum Beispiel einfach nur ein Requisit in die Hand nehmen und das war's dann – irgendein Requisit, nicht etwas, zu dem Sie eine Beziehung haben; oder wenn Sie sich die Bühnenausstattung betrachten, ohne sich vorher eigene Gedanken darüber gemacht zu haben.

Wenn Sie aus dem Haus gehen, ohne sich vorher angekleidet zu haben, haben Sie tatsächlich einen guten Grund, nervös zu sein. Auf die Bühne gehen, ohne sich gründlich die Umstände klar gemacht zu haben, ist dasselbe. Sie sind nackt. Sie haben keinen Schutz.

Die Worte werden Sie nicht schützen, auch wenn Sie vielleicht der Ansicht sind, sie seien witzig oder sehr tiefgründig. Das ist ohne Bedeutung. Sie werden flach und hohl wirken, wenn sie nicht aus der Situation heraus gesprochen werden. Wenn es bei dem Stück nur um die Worte geht, dann können die Zuschauer auch zu Hause bleiben und den Text dort lesen. Sie kommen schließlich ins Theater, weil sie erleben wollen, wie der Schauspieler die Worte zum Leben erweckt.

Wir sollten dankbar sein, dass wir in einer Zeit leben, wo ganz allgemein eine Verkümmerung der Fantasie zu beobachten ist, in einer Zeit, wo die Menschen Romane lesen, die weder reich an Gedanken und Gefühlen noch sehr intelligent sind, wo sie sich Filme im Kino ansehen, die auf die geistigen Kapazitäten von Teenagern abzielen, wo sie sich endlose, banale Fernsehserien anschauen – all das gewöhnt sie an eine sehr triviale Art der Unterhaltung. Auch in ihren Essgewohnheiten pflegen sie wenig Abwechslung, sondern nehmen häufig mit Makkaroni und Käse vorlieb. Sie begnügen sich mit »fast food«. Sie, als Schauspieler, haben die Möglichkeit, ihnen Festmahle aufzutischen. Das ist Ihre große Chance!

Ihr Fluch ist, dass Sie einen Beruf gewählt haben, der endlose Studien erfordert. Sie müssen wissen, in welcher politischen Situation ein Stück spielt, welcher Gesellschaftsschicht die Figuren angehören, in welchem Stil das Stück verfasst ist. Das bedeutet nicht, dass Sie ein Studium an einer Eliteuniversität absolvieren müssen. Auch nicht, dass Sie den Rest Ihres

Lebens Unterricht am Stella Adler Conservatory nehmen müssen. Es bedeutet, dass Sie lesen, beobachten, denken müssen, damit Ihre Fantasie den nötigen Zündstoff hat, wenn Sie ihr freien Lauf lassen. Wenn Sie ein Requisit verwenden, dann haben Sie nicht einfach nur irgendeinen Gegenstand in den Händen, sondern dieser Gegenstand spricht zu Ihnen, und Sie können ihn zu etwas machen, das dem Publikum das Stück näher bringt. Das ist Ihre Aufgabe. Wenn es Ihnen nicht gelingt, dem Publikum ein tiefes Verständnis von dem Stück zu vermitteln, dann ist das Schauspielen für Sie nur ein Spaß, eine Form des Sichauslebens.

Die wenigen Stunden, die Sie hier im Unterricht verbringen, können nur ein Tropfen auf dem heißen Stein sein. Wenn Sie bisher etwas gelernt haben, dann hoffentlich, wie wichtig es ist, gut zu beobachten und dies sehr detailliert zu tun. Die Dinge, die Sie beobachten und die Sie sich vorstellen, bilden Ihren Schutz. Sie sind das, was Sie davor bewahrt, jemals auf der Bühne nackt zu sein. Wie solide und wirksam dieser Schutz sein wird, hängt von Ihnen ab.

7. LEKTION

Darstellerische Kontrollen entwickeln

Sie sind hier, weil Sie Schauspieler werden wollen, aber ich möchte Ihnen beibringen, nicht zu »schauspielern«. Wenn jemand sagt, Ihre Art des »Schauspielerns« habe ihm sehr gefallen, wissen Sie hoffentlich, dass Sie gescheitert sind. Und falls ein Kollege Ihnen eröffnet, Ihre Darstellung sei äußerst andeutungsreich, sagt er mit anderen Worten, dass Sie »so tun als ob« – und das ist das Schlimmste, was irgendjemand sagen kann.

Vor hundert Jahren waren Zuschauer viel eher bereit, trick- und illusionsreiche Darstellungen zu akzeptieren als heute. Das Verb, mit dem man zu beschreiben pflegte, was Schauspieler tun, lautete »spielen«. Man ging ins Theater, um Sir Henry Irving *spielen* zu sehen. Mittlerweile sprechen Schauspieler eher davon, dass Sie Al Pacino *bei der Arbeit* sehen wollen.

Heutzutage wollen wir keine Künstlichkeit. Wir wollen Realismus – und deshalb werden Sie dem Publikum nicht gerecht, wenn es den Eindruck gewinnt, Sie würden *schauspielern*. Sie müssen lernen, auf der Bühne zu *handeln*, denn wenn Sie Handlungen ausführen, tun Sie etwas. Sie deuten nicht an, Sie handeln.

Unsere Aufgabe ist es, Handlungen zu untersuchen, sie zu analysieren, ihren Aufbau und ihren Charakter aufzudecken. Wenn wir ein Manuskript studieren, wollen wir etwas über die erforderlichen *Handlungen* erfahren. Wenn wir diese Aktivitäten erfolgreich ausführen – sei es »lehren« oder »lernen«, »flüchten«, »beten« oder »betteln« –, machen wir dem Publikum das Wesen dieses Handelns verständlich.

Solange wir wahrhaftig agieren, müssen wir uns keine Gedanken über das »Schauspielern« machen. Solange unser Handeln echt ist, brauchen wir keine Angst zu haben, dass wir etwas vortäuschen. Deshalb wollen wir den Begriff des »Schauspielerns« hier auch überhaupt nicht verwenden. Ich möchte zunächst über bestimmte Mittel sprechen, mit denen Sie Ihr Handeln steuern können. Wenn Sie ein derartiges Kontrollmittel einsetzen, verändert sich alles, was Sie tun. Es zwingt sie zu einer ganz bestimmten Handlungsweise. Diese Kontrollmittel vereinfachen Ihre Arbeit. Sie können nicht »alt spielen«. Sie können nicht »jung spielen«. Aber Sie können Mittel der Körperbeherrschung einsetzen, durch die Sie alt oder jung wirken.

Ein einfaches Beispiel: Verlagern Sie das Gewicht auf die Fersen, setzen Sie eine Brille auf und schauen Sie über den Rand. Das verleiht Ihnen augenblicklich den Anschein von Alter. Bevor Sie das auf der Bühne darstellen können, müssen Sie allerdings verstehen, wie es sich auf den übrigen Körper auswirkt, wie Ihre Haltung und ihre Bewegungsabläufe davon beeinflusst werden, wenn Sie das Gewicht auf die Fersen verlagern.

Für einen Schauspieler ist eine präzise Körperwahrnehmung unerlässlich. Sie müssen Ihre Muskeln so gut unter Kontrolle haben, dass Sie sich auf der Bühne leicht und mühelos bewegen können. Dazu müssen Sie sich einprägen, von welchen Muskeln die ausgeführten Handlungen gesteuert werden. Genauso wichtig ist es, dass Sie lernen, wie stark Sie einzelne Muskeln für bestimmte Aktionen anstrengen müssen.

Welche Muskeln setze ich beispielsweise ein, wenn ich einen Metallklappstuhl hochhebe und ihn von meinem Körper weg halte? Dafür spanne ich nicht Bein- oder Nackenmuskeln an, sondern hauptsächlich die Muskeln in meinen Fingerspitzen. Wie groß ist der dafür erforderliche Kraftaufwand? Relativ gering.

Wenn Sie einen Holzblock hochheben und in den Armen halten, nutzen Sie andere Muskelpartien. Dazu gehören bestimmte Muskeln an Händen, Handgelenken, Armen und Schultern. Sie müssen sich merken, welche Muskeln Sie anspannen und wie viel Anstrengung die Aktion erfordert. In diesem Fall braucht man eindeutig wesentlich mehr Kraft als für den Klappstuhl. Sie müssen die Handlung oft genug mit einem echten Holzblock durchgeführt haben, bevor Sie einen imaginären Klotz hochheben können. Die Erinnerung, wie man es macht und wie viel Anstrengung dazu erforderlich ist, sollte Ihnen in Fleisch und Blut übergehen. Wenn Sie die Übung oft genug wiederholen, bleibt diese Erinnerung im Körpergedächtnis haften und ist jederzeit abrufbereit.

Kehren wir zu dem Glasgefäß zurück, dessen Deckel zu fest aufgeschraubt war. Welche Muskeln sind erforderlich, um den Deckel loszubekommen? Wie viel Anstrengung kostet es? Führen Sie die Aktion immer wieder durch, bis Sie es irgendwann mit einem imaginären Glasgefäß versuchen. Wenn Sie gewissenhaft mit dem echten Glas geübt haben, werden Ihre Muskeln sich daran erinnern, wie man es mit einem imaginären Glas anstellt. Probieren Sie das Gleiche mit einer klemmenden Tür.

Auf der Probe und oft sogar bei der Aufführung sehen sich Schauspieler mit Situationen konfrontiert, die halb real und halb fiktiv sind. Dann erweist sich das »Muskelgedächtnis« als außerordentlich nützlich.

Durch die Anwendung physischer Handlungskontrollen lassen Sie Ihren Körper über den Bewegungsablauf bestimmen. Wenn Sie sich darauf konzentrieren, was Ihr Körper Ihnen mitteilt, können Sie wahrhaftig handeln. Sie *spielen* nicht. Sie *deuten* nicht *an*. Sie *täuschen* nicht *vor*.

Beginnen wir mit einer Kontrollmöglichkeit für die Stimme. Um ein Lispeln zu erzeugen, halten Sie die Zunge hinter die Zähne und sprechen folgenden Satz: »Sie war ein besonders schönes Mädchen. Sie ging die Straße entlang und stoppte, um in ein Schaufenster zu schauen.« Sie müssen herausfinden, wo das Lispeln entsteht.

Das Lispeln ist der erste Schritt, wenn Sie lernen wollen, mit einem bestimmten Akzent bzw. Dialekt zu sprechen. Jeder Akzent erfordert, dass die Stellung der Zunge bei der Wortbildung auf bestimmte Weise verändert wird. Wenn Sie einmal erkannt haben, welche Anpassungen erforderlich sind, haben Sie ein Mittel gefunden, um den Akzent zu beherrschen und ihn nicht einfach nur zu imitieren.

Suchen Sie eine Gegend auf, deren Bewohner mit starkem Akzent oder Dialekt sprechen. Ermitteln Sie zwei Vokale und einen Konsonanten, die kennzeichnend für die Aussprache sind. Verfassen Sie eine kleine Rede für einen Bewohner dieser Gegend. Schreiben Sie den Text dann ein zweites Mal auf, wobei Sie die beiden Vokale und den Konsonanten jedes Mal auf die akzenttypische Weise abändern. Lesen Sie die zweite Version laut, bis der Akzent/Dialekt Ihnen völlig mühelos und natürlich von den Lippen kommt.

Eine weitere gute Übung besteht darin, ein Mittel der Stimmbeherrschung wie das Lispeln oder einen bestimmten Akzent einzusetzen und dann ein Gedicht aufzusagen. Damit das gelingt, muss dieser Kontrollmechanismus derart zur zweiten Natur geworden sein, dass man seine gesamte Aufmerksamkeit auf den Text richten kann.

Ein Schauspieler muss jeden Teil seines Körpers vollkommen beherrschen. Dazu gehört auch die Stimme. Wenn ich an meiner Stimme arbeite, dulde ich keinerlei Unterbrechungen: keine Telefonanrufe, keine Nachrichten, keine Verabredungen. Ein Schauspieler muss unablässig an sich arbeiten, damit er allen Herausforderungen der Bühne gewachsen ist und jeden dramatischen Stil – von den alten Griechen über Shakespeare bis hin zu modernen Autoren – meistern kann. Er sollte seinen Körper so gut unter Kontrolle haben, dass er die unterschiedlichsten Figuren darstellen kann. Nur wer lernt, seinen Körper zu beherrschen, kann ungewohnte Bewegungsabläufe ausführen und zum Beispiel einen bestimmten Gang entwickeln, der zu der dargestellten Figur passt.

Denken Sie an ein bestimmtes Mittel der Körperbeherrschung wie etwa einen krummen Rücken und orten Sie die Muskeln, die diesem körperlichen Merkmal zu Grunde liegen und es steuern. Zum Beispiel Firs, der greise Diener in Tschechows KIRSCHGARTEN, geht mit gebeugtem Rücken. Der Schauspieler, der ihn darstellt, muss die »Geschichte« dieses Rückens kennen – er muss wissen, wie und unter welchen Umständen dieses körperliche Manko entstanden ist und was für Maßnahmen ergriffen wurden, um das Leiden zu lindern. Der Schauspieler muss üben, sich nur noch mit großer Vorsicht zu bewegen. Mit der Zeit lernt er, mit seiner Gebrechlichkeit zu arbeiten und zu leben. Wenn er einen Mantel anzieht, muss er vorsichtig sein. Er verhält sich ganz automatisch vorsichtig.

Ein steifes Knie wäre ein weiteres, ganz einfaches Beispiel dafür, wie man mit Mitteln der Körperbeherrschung arbeitet. Man kann sehen, wie jemand durch ein steifes Knie beim Gehen oder Sitzen beeinträchtigt wird. Nehmen Sie sich vor, diese einfache physische Handlungskontrolle für eine Stunde, einen Nachmittag oder einen ganzen Tag zu einem festen Bestandteil Ihres Alltags zu machen. Probieren Sie aus, ob Sie damit leben können. Mit anderen Worten: Versuchen Sie, mit einem »steifen Knie« zu baden, Treppen zu steigen oder sich hinzulegen. Wenn Sie nicht mindestens einige Stunden am Tag mit dieser »Behinderung« leben können – oder sich hinterher erschöpft fühlen –, sind Sie noch nicht ausreichend vorbereitet, um damit auf die Bühne zu gehen.

Vergessen Sie vor allem nicht, dass dieses Mittel der Körperbeherrschung ganz normal wirken muss. Kehren wir noch einmal zu unserer stimmlichen Kontrolle, dem Lispeln zurück: Ein lispelnder Mensch möchte nicht, dass sein Handicap auffällt. Er bemüht sich um eine möglichst deutliche Aussprache, will sein Lispeln verbergen und nicht besonders herausstreichen. Dasselbe gilt für jemanden mit einem steifen Knie. Wer damit leben muss, versucht, sich so normal wie möglich zu bewegen. Er möchte vermeiden, dass seine Behinderung anderen Menschen ständig ins Auge springt. Trotzdem beeinträchtigt das steife Knie jede seiner Bewegungen. Der Schauspieler muss sich im Klaren darüber sein, welche Auswirkungen ein steifes Knie auf den gesamten Körper hat, aber er muss in der Lage sein, diese Auswirkungen unbefangen zum Ausdruck zu bringen.

In dem Stück WACHET AUF UND RÜHMET von Clifford Odets verkörperte mein Bruder Luther Adler eine Figur mit einem Holzbein. Der ganze Zuschauerraum war davon überzeugt, dass Luther tatsächlich nur ein Bein hatte, weil er die Bewegungsabläufe eines Einbeinigen vollständig beherrschte. Man kann diese Fähigkeit entwickeln, indem man mit ganz einfachen Übungen beginnt. Führen Sie drei Alltagshandlungen, die mit der Nahrungszubereitung oder dem Essen zu tun haben, mit zwei steifen Fingern aus. Prägen Sie sich die Muskeln ein, die für die Ausführung einer solchen alltäglichen Küchenarbeit erforderlich sind. Wiederholen Sie diese Handlung so oft, bis Sie in Ihr Muskelgedächtnis eingegangen ist, und führen Sie die Aktion dann ohne den Gegenstand durch.

Übungen wie diese schärfen die Wahrnehmung der eigenen Bewegungsabläufe. Der Körper bildet nie eine gerade Linie. Sie müssen in der Lage sein, auf einem Fuß zu stehen und den anderen mühelos in der Luft zu halten. In dieser Position ist die eine Schulter etwas höhergezogen als die andere. Der Körper biegt sich auf sehr subtile Weise. Achten Sie bei einer Beugung des Körpers darauf, wie Sie das Knie dabei krümmen und wie sich diese Bewegung auf den anderen Fuß auswirkt. Prägen Sie sich ein, wie die Kraft sich an einer bestimmten Stelle konzentriert und andere Körperteile entspannen.

Je bewusster Sie wahrnehmen, wie Ihr Körper unter normalen Umständen reagiert, desto besser können Sie sich auf die besonderen Umstände eines Stückes einstellen.

Die Körperhaltung hat auch großen Einfluss auf Ihre Stimme. Durch einige Körperhaltungen können Sie zum Beispiel Ihrer Stimme mehr Kraft verleihen und besonders laut und deutlich sprechen. Stellen Sie sich vor, Sie wären eine Marmorstatue, und sprechen Sie dann den Satz: »Ich werde dich töten.« Merken Sie, wie Ihre Stimme an Festigkeit gewinnt? Sagen Sie mit Ihrer normalen Stimme: »Ich werde einen Stein werfen.« Verwandeln Sie sich jetzt in eine Marmorstatue und sprechen den Satz noch einmal. Es ist erstaunlich, wie viel Kraft Ihre Stimme gewinnt, wenn Sie zur Statue werden! Zu den Eigenschaften von Marmor gehört, dass es die Zeiten überdauert.

Aus dieser Unvergänglichkeit schöpfen Sie zum Beispiel die Kraft zu Worten wie: »Mitbürger! Freunde! Römer! Hört mich an.« Bei einer leidenschaftlichen Rede wie der des Marcus Antonius im JULIUS CÄSAR müssen Sie ein Höchstmaß an Gefühl und Spannung in die Worte legen, doch da die Schauspielkunst auf der Abwesenheit von Spannung beruht, müssen Sie dies in einem Zustand der *Entspannung* tun. Das gelingt nur, wenn

Sie mit dem eigenen Körper und seinen Möglichkeiten absolut vertraut sind.

Alles, was ich Ihnen heute erzähle, folgt einer bestimmten Logik und Ordnung, ja einer ganz bestimmten Methode. Doch ich möchte Ihnen keinesfalls den Eindruck vermitteln, dass das Schauspielen ein Beruf für Buchhaltertypen sei. Aus diesem Grund löst auch der Begriff *The Method* ein gewisses Unbehagen in mir aus. Er legt nahe, dass die Schauspielkunst eine völlig rationale, geordnete Aktivität sei. Man führt den ersten Schritt aus, den zweiten, den dritten und – *voilà!* – schon ist man kein Buchhalter mehr, sondern Schauspieler. Wenn das Ganze so leicht wäre, hätten wir wohl noch mehr Schauspieler als ohnehin schon.

Deshalb möchte ich an dieser Stelle einige Tierübungen einführen. Besuchen Sie einen Zoo und studieren Sie ein Tier. Erforschen Sie die Art, wie es sich bewegt und welche Laute es äußert. Beobachten Sie zum Beispiel das Verhalten eines Affen so genau, dass Sie einige seiner Bewegungen wiedergeben können.

Wir alle sind an gesellschaftliche Konventionen gebunden. Sie bieten uns ein Schutzschild, hinter dem wir uns verbergen können. Die Tierübungen sollen dem Schauspieler helfen, diese soziale Maske fallen zu lassen und seine Hemmungen zu verlieren. Durch die Verkörperung eines Tieres, durch die Einübung nicht-menschlicher Bewegungen und Laute verliert man die Angst, sich lächerlich zu machen. Ich möchte, dass Sie die Freiheit der Bühne nutzen, um alles zu wagen.

Lernen Sie, wie ein Affe zu kreischen. Üben Sie Vogelstimmen ein. Brüllen Sie wie ein Löwe. Werfen Sie Ihre Hemmungen ab und lassen Sie Ihrer Begabung freien Lauf. Holen Sie alles aus sich heraus, was in Ihnen steckt.

Wenn Sie ein Tier verkörpern, müssen Sie wissen, wer Sie sind, aber nicht, wie Sie reagieren werden. In der Rolle des Tieres lernen Sie Spontaneität. Wenn Sie Angst haben, tun Sie etwas. Wenn Sie hungrig sind, tun Sie etwas. Seien Sie in Ihrer Reaktion immer spezifisch, nie allgemein und schöpfen Sie bei allem, was Sie tun, Ihre Möglichkeiten maximal aus. Deshalb ist es gefährlich, mit Tieren auf der Bühne zu sein – sie kennen überhaupt keine Hemmungen und geben immer alles. (Dasselbe galt für Zero Mostel. Deshalb habe ich meine Schüler immer davor gewarnt, mit einem Tier, mit einem Kind oder mit dem Kollegen Zero Mostel auf die Bühne zu gehen.)

Als Tier haben Sie ein festes Identitätsgefühl, das Ihnen als Ausgangsbasis für Ihr spontanes Verhalten dient. Wenn Sie ein junges Kätzchen verkörpern, sind Sie neugierig, aber Sie sind auch scheu und fürchten sich vor größeren Tieren. Wenn Sie eine Taube verkörpern, kümmern Sie sich nur um Ihre eigenen Angelegenheiten, achten auf Gefahren und ergreifen gegebenenfalls die Flucht.

Tierverkörperungen sind äußerst nützliche Übungen. Machen Sie sich selbst zur Aufgabe, jeden Tag eine Viertelstunde lang Tierlaute und Vogelrufe zu üben. Dadurch lernen Sie, Ihre Stimme auf unterschiedliche Weise einzusetzen. Außerdem werden Sie feststellen, dass Sie zu völlig ungeahnten Lauten fähig sind.

Zu den denkwürdigsten Rollen von Sir Laurence Olivier gehörte die Titelfigur von TITUS ANDRONICUS, einem der wenigen Stücke, von denen man meinen möchte, Shakespeare hätte es *nicht* geschrieben. Es strotzt nur so vor blutrünstigen Ereignissen und schwülstigen Versen. Dennoch kann ein großer Schauspieler sogar ein schlechtes Stück zu einem unvergesslichen Erlebnis machen. Niemand, der Oliviers Darstellung des Titus sah, hat je seinen markerschütternden Schrei vergessen. Er selbst hat einmal gesagt, er habe sich vorgestellt, ein Hermelin zu sein, und aus dieser Vorstellung sei der Schrei erwachsen. Diese kleinen Geschöpfe werden vor allem für ihren Pelz geschätzt. Deshalb muss man sie auf eine Weise fangen, bei der ihr Fell unversehrt bleibt. Das geschieht, indem man Salz auf Eis streut. Wenn der Hermelin am Eis leckt, klebt seine Zunge daran fest, und er sitzt in der Falle. Oliviers Schrei erwuchs aus der Vorstellung, auf diese Weise gefangen zu sein.

Durch die Nachahmung eines Tieres lernt man ungeheuer viel über den eigenen Körper. Um in großen Sätzen zu springen wie ein Affe, muss man nicht nur frei von Hemmungen sein und viel Platz haben. Man muss auch sehr gelenkig sein. Jedes Tier bewegt sich auf ganz eigene Weise, und je besser man diese Bewegungen hervorbringen kann, desto größer wird die Bandbreite der eigenen Bewegungsmöglichkeiten.

Wie gut Sie Ihren Körper unter Kontrolle haben, können Sie mit einer kleinen Übung überprüfen: Lassen Sie Ihre Hüften ein wenig kreisen, ohne dabei die Knie oder Schultern mitzubewegen. Nur die Hüften! Je besser Sie diese Bewegung beherrschen, umso mehr häufen sich die Anzeichen für Ihre Professionalität.

Diese Übungen sind nicht nur an sich sehr nützlich, sondern dienen zudem einem übergeordneten Zweck. Wenn Sie ein Mittel der Stimm- oder Körperbeherrschung einsetzen oder ein Tier nachahmen, sind Sie gezwungen, die Welt aus einer ganz anderen Perspektive zu betrachten und sich anders zu bewegen und anders zu sprechen. Auf jeden Fall reagieren Sie auf sehr konkrete Umstände. Wenn Sie wahrhaftig reagieren, ist nichts Unechtes an Ihrer Darstellung.

Eine Figur setzt sich nicht aus ihren Gefühlen, sondern aus ihren Handlungen zusammen. Die Gefühle entstehen durch das Handeln.

8. LEKTION

Handlungen erlernen

Im modernen Theater, das gegen Ende des neunzehnten Jahrhunderts entstand, gibt es keine wichtigere Handlung als zu »diskutieren«.

Seit Henrik Ibsen muss ein Theaterstück mindestens zwei Ideen von gleicher Bedeutung aufweisen – das heißt, es muss zwei Sichtweisen und, wichtiger noch, zwei Wahrheiten enthalten. Das Stück stellt dem Publikum diese Wahrheiten als gleichwertig vor, und das Publikum muss selbst entscheiden, welche Wahrheit es als gültig anerkennen will. Nachdem Nora am Ende von NORA ODER EIN PUPPENHEIM verkündet hat, dass sie Torvald verlassen will, hält er ihr entgegen: »So entziehst du dich deinen heiligsten Pflichten ... gegen deinen Mann und gegen deine Kinder?« Darauf erwidert sie: »Ich habe andere Pflichten, die ebenso heilig sind. Die Pflichten gegen mich selbst.«

Für das Publikum, das die Premiere von Ibsens Stück sah, war Noras Erklärung ein Schock. Heute nehmen wir ihre Worte mit Gelassenheit auf, aber das Stück funktioniert nur, wenn wir der Ansicht sind, dass sowohl Torvalds als auch Noras Vorstellung von Pflichterfüllung Gültigkeit besitzen. Wir neigen dazu, uns auf Noras Seite zu schlagen. In diesem Fall verliert das Stück seinen Sinn, weil kein Konflikt entsteht. Das Stück sollte dem Zuschauer zunächst die eine, dann die andere Idee nahe bringen, sodass er beim Verlassen des Theaters immer noch mit beiden Wahrheiten ringt.

Bei vielen modernen Bühnenautoren ist es ungemein wichtig, dass die Schauspieler in der Lage sind, unterschiedliche Ideen zu diskutieren. Um die Handlung »Diskutieren« zu begreifen, empfiehlt es sich allerdings, mit einigen anderen Handlungen – nämlich »Reden«, »Plaudern« und »Konversation machen« – zu beginnen.

Das »Reden« ist die elementarste Form der Kommunikation. Wir reden die ganze Zeit, ohne unsere Worte ernst zu nehmen. Im Alltagsleben sprechen wir über ernste Themen, die uns innerlich nicht berühren – wie etwa über Wirtschaft oder Außenpolitik. Wir reden praktisch unser ganzes Leben lang über solche Dinge, ohne sie wirklich zu erleben. Außerdem hören wir bei dieser Art von Gespräch nicht aufmerksam zu. Ein weiteres Merkmal ist, dass wir uns dabei ständig gegenseitig ins Wort fallen. Wenn Sie mit Ihrem Partner darüber reden, die angegilbten Wände neu zu streichen, die kaputte Lampe zu ersetzen oder das Sofa zu reparieren, schlagen Sie vermutlich einen nüchtern-sachlichen und emotionslosen Ton an.

»Plaudern« ist diesen Alltagsgesprächen sehr ähnlich, aber nicht so sachlich. Es zeichnet sich durch eine bewusste Leichtigkeit aus. Wenn wir uns mit anderen unterhalten, diskutieren wir nur selten über Ideen. Meistens sprechen wir nicht einmal über praktische Angelegenheiten. Wir plaudern. »Oh, was für ein bezaubernder Hut! Dieser blaue Farbton passt wirklich ganz hervorragend zu deinem Kleid.« Sogar wenn wir uns nach dem Befinden des anderen erkundigen, interessieren wir uns nicht wirklich für die Antwort. »Wie geht's?« ist ein rein mechanischer Aufhänger für ein Gespräch. Deshalb antworten wir auch so gut wie nie: »Da triffst du einen wunden Punkt. Ich habe gerade ganz scheußliche Schmerzen im linken Knöchel.« Meistens sagen wir einfach: »Danke, gut. Und wie geht's dir?«

Wir benutzen für »plaudern« auch Ausdrücke wie »ein Schwätzchen halten« oder »plauschen«. Damit bringen wir zum Ausdruck, dass das Plaudern etwas Angenehmes ist – es ist höflich, leicht und locker, aber hohl. Es bedeutet nichts. Es hängt nichts davon ab. Es ist eine Möglichkeit, sich die Zeit zu vertreiben.

Genau genommen ist »Plaudern« eine vorgetäuschte Handlung. Wenn ich meine Wohnung verlasse, um ins wartende Auto einzusteigen, weiß der Fahrer bereits, dass ich keinen echten Kontakt herstellen will. Während ich noch sage: »Hallo! Schön Sie zu sehen«, fährt er bereits los. Er weiß, es ist nicht wichtig. Es ist normal. Es ist nicht echt.

Deshalb plaudere ich nicht gern. Ich tue es zwar, aber es ist eine Handlung, die man nicht kontrollieren kann, und deshalb versuche ich, sie im Leben nach Möglichkeit zu vermeiden, ebenso wie Klatsch und Tratsch. Beim »Tratschen« geht es im Grunde darum, die beabsichtigte Aussage zu übertreiben, sie wichtiger erscheinen zu lassen als sie ist, indem man geheimnisvoll tut – so als dürfte kein Dritter je davon erfahren.

Bewusst zu »plaudern« ist eine gute Übung. Es ähnelt den Übungen, die wir angewendet haben, um unser Muskelgedächtnis zu trainieren. Dabei haben wir versucht, unsere körperlichen Muskeln an das Gewicht unterschiedlicher Gegenstände zu gewöhnen. In diesem Fall gewöhnen wir unsere »geistigen Muskeln« an das Gewicht unterschiedlicher Gesprächsformen. Beim Plaudern geht es nicht um gewichtige Dinge, sondern nur um die allerleichtesten.

Für einige Menschen, denen jede Form von Konversation fremd ist, kann natürlich auch das Plaudern anstrengend sein. Üben Sie es mit einem Kollegen. Denken Sie daran, dass es eine Art verbales Badminton ist. Es erfordert nicht so viel Energie, Können oder Anstrengung wie Tennis. Es geht nur darum, den Federball in der Luft zu halten.

Der nächste Schritt auf unserem Weg zum »Diskutieren« besteht im »Konversation machen«. Wie das Plaudern gehört auch die Konversation zur Klasse der Federgewichte. Man führt eine höfliche, lockere Unterhaltung. »Konversation machen« hat nicht viel mehr Gewicht als »Plaudern«, aber es zeichnet sich durch bestimmte soziale Gegebenheiten aus und ist in der Regel mit der Mittel- oder Oberschicht verbunden.

Wenn man auf einer förmlichen Dinnerparty mit Fremden oder Bekannten zusammensitzt, harmoniert man unter Umständen so gut miteinander, dass diese Unterhaltung die Ebene des »Diskutierens« erreicht, aber wahrscheinlicher ist, dass man kein echtes Bedürfnis verspürt, eine besondere Nähe zum Tischnachbarn herzustellen. Man versucht nicht, diese fremde Person von etwas zu überzeugen. Es gibt keinen Grund, miteinander vertraut zu werden. Man hört zu, man antwortet. Man fällt dem anderen nicht ins Wort.

Eine gepflegte Unterhaltung ist nicht so unpersönlich wie das Plaudern, bleibt aber ebenfalls an der Oberfläche. Konversationstalent ist eine soziale Fertigkeit, eine gesellschaftliche Umgangsform, die es ermöglicht, freundlich zu einer Person zu sein, die man nicht wirklich kennt, und gleichzeitig bewusst die Distanz zu wahren.

So war es jedenfalls früher einmal. Wenn man im Flugzeug neben einem Fremden saß, pflegte man ein wenig zu plaudern oder Konversation zu machen, um sich die Zeit zu vertreiben. Es war eine Möglichkeit, sich freundlich und zuvorkommend zu verhalten, ohne dass dieser Austausch zu großer Vertrautheit führte oder allzu sehr in die Tiefe ging. Es war eine Möglichkeit, an der Oberfläche zu bleiben. Heutzutage legen Menschen in Flugzeugen freilich kaum noch Wert auf Höflichkeit. Sie vertiefen sich in ihre Bücher oder Zeitschriften und benehmen sich, als ob sie allein wären.

Nachdem wir die graduellen Unterschiede zwischen »Reden«, »Plaudern« und »Konversation machen« geklärt haben, sind wir bereit, das »Diskutieren« in Angriff zu nehmen. Die eingehende Erörterung von Ideen ist der Dreh- und Angelpunkt des modernen Theaters. In jedem bedeutenden Stück seit Ibsen findet man dieses Diskussionselement.

Von Shaw und O'Casey bis zu Beckett und Pinter, von O'Neill und Odets bis zu Arthur Miller, Tennessee Williams und Edward Albee ist das moderne, naturalistische Theater ein Theater der Ideen, ein Theater, das den Zuschauer zum Nachdenken über die grundlegenden Fragen unserer Existenz anregen will.

Wenn zwei Figuren auf der Bühne einfach einer Meinung sind, dann ist die Sache abgeschlossen. Es gibt kein Stück und nichts mehr zu sagen. Das moderne Theater basiert auf unserer Fähigkeit, zwei Perspektiven einzunehmen. In einem Stück, in jeder dramatischen Situation wird die zur Diskussion stehende Idee von einer Figur befürwortet, während eine andere dagegen ist. Torvald tritt für Noras Verpflichtung gegenüber Ehemann und Familie ein. Nora für ihre Verpflichtung gegenüber sich selbst. Zwei sich widersprechende Auffassungen werden zum Ausdruck gebracht, und das Publikum hat die Aufgabe, entweder zwischen den beiden zu wählen oder sich für eine dritte Handlungsweise zu entscheiden. Niemand geht als Sieger aus der Diskussion hervor.

Das Diskussionselement hielt Einzug ins Theater, als der gesellschaftliche Aufstieg der Mittelschicht dazu führte, dass sich leicht erkennbare und allgemein akzeptierte Werte auflösten, weil diese Verhaltensnormen und Moralvorstellungen an eine klar definierte Klassenstruktur gebunden waren. Die Werte der Mittelschicht sind nicht gewachsen, sondern erworben. Dieser Mangel an Gewissheit bedeutet, dass man jede Frage von zwei Seiten betrachten kann. Folglich gibt es im modernen Theater keine einzig gültige Wahrheit.

Bei einer Diskussion muss man den Unterschied zwischen Fragen von unterschiedlichem Gewicht und unterschiedlicher Bedeutung erkennen, man muss also zwischen einem Thema wie der Unausweichlichkeit des Todes und der Frage, welchen Präsidentschaftskandidaten man wählen sollte, unterscheiden und sie je nach Gewicht beurteilen.

Ich könnte zum Beispiel die Ansicht vertreten, dass New York übervölkert sei. Dieses Thema ließe sich dann auf einer höheren Ebene erörtern, indem man eine weitere Ansicht ins Spiel brächte, nämlich dass Übervölkerung zum Wesen des Stadtlebens gehöre. Überall auf der Welt, so könnte man behaupten, komme es in den Städten zu einem explosionsartigen Bevölkerungswachstum. Man kann dies als etwas Positives betrachten oder auf die brutalen Korrektive der Überbevölkerung wie Krankheit, Verfall und Tod hoffen. Im Theater entsteht das Interesse durch dezidierte Meinungen. Man kann als Person eine bestimmte Meinung haben und im Theater eine völlig andere vertreten.

Wenn man eine Diskussion anfängt, zum Beispiel zur Frage der Übervölkerung, muss man bei diesem Thema bleiben und darf nicht zahllose weitere Ideen in epischer Breite auswalzen. Es steht Ihnen nicht zu, vom Thema abzuschweifen oder sich in Allgemeinplätzen zu ergehen.

Was die Handlung »Diskutieren« in erster Linie von allen anderen Formen des Gesprächs (»Reden«, »Plaudern« oder »Konversation machen«) unterscheidet, ist die Beziehung zum Partner. Bei den anderen Formen kann der Partner sowohl eine vertraute als auch eine unbekannte Person sein. Es spielt keine Rolle, weil die Beziehung zum anderen sich nicht festigt.

Um eine echte Diskussion zu führen, müssen beide Partner die Themen ernst nehmen. Im Gegensatz zu den anderen Gesprächsformen haben wir hier also zum ersten Mal eine Handlung, bei der es tatsächlich auf den Inhalt ankommt. Es geht nicht darum, sich die Zeit zu vertreiben oder höflich zu sein oder sachliche Informationen auszutauschen.

Jeder Partner vertritt einen klaren Standpunkt, doch er hört dem anderen auch aufmerksam zu. Er hält möglicherweise an seiner Ansicht fest, aber er hört zu. Er plaudert nicht, macht keine Konversation, redet nicht über Alltagsdinge. Er diskutiert.

Bei einer Diskussion müssen beide Teilnehmer echtes Interesse an den Ideen haben, und jede Diskussion sollte sich um ein Thema drehen, das beiden Seiten gleichermaßen am Herzen liegt. Ein Schauspieler muss in der Lage sein, sowohl den einen als auch den anderen Standpunkt einzunehmen. Wer dazu nicht in der Lage ist, kann im Grunde nur sich selbst spielen.

Es gibt keine wirksamere Übung, als bei einer wichtigen Frage zunächst die eine Seite zu befürworten, sich zum Beispiel für die Legalisierung des Schwangerschaftsabbruchs einzusetzen, und dann den anderen Standpunkt einzunehmen und ihn so überzeugend zu vertreten, dass ein Zuhörer nicht erkennen kann, welcher Ansicht man tatsächlich zuneigt.

Bei einer echten Diskussion besteht keine Notwendigkeit, den anderen zu »besiegen«. Wir müssen ihm nicht das Wort abschneiden, weil die Ansichten, die er zum Ausdruck bringt, unser lebhaftes Interesse wecken und wir den Austausch inspirierend finden.

Anders als bei den meisten anderen Kommunikationsformen kommt es bei dieser Handlung zu echtem Verständnis. Das Geben und Nehmen ist echt und ungezwungen. Es ist die vielleicht wichtigste Handlung im modernen Drama, weil das Publikum beide Seiten der Diskussion versteht und zum dritten Partner im Stück wird. Wenn die Zuschauer das Theater wieder verlassen, sind sie in der Lage, ihre eigene Entscheidung zu treffen.

Wählen Sie sich jetzt bitte einen Partner und diskutieren Sie die folgende Frage: Muss ein Mann sich entscheiden, ob er Schauspieler oder Familienvater sein will? Muss eine Frau sich entscheiden, ob sie Schauspielerin oder Ehefrau und Mutter sein will? Denken Sie einige Minuten über die Fragen nach, um Ihre Gedanken zu ordnen, bevor wir beginnen. Wer möchte anfangen? Okay, Hillary und Bob.

Bob: Schauspieler ist ein Fulltimejob. Familienvater auch. Ein Mann muss sich entscheiden. Bei Frauen ist das anders. Nur Frauen können Kinder bekommen.

Hillary: Nein, Bob. Das ist falsch und sexistisch. Ich habe das Gefühl, ...

Stella: Schätzchen, ich muss Sie leider unterbrechen. Sie interessieren sich nicht für das, was Bob sagt. Sie sind begierig darauf, Ihre

> Meinung zu äußern. Das ist keine Diskussion. Eine Diskussion entwickelt sich aus dem, was der andere sagt, nicht aus dem, was *Sie* empfinden ...

Ich will nicht wissen, was Sie *fühlen.* Ich will wissen, ob Sie begründen können, weshalb die Kunst Ihnen wichtiger ist als alles andere. Ich will, dass Sie in der Lage sind, etwas auszudrücken wie: »Ich habe etwas in mir, das es mir unmöglich macht, mich fest zu binden.«

Die erfolgreichen Künstler sind diejenigen, die verstehen, dass diese Themen universell und nicht persönlich sind. Es hat nichts damit zu tun, ob es *Ihnen* gefällt oder nicht, wenn eine Frau ihr Glück als Mutter findet. Diese Frage ist Jahrtausende alt. Sie ist so alt wie Gott.

Die Diskussion muss auf einer höheren Ebene stattfinden, nämlich auf der Ebene, welche Bedeutung diese beiden Dinge für die Welt haben. Bei Ihnen bewegt sich das Ganze auf einer rein informativen Ebene. Sie geben viele Informationen, aber kein Herzblut.

Es fehlt das, was ich als innere Erregung bezeichne. Sprich erst, wenn *du nicht anders kannst ...* weil es aus deinem Innersten herausbricht.

Sie denken, Ihre Schönheit wird Ihnen helfen, doch für Ihre Schauspielkunst ist sie nutzlos. Sie ist förderlich für die Karriere, doch das, was die Kunst antreibt, ist etwas anderes. Was wir tun, ist entweder wichtig oder unwichtig. Wenn es wichtig ist, dürfen wir nicht zulassen, dass unsere persönliche Eitelkeit uns in die Quere kommt.

Sie haben Ihrem Partner wenig Gelegenheit gegeben, sich zu äußern. Er wollte gerade anfangen, seine Ideen auszuführen. Wenn dem Publikum nur eine Seite der Diskussion dargeboten wird, weiß es, was es denken soll. Der Zuschauer muss beide Seiten einer Idee begreifen. Eine Diskussion sollte die Sichtweise des Publikums verändern oder es zumindest noch einmal über seine bestehenden Überzeugungen nachdenken lassen. Wenn der Zuschauer nach Hause geht, sollte er zu einem neuen Verständnis gelangen.

Bei einer Diskussion geht es nicht nur um Ideen. Wenn das alles wäre, könnten wir auch zwei Essays lesen oder uns zwei Essays vorlesen lassen. Wir müssen das Geben und Nehmen der beiden Teilnehmer *erleben.*

Keiner von Ihnen beiden sollte gleich zu Beginn seiner Ausführungen das Thema verkünden. Das geschieht bei einer formalen Debatte. Alles, was Sie sagen, muss einen gewissen emotionalen Gehalt haben. Bevor Sie zu sprechen beginnen, sollten Sie sich vorstellen, dass Sie durch eine bestimmte Äußerung provoziert wurden. Vergegenwärtigen Sie sich diese Äußerung und reagieren Sie darauf. Schon wenn Sie anfangen, müssen Sie reagieren.

Wer als Zweiter zu Wort kommt, muss deutlich machen, was ihn zum Reden veranlasst. Er ist nicht nur da, um vorher einstudierte Argumente zu präsentieren. Wir müssen das Gefühl haben, dass alles, was Sie sagen, durch etwas ausgelöst wird, was Sie gerade gehört haben. Fangen Sie nicht bei sich selbst an. Setzen Sie vielmehr bei der Frage an, welche Äußerung des anderen *Sie* zu der Äußerung bringt, dass Sie anderer Auffassung sind.

Andernfalls schaffen wir eine falsche Situation – eine Situation, in der die Handlung beginnt, wenn Sie zu sprechen beginnen. Die Handlung muss einsetzen, *bevor* Sie sprechen.

Also gut, versuchen wir es noch einmal:

John: Ein Künstler muss für sich bleiben, fern von der Gesellschaft, fern von einer Familie ...

Stella: Ich fürchte, ich muss Sie unterbrechen. Sie stellen eine intellektuelle Idee vor, und Sie sind weiß Gott kein Intellektueller. Sie müssen Ihre Ansichten so darstellen und begründen, dass wir glauben können, es sind Ihre eigenen und nicht irgendetwas Angelesenes.

Ob ein Schauspieler oder eine Schauspielerin heiraten sollte, ist keine akademische Frage. Für beide Positionen lassen sich mehrere Argumente anführen. Man könnte sagen, dass die Schauspielerei ein unsicherer Beruf ist und die Ehe als Ausgleich eine gewisse Sicherheit und Stabilität bietet. Ferner könnte man anführen, dass Schauspieler ganz besonders auf die Unterstützung eines anderen Menschen angewiesen sind und dass sie über besonders große Liebesfähigkeiten verfügen.

Sprechen Sie diese Punkte nur an, wenn sie eine lebendige Vorstellung in Ihnen wachrufen. Tragen Sie Ideen vor, die den anderen zu einer Antwort anregen. Für die gegenteilige Position könnten Sie argumentieren, dass Schauspieler, da sie immer in unsicheren Verhältnissen leben, schlechte Ehepartner abgeben und keine Frau einen Schauspieler heiraten möchte. Außerdem muss ein Schauspieler seine gesamte Zeit dem Beruf widmen. Der Schauspielerberuf lässt keinen Raum für eine Familie oder für die Verpflichtungen, die mit Ehe und Familie verbunden sind.

Dieses Argument bringt auf den Punkt, warum der Beruf des Schauspielers wichtig ist – weil er die bedingungslose, vollständige Hingabe des ganzen Menschen fordert.

Jeder mir bekannte Schauspieler geht auf die Bühne und möchte sich am liebsten umbringen, weil er nicht weiß, wie er das Stück mit Leben erfüllen soll. Diese Angst verschwindet nie. Dennoch will man das Ganze sofort zu etwas Eigenem machen. Das ist unmöglich. Das Einzige, was man spontan erschaffen kann, ist eine unechte Darstellung. Man muss sich langsam in die Rolle eingewöhnen. Und man muss sich selbst größer machen.

Ich war mit dem bedeutenden Theatermann Harold Clurman verheiratet, der das amerikanische Theater praktisch begründet hat. Und ich war mit Mitchell Wilson verheiratet, der als Assistent von Enrico Fermi an der Entwicklung der Atombombe mitwirkte.

Unbedeutende Menschen haben mich nie gereizt, weil ich nie so leben wollte wie die »kleinen Leute«. Ich bin bei meinem Vater aufgewachsen, und bei uns zu Hause gab es überhaupt keinen Smalltalk. Über Unwichtiges wurde nicht gesprochen.

Du kannst nur auf die Bühne gehen, wenn du von etwas Großem beseelt bist, das dich den ganzen Tag lang mit Begeisterung erfüllt ... und dir den ganzen Tag lang *Probleme* bereitet, an denen du wachsen kannst.

Das Diskutieren ist eine schwer verständliche Aktivität für Amerikaner, weil es eine sehr zivilisierte Handlung ist. In unserem Land diskutieren wir nicht lange. Wir streiten. Wir sind wie zänkische Taxifahrer. Das amerikanische Naturell hält wenig vom Zuhören.

Die Handlung »Streiten« erwächst aus der Handlung »Diskutieren«. Sie entsteht, wenn Sie den anderen hören, aber ihm nicht zuhören. Verstehen Sie? Sie setzen Ihren eigenen Gedankengang fort. Zum Streiten gehört Leidenschaft. Es geht nicht um Verstand und Logik.

Die nächste Stufe ist der zum verbalen Kampf eskalierende Streit, das »Wüten«. Man verliert die Kontrolle und hört praktisch überhaupt nicht mehr zu. Man attackiert den anderen an jeder möglichen Schwachstelle. »Wüten« bedeutet, dass man zum Angriff übergeht, ohne lange zu überlegen.

Das Wüten ist eine natürliche Weiterentwicklung des Streitens, und damit haben wir das Ende der möglichen Kommunikationsformen erreicht.

9. Lektion

Handlungen ausführbar machen

Der nächste Schritt beim Erlernen der Technik besteht darin, dass Sie sich ein Handlungsvokabular aneignen. Alles basiert auf Handlungen. Ein Schauspieler entwickelt einen Charakter aus dem, was er tut. Deshalb muss der Schauspieler sich mit Handlungen auskennen.

Jede Handlung, die man ausführt, hat ihr eigenes *Wesen*, ihre eigene

Wahrheit. Um Wahrhaftigkeit auf der Bühne zu erreichen, muss man dieses Wesen der Handlung kennen und es wahrheitsgemäß umsetzen. Alles muss logisch aufeinander folgen. Die Handlung muss wahrhaftig sein, sie muss wachsen (sich entwickeln) und einen Anfang, eine Mitte und ein Ende aufweisen (Sequenz). Ein Stück wird verständlich für das Publikum durch die Handlungen des Schauspielers, eine Abfolge von getrennten, aber logisch verbundenen physischen oder psychologischen Aktivitäten, die dem Stück Leben einhauchen und die Wahrheit von Augenblick zu Augenblick neu erschaffen.

In modernen Stücken liefert der Autor nur einen Handlungsentwurf oder ein Handlungsgerüst. Es ist Aufgabe des Schauspielers, diese Vorgabe mit Leben zu erfüllen und die Ideen des Autors verständlich zu machen. Nur durch Ihre Handlungen kann der Inhalt des Stückes lebendig werden.

Das Entscheidende bei einer Aufführung sind nicht die Worte. Sogar der beste Schauspieler kann nicht alles, was er weiß, in Worte fassen, denn was ein gut vorbereiteter und kluger Schauspieler von seiner Figur weiß, ist hundert Mal komplexer als die Worte im Manuskript. Sichtbar wird es nur durch die Handlungen.

Man kann auf dreierlei Weise an das Studium der Handlungen herangehen. Fragen Sie sich als Erstes: Habe ich diese Handlung schon einmal ausgeführt? Die zweite Frage lautet: Habe ich diese Handlung schon einmal beobachtet? Wenn die Antwort auf beide Fragen Nein lautet, muss man den dritten und vielleicht wichtigsten Ansatz wählen und die eigene Vorstellungskraft bemühen.

Wir haben bereits geübt, wie man bestimmte Bewegungen erzeugt, zum Beispiel beim Öffnen einer fest zugeschraubten Flasche. Wir haben unsere Muskeln trainiert und überprüft, wie viel Anstrengung eine Bewegung erfordert, damit wir sie nicht übertreiben, wenn wir sie ohne Gegenstand wiederholen. So banal all diese Übungen scheinen mögen, sind sie doch überaus wichtig. Der Schauspieler muss sich bei der Darstellung dieser winzigen physischen Handlungen wohl fühlen. Er muss entspannt sein. Ein junger Schauspieler macht oft einen sehr verkrampften Eindruck, weil er eine Aktivität nur oberflächlich streift oder sie *andeutet*. Es gehört zu Ihrem Handwerkszeug, dass Sie die physischen Wahrheiten, die für eine Handlung erforderlich sind, nicht nur streifen, sie nicht nur *andeuten* dürfen.

Das Öffnen einer Flasche ist keine große Sache, aber eine sehr lehrreiche. Sie sollen eine Flasche öffnen ... dieses verflixte Ding aufbekommen ... mein Gott, ist das schwer! Aber dann haben Sie es schließlich geschafft. Wenn Sie die Flasche öffnen, wenn Ihr Handeln *echt* ist, wird das, was schwierig ist, seltsamerweise leichter, weil Sie die Flasche *wirklich* geöffnet haben. Verstehen Sie?

Wenn Sie die Flasche *nicht* wirklich geöffnet haben, dann stellt sich dieser winzige Moment danach – dieses *Puuh! Geschafft!* – nicht ein. Ist das klar geworden? Der Trick liegt darin, dass die Seele reagiert, wenn der Körper wahrhaftig ist. Wenn der Körper lügt, bekommt die Seele es mit der Angst. Um sicherzustellen, dass Ihr Handeln echt ist, müssen Sie sich auf diese kleinen Wahrheiten konzentrieren.

Jede Aktivität ist etwas sehr Komplexes. Wenn ich zu Ihnen sage: »Schreiben Sie etwas in Ihr Heft«, müssen Sie nach dem Heft greifen und die Seite aufschlagen. Das liegt in der Natur der Sache. All diese komplexen Schritte müssen auch auf der Bühne wahr sein. Die kleinen physischen Handlungsabschnitte müssen stimmen. Behalten Sie das immer im Kopf: Sie können eine physische Handlung mit all ihren kleinen Wahrheiten nur ausführen, wenn Sie sie geprobt und einstudiert haben. Es gibt keinen anderen Weg. Wenn Sie einmal sehr viel Erfahrung gewonnen haben, gelingt es Ihnen vielleicht ohne Übung. Doch *im Moment* sind Sie dazu noch nicht in der Lage.

Ob Sie ein Feuer entzünden oder Kaffee kochen, ob Sie ein Hemd bügeln oder einen Koffer packen – jede dieser Aktivitäten muss in allen winzigen Handlungsabschnitten wahr sein. Das Wesentliche jeder Handlung muss wahrheitsgetreu ausgeführt werden. Man kann es nicht andeuten. Man kann diese kleinen Wahrheiten ebenso wenig andeuten, wie man andeuten kann, das Publikum anzuschauen oder mit anderen Menschen zu reden. Man kann es nicht andeuten. Es muss geschehen.

Solange Sie sich kleine, überschaubare Aufgaben wählen, haben Sie das Geschehen unter Kontrolle. Wenn Sie die Kontrolle haben, können Sie Ihr Handeln mit Leben erfüllen.

Ich bin am Wochenende nach Wilmington gefahren und habe dort ein kleines Mädchen getroffen, das den spontanen Drang verspürte, etwas gegen ihre Langeweile zu unternehmen. In dieser Hinsicht sind Kinder großartige Schauspieler. Sie kreischte beispielsweise: »Huuuh, jetzt sind wir im Dunkeln!« Und dann nach einer kleinen Pause: »Jetzt kommen wir ins Licht!« Sie leierte nicht mit monotoner Stimme: »Jetzt sind wir im Dunkeln und kommen ins Licht«, weil sie ihren Worten nicht die Lebendigkeit nehmen wollte. Erwachsene ersticken diese Lebendigkeit. Aber es ist besser, sich etwas auszudenken, seine Fantasie zu nutzen und Dinge zum Leben zu erwecken, als sie zu töten.

Wenn Sie anfangen, eine physische Handlung einzustudieren, sollten Sie zunächst nicht an die Aufführung denken. Sagen Sie sich selbst: »Ich bin der Regisseur. Ich will eine Weile herumexperimentieren und herausfinden, ob ich diese Sache beherrsche, weil ich sie dem Publikum erst vorstellen kann, wenn sie mir leicht fällt.«

Nehmen wir zum Beispiel die physische Handlung des Wäschewaschens in einem Fluss. Zunächst muss man die Gegebenheiten des Flusses als solchem erschaffen. Liegt er am Rand einer verlassenen Gegend? Inmitten eines Waldes? Und das ist nur der Anfang.

Es empfiehlt sich unter Umständen, die Handlung des Wäschewaschens in einer Badewanne einzuüben. Dadurch lernen Sie die Aktivität kennen, aber das reicht noch nicht. Denken Sie an die Seife. Man reibt sie auf das Wäschestück, das man waschen will, und taucht es dann ins Wasser. Das gehört zu den winzigen Aufgaben, die mit jeder Übung besser werden. Sie müssen sich jeden Handlungsabschnitt aneignen und mit Leben füllen. Das unterscheidet Ihre Aktivität, die Sie in der Badewanne ausgeführt haben, von Ihrem Handeln auf der Bühne.

Ich wasche einen Unterrock im Fluss und bemerke, dass das Wasser schlammig ist. Ich hebe das Wäschestück heraus, um abzuwarten, bis das Wasser wieder klar wird. Der Fluss ist lebendig, wirklich lebendig für mich. Der Anblick des klaren, glitzernden Wassers ist etwas Wundervolles. Oh, aber dieser Teil hier ist ganz trüb! Ich werde meinen Unterrock erst waschen, wenn das Wasser wieder klar geworden ist.

Ich liebe meinen Fluss, weil er lebendig ist. Das gesamte Geschehen entwickelt sich aus dem Fluss heraus. Sie dürfen nicht zulassen, dass der Fluss leblos bleibt. Sie dürfen nicht zulassen, dass der Fluss *kein* Bestandteil Ihres lebendigen Handelns ist.

Studieren Sie, wie man ein Feuer entzündet. Das ist keine Aktivität, die Sie willkürlich ausführen können. Sie können nicht einfach ein Streichholz an ein Holzscheit halten und erwarten, dass es Feuer fängt und weiterbrennt. Sie müssen mit etwas Kleinerem beginnen, zum Beispiel mit dünnen Papierstreifen. Auf das Papier können Sie dann etwas Reisig oder Anzündholz in Form kleiner Äste schichten. Das Feuer muss sich entwickeln. Die kleineren Teile müssen Feuer fangen und es dann auf die größeren übertragen. Das dicke Scheit liegt ganz oben und fängt erst zu brennen an, wenn alles, was darunter liegt, in einem kräftigen Feuer knistert.

Dieses Prinzip gilt für jede physische Handlung. Man muss ihren logischen Ablauf begreifen. Sie muss ausführbar werden. Im wirklichen Leben spielen die Menschen nicht. Sie erleben einen Augenblick nach dem anderen. Sie reagieren auf die Situation, auf die Umstände. Der Schauspieler hat die Aufgabe, die Situation, in der er sich auf der Bühne bewegt, so lebendig zu machen, dass sie zur Triebfeder seines Handelns wird.

Es gibt starke und schwache Handlungen. Eine starke Handlung braucht ein Ziel, ein Ergebnis. Wenn ich sage: »Ich möchte etwas trinken«, so ist das eine schwache Handlung. Wenn ich sage: »Ich möchte Kaffee trinken«, so ist das eine starke Handlung. Es muss ein Ziel geben, sonst bleibt die Handlung schwach. »Ich gehe jetzt« ist schwach. »Ich gehe aus dem Zimmer« ist stark. Das Gleiche gilt für: »Ich möchte spazieren gehen« im Gegensatz zu: »Ich möchte einen Spaziergang im Park machen«.

Das Anzünden eines imaginären Feuers lehrt uns, dass jede Handlung ihrer eigenen Logik folgt. Üben Sie verschiedene Aktivitäten ein, decken Sie zum Beispiel einen Tisch oder sortieren Sie Post. Der grundlegende Ablauf beim Tischdecken ist denkbar einfach. Man stellt die Gläser auf. Man setzt die Teller hin. Man platziert Messer und Gabel. Man faltet die Servietten. Aber wenn wir das auf der Bühne tun, darf die Handlung nicht so profan sein wie im wirklichen Leben, wo es niemanden kümmert, ob Sie langweilig sind. Auf der Bühne können Sie es sich nicht leisten, auch nur für einen Augenblick langweilig zu wirken, und das unterscheidet die Echtzeit von der Bühnenzeit – nämlich die Frage, wie lange Sie im wirklichen Leben für eine Handlung brauchen, und wie lange es dauern sollte, diese aus dem Leben gegriffene Handlung auf der Bühne darzustellen.

Im Leben ist eine Handlung genau den Aufwand an Zeit wert, der erforderlich ist, um sie auszuführen. Auf der Bühne, wo dreißig Jahre aus dem Leben einer Figur auf zweieinhalb Stunden komprimiert werden, kann sie niemals genauso viel Zeit wert sein. Der Schauspieler muss sich also bei der Darstellung einfacher Aktivitäten, sei es, dass er einen Brief schreibt, ein Buch liest oder einen Knopf annäht, ständig fragen, ob der Zeitaufwand angemessen ist.

Die Technik, mit der man die Echtzeit an die Bühnenzeit anpasst, ist das so genannte Forcieren der Handlung. Man kürzt, ändert, überarbeitet – sodass der Zuschauer zwar voll und ganz versteht, was man tut, aber nicht das Gefühl hat, dass man es zu lange tut. Das Publikum ist immer der beste Richter, aber der Schauspieler sollte die Reaktion des Publikums voraussehen.

Zum Forcieren der Handlung gehört eine gewisse Vorausplanung. Wenn die Figur, die ich darstelle, eine Zigarette rauchen soll, öffne ich die Packung bereits vor dem Auftritt und ziehe ein oder zwei Zigaretten ein Stückchen heraus. Ich sollte nicht erst umständlich nach einer Zigarette kramen müssen, wenn ich auf der Bühne stehe, es sei denn, es ist gewollt.

Wenn ich eine Telefonnummer unter dem Buchstaben H nachschlagen muss, blättere ich zunächst auf der Suche nach der Nummer durch das Buch und stelle fest, dass es zu lange dauert. Ich muss dafür sorgen, dass ich genau weiß, welche Seite ich aufschlagen muss. Ich lese ein paar Namen auf der Seite und wenn ich auf den gesuchten stoße, mache ich ein Kreuzchen daneben. Ich habe die Wahrheit der Handlung schnell und echt zum Ausdruck gebracht. Um die richtige Seite im Buch, sagen wir Seite 460, möglichst schnell zu finden, stecke ich ein Streichholz zwischen die Seiten.

Wenn ich an einem Schminktisch sitze, kann ich Wimperntusche, Lippenstift, Lidschatten und Puder auftragen. Auch wenn das alles absolut realistisch ist, dauert es doch für die Bühne viel zu lange. Man legt einfach etwas Lippenstift auf, wischt über eine Augenbraue und fertig. Im Gegensatz zur Wirklichkeit hat man auf der Bühne nicht ein Leben lang Zeit. Man muss die Handlung forcieren, indem man ein oder zwei aussagekräftige Teile auswählt.

In unserer letzten Sitzung sind wir mehrere Handlungen durchgegangen: »Reden«, »Plaudern«, »Diskutieren«, »Streiten« und »Wüten«. Zu den Handlungen, die man im modernen Theater häufig findet, gehört, dass eine Figur »in Erinnerungen schwelgt« – ein Mittel, das Autoren oftmals einsetzen, um lyrische Passagen oder lyrische Prosa einzuführen. Wer Erinnerungen nachhängt, zieht sich in eine verklärte Vergangenheit zurück und flüchtet damit auch vor einer manchmal unerträglichen Realität.

Dieses wehmütige Erinnern bedeutet, dass man ein Selbstgespräch führt, die Vergangenheit zurückbringt und zu neuem Leben erweckt. Es unterscheidet sich vom einfachen Erinnern, bei dem man sich automatisch etwas ins Gedächtnis ruft, das mit dem Alltagsleben zusammenhängt, wie etwa die eigene Telefonnummer oder die Einkaufsliste oder dass man noch einen Brief beantworten muss.

Wer Erinnerungen nachhängt, holt etwas zurück, das ihm lieb und teuer ist: »Eines Tages ging ich am Fluss spazieren. Er floss ganz ruhig dahin. Es war ein wunderschöner Tag. Ich saß im Schatten. Alles war friedlich. Ich konnte die Berge sehen. Ich schaute in den Himmel.« Wenn Sie in Erinnerungen schwelgen, werden Sie merken, dass dazu nur ganz wenig körperliche Bewegung erforderlich ist. Wer viele Worte benutzt, kann mit den Gesten sparsam sein.

Vom Aufbau her bedeutet diese Erinnerungshandlung, dass man die Erfahrung neu belebt, sich wieder vor Augen führt, was man damals gesehen hat, und mit Zärtlichkeit daran denkt. Wenn Sie anfangen, sich der Erinnerung hinzugeben, verlieren Sie den Kontakt zur Außenwelt. Dieser Tisch, an dem ich sitze, existiert für mich nicht mehr, sondern nur noch der Fluss, an dem ich an jenem Frühlingstag unter einem wolkenlosen Himmel durchs Tal schlenderte.

Bei dieser Art des Erinnerns löse ich mich vom Gegenwärtigen, und meine Worte nehmen eine lyrische Qualität an. Ich erfinde die Welt neu. Beim einfachen Erinnern durchlebe ich das Ganze einfach nur ein zweites Mal, was eher einer Beschreibung gleicht.

Dieser deskriptive Charakter lässt sich gestisch durch eine kurze, ruckartige Handbewegung ausdrücken. Die Geste des wehmütigen Erinnerns ist eher eine sanfte, weicher fließende, wellenförmige Handbewegung. Wenn man in Erinnerungen schwelgt, gewinnt alles an Bedeutung, weil es nicht mehr da ist.

Bei dieser Aktivität löst man sich von der gegenwärtigen Welt und stellt eine vergangene Situation wieder her. Man gibt sich einer Welt hin, die nicht mehr existiert, die aber in dem Betreffenden weiterlebt. Die Zeit hat ihre Bedeutung noch vergrößert. Die Ereignisse wirken schrecklicher oder schöner als in der Gegenwart. Wenn man jene vergangene Welt in sich trägt, braucht man die gegenwärtige nicht. Bei dieser Art des wehmütigen Erinnerns geht es um etwas, das vor langer Zeit einen tief greifenden Wandel im Leben bewirkte. Diese Handlung duldet in keiner Hinsicht einen lockeren, beiläufigen Ton. Sie gehört auf eine höhere Ebene.

Einer Erinnerung nachzuhängen ist etwas anderes, als eine Geschichte zu erzählen. »Als ich klein war, hatte ich die Möglichkeit, nach England zu reisen …« Hier wird etwas erzählt, nicht etwas Vergangenes neu erschaffen. Das wehmütige Erinnern gehört zu den wenigen Handlungen, bei denen der Partner unwichtig ist. Unberührt davon, ob der andere ihn hört oder nicht, versucht der Schauspieler, etwas Verlorenes zurückzuholen, das nur er allein wieder zum Leben erwecken kann.

Das Schwelgen in Erinnerungen umfasst Sehnsucht, Schmerz und Trauer. Es setzt auf einer dunklen Ebene an, hat nichts Leichtes oder Heiteres. Zu der untergegangenen Welt, die Blanche DuBois in ENDSTATION SEHNSUCHT heraufbeschwört, gehört zum Beispiel der folgende Augenblick:

> »Ein Junge war er, noch ein Junge, und ich war ein sehr junges Mädchen. Als ich Sechzehn war, habe ich sie entdeckt – die Liebe. Von heute auf morgen, und mit Haut und Haar. Wie wenn plötzlich auf alles, was immer im Schatten gelegen hat, blendendes Licht fällt … so hat die Liebe mir schlagartig die Welt erleuchtet. Aber ich war unglücklich. Verblendet. Der Junge war irgendwie anders, er war nervös, sensibel und zart, gar nicht wie ein Mann, obwohl er nicht im geringsten feminin war – dennoch – dieses Andere war da …«

Beim Schwelgen in Erinnerungen geht es im Prinzip nicht darum, den Text auswendig zu lernen, sondern sich die Reihenfolge der Gedanken einzuprägen. »Schauspielern« Sie nicht und machen Sie niemandem etwas vor. Nehmen Sie sich genügend Zeit, um in die Erinnerung einzutauchen und sie noch einmal zu durchleben. Für diesen inneren Monolog brauchen Sie keinen Partner. Bei Roberts Monolog im ersten Akt von Eugene O'Neills

JENSEITS VOM HORIZONT geht es um den großen Lebenstraum, ans Meer zu kommen und dessen geheimnisvolle Kraft zu spüren.

Wenn Sie eine derartige Erinnerungshandlung einüben, müssen Sie als Erstes die Umstände der vergangenen Situation neu erschaffen und sich aneignen. Die Erinnerung besteht aus einer bestimmten Gedankenabfolge. Paraphrasieren Sie diese Sequenz, sodass die Vorstellungen in Ihnen selbst lebendig werden und nicht nur durch Worte. Legen Sie den Text beiseite und geben Sie die Reihenfolge mit Ihren eigenen Worten wieder, um die Worte des Autors zu Ihren eigenen zu machen.

Gehen Sie auf der Bühne umher, bevor Sie sich der Erinnerung hingeben. Das heißt nicht, dass Sie ziellos hin- und herwandern sollen. Setzen Sie sich erst in Bewegung, wenn Sie vom Sofa oder vom Tisch aus ein Ausgangsbild, zum Beispiel von einem Gegenstand auf der Bühne, für sich entdeckt haben. Sie gehen von einem bestimmten Ort aus und bewegen sich dann darüber hinaus. Sie erhalten den Bewegungsimpuls von dem Objekt und verlassen daraufhin das Sofa oder den Tisch, damit wir Ihre Einsamkeit spüren können, Ihren Rückzug an einen anderen Ort und in eine andere Zeit. Um die Monotonie der Erinnerung zu durchbrechen, reißen Sie sich davon los, kehren in den Raum und in die Gegenwart zurück, bevor Sie wieder zur Erinnerung zurückkehren.

Als Robert in JENSEITS VOM HORIZONT seinen Erinnerungen nachhängt, bemerkt er die Anwesenheit der ihn anbetenden Ruth und spricht sie direkt an:

> »Also schaute ich über die Felder zu den Hügeln hinüber – und nach einer Weile habe ich meine Schmerzen vergessen und zu träumen begonnen. Ich wußte, hinter den Hügeln liegt das Meer – das hatte man mir erzählt – und ich habe mich gefragt, wie's aussieht, und mir so meine eigenen Vorstellungen gemacht. Das ferne Meer – da lagen für mich alle Geheimnisse der Welt – es rief mich – damals wie heute! Es zieht mich magisch an. Oder meine Augen folgten der Straße, wie sie sich in der Ferne auf die Hügel zuschlängelt, als suche auch sie das Meer. Und ich habe mir geschworen, wenn ich einmal groß bin, werde ich der Straße folgen und mit ihr zusammen das Meer finden. Siehst du, mit meiner Reise löse ich nur diesen Schwur ein.«

In O'Neills Bühnenanweisung heißt es über Ruth (die mit einem bestätigenden »Ja« auf Roberts direkte Anrede reagiert), sie sei »wie verzaubert von seiner leisen melodischen Stimme, mit der er seine Kindheitsträume erzählt«.

Robert fährt fort:

»Das waren die einzigen glücklichen Momente meines Lebens – am Fenster sitzen und träumen. Ich war gerne allein, damals. Ich lernte alle Arten von Sonnenuntergängen kennen, und alle fanden dort statt – jenseits vom Horizont. So habe ich allmählich geglaubt, alle Wunder dieser Welt ereigneten sich hinter den Hügeln.«

Robert ist in seinem Monolog darum bemüht, sich klar auszudrücken, und tastet sich suchend zu den Momenten zurück, die seinem Leben einmal Sinn gaben. Wie alle Menschen in der einen oder anderen Situation ihres Lebens möchte er die Realität verleugnen und sehnt sich danach, zum Ursprung allen Lebens, dem Meer, zurückzukehren und ein Leben zu führen, das stärker der Natur verhaftet ist.

»In Erinnerungen zu schwelgen« ist an sich noch keine Handlung. Damit es zu einer Handlung wird, muss ein Inhalt gegeben sein. Man gibt sich nicht einfach der Erinnerung hin. Man gibt sich der Erinnerung an eine bestimmte Sache hin, die einem am Herzen liegt. So schwelgt man vielleicht in wehmütigen Erinnerungen an seine verlorene Heimat oder gibt sich der Erinnerung an die verlorene Geborgenheit einer Familie hin.

Der Verlust von Familie löst selbst heute noch besonders bewegende Erinnerungen aus, obwohl so etwas wie Familienleben praktisch kaum noch existiert. Heutzutage verlassen die Kinder mit achtzehn das Elternhaus und kehren nur noch zu sporadischen Besuchen zurück. Die meisten Schüler, die ich unterrichte, haben kaum noch Kontakt zu ihren Familien. Doch was Familienleben bedeutet, kann man sich durch Texte wie John Van Drutens So war Mama vergegenwärtigen.

Katrin, eine Figur aus diesem Stück, erinnert sich an ihre Familie:

»Es ist merkwürdig – aber wenn ich zurückdenke, dann sehe ich Nils, Christine und mich selbst fast immer genau so, wie wir heute ausschauen. Vielleicht kommt das daher, daß Leute, die man immer sieht, in unserer Vorstellung nicht altern. Mit Dagmar ist es anders. Sie war immer die Kleinste, das Kind – und so seh' ich sie immer als Kind. Sogar Mama – es ist komisch, aber ich sehe sie nur als eine Frau um die vierzig ... Sie kann doch nicht immer vierzig gewesen sein?«

Wenn Schüler diesen Text einstudieren, versuchen sie, die damalige Zeit in ihrer Vorstellung zu erschaffen, indem sie sich ausmalen, welche Art von Kleidung die Mutter vermutlich getragen hat – sie beschreiben den Rock, die Bluse, die Accessoires, den Schmuck oder die Schuhe, die Mama trug, wenn sie »jeden Samstagabend am Küchentisch saß und das Geld zählte, das Papa in dem kleinen Briefumschlag nach Hause gebracht hatte«.

Wenn Sie einen Monolog mit Ihren eigenen Worten wiedergeben, müssen Sie bestimmte Bilder im Kopf haben. Bilder sind Worten immer vorzuziehen. Setzen Sie am besten bei der Vorstellung eines Ortes an. Angenommen, Sie befinden sich an einem Strand: Welche Merkmale des Strandes helfen Ihnen, sich an Ihre Mutter zu erinnern? Fangen Sie mit den Muscheln an. Tun Sie etwas, das Sie in die richtige Stimmung versetzt. Die Familie ist nicht mehr da. In Ihrer Erinnerung müssen Sie die Familienmitglieder wieder alle zusammenbringen.

Die Objekte, die Sie auswählen, können Ihre Arbeit erleichtern oder erschweren. Ein Radio, also etwas Mechanisches, ist zum Beispiel ein ungeeignetes Objekt. Wenden Sie sich der Natur zu. Ein Radio lässt Sie innerlich völlig kalt.

Ich erinnere mich zum Beispiel an einen Schüler, bei dem sich eine einfache Flasche Bier als wenig hilfreich erwies. Er paraphrasierte eine Passage aus William Saroyans EIN LEBEN LANG über die Kindheit auf einer Farm in Ohio und setzte sich dazu an einen Tisch auf der Bühne. Vor sich stellte er eine Flasche Bier und einen Maßkrug, füllte sich die Hälfte des Biers in den Krug, nahm einen Schluck und begann seinen Monolog, der davon handelt, wie seine Familie während der Wirtschaftskrise ihre Farm verliert und gezwungen ist, in die Stadt zu ziehen.

Zum passenden Zeitpunkt brach er den Monolog ab und wandte sich in normalem Alltagston an seinen Partner: »Damals zogen wir nach Chicago.« Dann kehrte er wieder zu dem losgelösten Erinnerungszustand zurück. Doch das Bier und der Maßkrug waren für diese Art von zarter persönlicher Erinnerung zu derb. Das Bier tat seinem Magen wohl, aber nicht seinem Vortrag.

Viele Schüler scheinen vor großen Stoffen zurückzuschrecken. Sie lassen sich nur widerstrebend auf eine tragische Dimension ein und wollen offenbar nicht anerkennen, dass in den gewöhnlichen Tatsachen einer Geschichte wie der von Saroyan größere Wahrheiten liegen können – eben solche größeren Wahrheiten wie das Bedürfnis eines Menschen nach Heimat, die traurige Zerstörung einer Familie, die Vergänglichkeit des Lebens.

Wordsworth zufolge entsteht Dichtung »aus dem in Ruhe erinnerten Gefühl«. Diese poetische Qualität fließt mit ein, wenn man sich der Erinnerung an seine Abschlussfeier in der Schule hingibt: »Was für ein Tag! Was für ein – Festsaal!« Man versucht nicht, das Ereignis als etwas Normales darzustellen. Also versucht man auch nicht, mit normaler Alltagsstimme zu sprechen. »Fand eine Abschlussfeier statt? Tatsächlich? Da steht der Apfelbaum. Da ist der Heuwagen.«

Man darf die emotionale Erinnerung nicht in die eigene Wirklichkeit transportieren. Sie muss auf der Ebene dieser inneren Ruhe lebendig werden. Versuchen Sie, die verlorene Welt neu zu erschaffen. Wie große Dichtung ist auch die Hingabe an wehmütige Erinnerungen eine Handlung, die nur von Menschen ausgeführt wird, die die Wirklichkeit nicht ertragen können.

»In Erinnerungen zu schwelgen« ähnelt dem »Träumen«. Bei beiden Handlungen verliert man das Gefühl für seinen Körper, aber Sie dürfen nicht zu angestrengt versuchen, den Effekt zu erreichen, oder zu hastig vorgehen. Sie müssen die Erinnerung auf eine Weise zum Leben erwecken, als geschähe es zum allerersten Mal. So wie das Wunder in Thornton Wilders UNSERE KLEINE STADT: Ein laufendes Kind, ein Apfelbaum – sie sind gestorben, und der Schauspieler bringt sie zurück. Der Mensch hat Zugang zu dieser zusätzlichen Dimension, zu seiner Erinnerung an die Vergangenheit, und diese zusätzliche Dimension eignet sich besonders gut für die Bühne.

Das Erinnern umfasst ein Wunder. »Und sie waren lebendig ...« Das Wunder des Lebens – das alles ist so lange her, und dennoch kann ich es sehen. Dieses Wunder müssen Sie immer wieder neu heraufbeschwören.

Machen Sie für die nächste Stunde bitte einige Übungen: Erschaffen Sie in Ihrer Vorstellung ein altmodisches Zimmer auf dem Land mit einem alten Klavier und Notenblättern, einem Nähkorb, einem Schaukelstuhl, einer Mutter, einem alten Familienalbum. Geben Sie sich der Erinnerung an das Leben zu der Zeit um 1900 hin, rufen Sie sich ins Gedächtnis, wie Sie angezogen waren, was Sie getan haben, wer am Klavier saß, bei welchen Aufgaben Sie Ihrer Mutter geholfen haben.

Erschaffen Sie einen Dachboden und führen Sie sich vor Augen, wie Sie über die quietschende Treppe hinaufstiegen, die Spinnweben sahen und den alten Schrankkoffer entdeckten. Stellen Sie sich die Gegenstände im Koffer vor: die zerbrochene Puppe oder das Foto aus dem Jahr 1900, das Sie selbst in einem festlichen Kleid zeigt.

Üben Sie, sich Erinnerungen hinzugeben, die Handlung dann abzubrechen und wieder zu ihr zurückzukehren.

10. Lektion

Ein Handlungsvokabular aufbauen

Sie sind hier, weil Sie die Schauspielkunst erlernen wollen, und ich betone immer wieder, dass ich Ihnen beibringen will, nicht zu *schauspielern*, sondern wahrhaftig zu sein und *echte Handlungen auszuführen.*

Die Anforderungen, die die Bühne an einen Schauspieler stellt, sind so vielfältig und grenzenlos wie das Leben selbst, und die Bandbreite der Handlungen, die er beherrschen sollte, ist ungeheuer groß.

Der Schauspielschüler muss anfangen, sich ein Handlungsvokabular anzueignen. Wir haben bereits einige Begriffe daraus kennen gelernt wie »reden«, »plaudern«, »Konversation machen«, »diskutieren«, »streiten« oder »wüten«. Wir haben untersucht, was es heißt, »in Erinnerungen zu schwelgen«.

Es gibt viele Handlungen, die ein Studium lohnen – wie zum Beispiel, dass man sich um etwas kümmert, dass man lernt, lehrt, studiert, sich selbst offenbart, beichtet, sich aufregt, kritisiert, trauert, wartet, unruhig, abgelenkt oder schockiert ist, betet, kauft und verkauft oder berät. Das sind einige der wichtigsten und am häufigsten eingesetzten Handlungen, aber es gibt natürlich noch zahllose weitere.

Jede findet in ganz bestimmten Umständen statt, und jede – mit Ausnahme des wehmütigen Erinnerns, der Selbstoffenbarung und des Träumens – macht es erforderlich, dass der Schauspieler mit einem Partner arbeitet. Die Umstände und der Partner verhindern, dass die Handlung jemals zu etwas Abstraktem wird. Wir haben über schwache und starke Handlungen gesprochen – die Umstände und der Partner können viel dazu beitragen, dass eine starke Handlung entsteht.

Nehmen wir zum Beispiel die Handlung, dass man »sich um ein Objekt oder eine Person kümmert«. Wenn das Objekt, sagen wir, ein kleiner Kaktus ist, so ist die Handlung äußerst schwach, weil ein Kaktus so gut wie gar keine Pflege benötigt. Wenn man sich dagegen um einen kranken Freund kümmert, wird die Handlung wesentlich stärker und interessanter.

Das Wesen der Handlung verändert sich auch je nachdem, wer sie ausführt. Wenn die handelnde Person ein Arzt ist, unterscheidet sich die Handlung von der eines älteren Immigranten oder eines Kindes.

Machen wir eine kleine Übung. Angenommen, ein Vogeljunges ist aus seinem Nest hoch oben in der Baumkrone gefallen. Der Vogel liegt hilflos auf der Erde, und es sieht aus, als hätte er sich einen Flügel gebrochen. Er wird sterben, wenn man ihm nicht hilft. Wie würden Sie sich um ihn kümmern? Wer möchte auf die Bühne gehen und es versuchen? Sehr gut!

Alle beugen sich zum Boden herunter, jeder nimmt den Vogel sehr behutsam hoch – aber achten Sie einmal darauf, was Brad gerade macht! Er breitet ein Taschentuch auf dem Boden aus, um den verletzten Vogel besser aufheben zu können. Die meisten von Ihnen scheinen ganz vertieft in die Aufgabe zu sein. Seth, Ihre Gesten wirken oberflächlich! Haben Sie sich je um ein verletztes Tier gekümmert?

Sarah, gehen Sie doch bitte einmal auf die Bühne und denken Sie sich ein kleines Stück aus, in dem Sie sich um ein Tier kümmern.

Sarah: Als ich klein war, hatte ich eine Schildkröte als Haustier. Sie hieß Gretel, und ich bin immer gern mit ihr nach draußen in den Garten gegangen. Ich stellte eine Schüssel mit Wasser für sie auf, in der sie schwimmen konnte, und legte ihr Kohlblätter zum Fressen hin. Eines Tages machte sich der Junge von nebenan mit Gretel aus dem Staub, und ich hatte Angst, dass ich sie nie wiedersehen würde. Aber Gretel fand den Weg zurück in unseren Garten, und ich war überglücklich.

Stella: Das war ausgezeichnet, Sarah. Sie haben uns ein Stück vorgestellt, das verständlich macht, was es bedeutet, sich um ein Tier zu kümmern. Durch ihre Fürsorge für die Schildkröte ist Ihnen klar geworden, dass sie ein eigenständiges Wesen ist. Außerdem haben Sie uns gezeigt, dass es keine kleinen oder banalen Geschichten gibt. Klein wird eine Geschichte nur, wenn der Schauspieler sie dazu macht.

Ich habe mehrere Konzerte von Pablo Casals besucht. Im Unterschied zu Ihnen weiß dieser weltberühmte Cellist, dass es nichts Kleines oder Unwichtiges gibt. Keine Note ist unwichtiger als eine andere.

Bislang haben wir dieses fürsorgliche Handeln auf einer einfachen menschlichen Ebene betrachtet. Wenn Sie die Handlung auf einer beruflicher Ebene – als Arzt oder Krankenschwester – ausführen sollen, müssten Sie ein Krankenhaus aufsuchen, um die Tätigkeit zu beobachten, und das Beobachtete so lange einüben, bis es Ihnen zur zweiten Natur geworden ist.

Gleichzeitig müssen Sie nach dem menschlichen Konflikt Ausschau halten. Im modernen Krankenhausalltag herrscht die Apparatemedizin vor, und auch das Verhalten von Ärzten und Patienten wird von mechanischen Abläufen bestimmt. Wir haben das Herz vergessen und kümmern uns nur noch rein mechanisch um den Menschen. Wenn Ihre Handlung darin besteht, einen Patienten zu betreuen, wird diese Aktivität eine Gegenreaktion bei ihm auslösen: »Ach, sparen Sie sich die Mühe. Sie können mir nichts vormachen. Ich weiß, ich werde nicht wieder gesund.«

Um die Gegenreaktion durch Handlungen statt durch Worte auszudrücken, würde der Schauspieler, der den Patienten verkörpert, wahrscheinlich weinen, das Gesicht abwenden oder etwas anderes tun, um uns mitzuteilen, dass der Kranke schmerzlich unter seiner Angst und Einsamkeit leidet. Ist es nicht ein besseres Stück, wenn der Arzt heiter das Zimmer verlässt und der Patient anschließend in Tränen ausbricht?

Was sagt uns das? Es macht uns klar, dass ein Konflikt zwischen dem mechanischen Krankenhausapparat und dem menschlichen Herzen besteht. Als Schauspieler müssen wir nach dem menschlichen Konflikt suchen, denn wenn Sie den Text spielen, ohne ihn zu interpretieren, geschieht nichts. Und der Patient stirbt.

Ich habe einmal eine Schülerin gefragt, was sie tun würde, wenn die Patientin, um die Sie sich bei dieser Handlung kümmern sollte, eine Schauspielerin wäre.

»Ich würde ihr alle Telegramme und Nachrichten bringen, die man in ihrer Garderobe abgegeben hätte«, erwiderte die Schülerin.

»Das ist zu viel«, erklärte ich. »Es ist zu groß. Das richtige Maß zu finden, gehört zu Ihren wichtigsten Aufgaben auf der Bühne. Sie müssen abwägen, wie viel Zeit Sie für eine Handlung auf der Bühne aufwenden können, ohne dass sie langweilig wird. Sie dürfen nicht zu viele Dinge ins Spiel bringen, die Ihnen gleichgültig sind.«

Seien Sie mit dem, was Sie auf der Bühne tun, eher sparsam als verschwenderisch. Stanislawski hat das einmal sehr schön ausgedrückt: »Wenn Sie neunundneunzig Prozent über Bord werfen, haben Sie immer noch hundert Prozent zu viel fürs Theater.«

Deshalb müssen wir die Handlungen studieren, damit wir begreifen, wie man das Wesentliche daran vermitteln kann. Um sich wirklich um einen anderen Menschen zu kümmern, müssen Sie innere Wärme entwickeln, echtes Interesse für den Patienten empfinden. Die wichtigste Zutat dieses Interesses ist Ihr eigenes Talent. Viele Schüler lassen das völlig außer Acht. Sie gehen genauso klinisch und mechanisch vor wie Ärzte.

Betrachten wir nun die Handlung »Lehren«. Diese Handlung ähnelt der des »Erklärens«. Aber sie ist wesentlich wichtiger. Wer etwas erklärt, macht einer anderen Person einfach etwas verständlich. Es geht um sachliche, handfeste Informationen.

Der Handlungsaufbau beim »Lehren« sieht folgendermaßen aus: Ich vermittle Ihnen Kenntnisse, die ich besitze, und die Sie *brauchen*. Um Ihnen etwas beizubringen, muss ich über ein bestimmtes Wissen verfügen, auch wenn es bei mir als Schauspielerin möglicherweise so weit von meiner eigenen Erfahrungswelt entfernt ist wie die Benutzung eines Maschinengewehrs oder das Schleifen von Diamanten. Wenn Sie diese Aktivitäten weder aus persönlicher Erfahrung noch aus direkter Beobachtung kennen, müssen Sie Ihre Fantasie zur Hilfe nehmen.

Eine nützliche Übung für die Handlung »Lehren« besteht darin, die Klasse darin zu unterweisen, wie man Penizillin herstellt. Ich nehme an, es befinden sich keine Naturwissenschaftler unter Ihnen, aber Sie wissen sicher im Prinzip, wie das Penizillin entdeckt wurde. Man stellte fest, dass ein Schimmelpilz, ein gewöhnlicher Schimmelpilz, über heilende Kräfte verfügte. Einfache Bauern kennen die Wirksamkeit solcher Pilze schon seit Jahrhunderten, aber die Wissenschaft hat die Eigenschaften des Penizillins erst in der Zeit zwischen den beiden Weltkriegen entdeckt.

Wer möchte uns beibringen, wie man Penizillin herstellt? Bitte, Gordon.

Gordon: Ich werde Ihnen jetzt beibringen, wie man Penizillin macht. Sie können einfach eine Scheibe Brot nehmen ...

Stella: Ich muss Sie unterbrechen. Tut mir Leid, aber das ist zu flach. Sie reduzieren die Herstellung von Penizillin auf die Ebene von »Wie stelle ich Eiscreme her?« Sie ziehen das Ganze herunter.

Sie achten nicht auf den Grund, aus dem die Schüler zu Ihnen kommen, um etwas über die Herstellung von Penizillin zu erfahren. Was macht dieses Wissen genauso wichtig wie Einsteins Relativitätstheorie? Was ist das Besondere, das es vom Durchschnitt abhebt? Darauf müssen Sie achten – und zwar mit Ihrer Seele, nicht mit Ihrem Hinterteil!

Wenn Sie einen Lehrer verkörpern, müssen Sie in direkten Kontakt mit Ihrem Partner treten. Die Verbindung, die Sie durch das Unterrichten zu seinem Innersten herstellen, fehlt hier. Wenn Ihre Handlung darin besteht, dem anderen beizubringen, wie man Penizillin herstellt, müssen Sie uns klar machen, dass es darum geht, die Menschheit zu retten. So groß muss es schon sein! Ist das klar geworden?

Sie bewegen sich nicht auf einer dramatischen Ebene. Sie bewegen sich auf einer Supermarkt-Ebene. Sie müssen sich selbst von der Wichtigkeit dieses Themas überzeugen. Vielleicht bringen Sie den Schülern bei, wie man Penizillin gewinnt, damit man es nach Afrika schicken kann. Vielleicht könnte man es in eines dieser bettelarmen Länder schicken, in denen die Kinder alle sterben, weil sie von schrecklichen Krankheiten aufgezehrt werden.

Sie müssen sich selbst von der Wichtigkeit dieser Handlung überzeugen. Wenn Ihnen das schwer fällt, sollten Sie sich fragen, was für Sie selbst, in tiefster Seele, von Bedeutung ist. Was ist Ihnen wichtig, abgesehen von Ihrer Ehe ... oder dem Wunsch, berühmt zu werden?

Sie haben gleich zu Anfang mit einer passiven Handlung begonnen und uns erzählt, was Sie tun wollen. Lehren heißt nicht, dass man den Schülern erzählt, was man über die Welt denkt. Es geht hier nicht um Einstellungen. Es gibt kein Vorgeplänkel, keine Einleitung. Der Drang, anderen beizubringen, wie man Penizillin herstellt, fängt mit Ihren wissenschaftlichen Versuchen an.

Es ist hilfreich, wenn Sie ein inneres Bild von den Umständen entwickeln – wenn Sie zum Beispiel einen Unterrichtsraum voller Studenten vor sich sehen, die keinen Platz zum Sitzen finden, weil der Raum voller Laborgeräte steht. Das erzeugt eine erwartungsvolle und gespannte Stimmung, die der Dringlichkeit Ihres Vortrags weiteren Auftrieb geben sollte.

Sie fangen direkt mit der Handlung an. Das Schauspielen ist eine äußerst disziplinierte Kunst. Sie fängt nicht an mit: »Ich bin hier, um Ihnen etwas über dieses Stück zu erzählen.« Sie fängt damit an, dass Sie Ihre Rolle verkörpern. Wenn der Vorhang aufgeht, erzählen Sie dem Publikum nicht, dass es eine Szene aus einem Stück von Tennessee Williams sehen wird. Sie fangen an, die Szene zu spielen.

Bei einer Handlung muss man wissen, *was* man tut, *wo* man es tut, *wann* man es tut und *warum* man es tut. Aber man weiß nicht, *wie* man es tut. Das *Wie* ist spontan und steckt voller Überraschungen.

Eine Handlung lässt sich in einzelne Schritte oder Abschnitte unterteilen.

Jetzt wollen wir eine Übung machen, die dazu beiträgt, die Handlung »Flüchten« besser zu verstehen.

In einem lateinamerikanischen Staat ist eine Revolution ausgebrochen. Ein Ort mit einem Kinderkrankenhaus wird von der Entwicklung überrollt. Außerhalb des Krankenhauses zerreißen Gewehrschüsse die Luft. Einige Angehörige des amerikanischen *Peace Corps*, die im Krankenhaus arbeiten, müssen sich jenseits der Grenze in Sicherheit bringen und beim amerikanischen Roten Kreuz dringend benötigte Medikamente und Geräte besorgen. Dazu ist es erforderlich, dass sie feindliches Gebiet durchqueren. Das Terrain ist schwierig und gefährlich. Die Flüchtenden müssen durch einen Sumpf, in dem es von giftigen Schlangen nur so wimmelt, und sich anschließend über Stacheldrahtbarrikaden und durch dichtes Unterholz kämpfen. Zudem werden sie einem intensiven Sperrfeuer ausgesetzt sein.

Die im Krankenhaus zurückbleibenden Kinder befinden sich in einem erbärmlichen Zustand, liegen elend auf ihren Matten und haben weder Wasser noch Nahrung. Einige brauchen dringend eine Bluttransfusion, andere Sauerstoffzelte. Die Mitarbeiter des *Peace Corps* tragen ein lebensnotwendiges medizinisches Rezept bei sich, das sie sicher und unversehrt zu den Verantwortlichen beim Roten Kreuz bringen müssen. Das Leben der Kinder hängt davon ab.

Um dem Sperrfeuer zu entgehen, flüchten sich die Angehörigen des *Peace Corps* vorübergehend in eine Lehmhütte. Einer von ihnen zieht das Rezept aus der Hosentasche und versucht, es in der dunklen feuchten Hütte zu lesen. Das zerknitterte Rezept ist schlammverschmiert und die Schrift kaum noch zu entziffern.

Auf einer Lichtung im Niemandsland erspäht einer der *Peace-Corps*-Mitarbeiter einen Rote-Kreuz-Hubschrauber in der Luft und gibt ihm hektisch Zeichen, um auf sich aufmerksam zu machen. Mitten in dieser Aktion fällt ein Schuss. Der Mann sinkt von der Kugel getroffen zu Boden und stirbt.

Diese Übung, bei der ein paar Schauspieler in einer Szene ohne Worte auftreten, dauert vielleicht zwei Minuten. Sie veranschaulicht die Fluchthandlung. Dazu gehört eine Reihe von kleineren Handlungen, die in ihrer Gesamtheit einer übergeordneten Aktivität – der Rettung der Kinder – dienen. Durch diese Übung sollen Sie lernen, unter schwierigen und veränderlichen Umständen zu arbeiten und von einem Augenblick zum anderen auf äußere Einflüsse zu reagieren. Auch wenn die Rettung der Kinder das übergeordnete Ziel ist, besteht doch das unmittelbare Ziel und somit die erste Handlungssequenz darin, über die Grenze zu kommen und Hilfe zu organisieren.

Als Schauspieler müssen Sie sich innerlich von den Umständen aufwühlen lassen, um sie zur Triebfeder Ihres Handelns zu machen. In diesem Fall sind die Umstände als solche bereits recht aufwühlend. Die Kinder sind sowohl durch das Feuergefecht als auch durch ihre Krankheit in Gefahr. Sie werden nur überleben, wenn sie die dringend benötigten Medikamente erhalten. Die Flucht durch den Sumpf ist auf Grund der Schlangen und des Sperrfeuers sehr riskant, ganz zu schweigen von dem Stacheldraht und den Landminen, die vor Ihnen liegen.

Die zweite Handlung besteht darin, die Schrift auf dem Rezept zu entziffern. Das Papier ist so durchnässt und schlammverschmiert, dass die Buchstaben nahezu unleserlich geworden sind. Sie versuchen angestrengt, sich die Anweisungen noch einmal zu vergegenwärtigen und im Gedächtnis zu behalten. Die dritte Handlung besteht darin, dass Sie sich um eine Verständigung mit dem Hubschrauberpiloten bemühen, indem Sie die amerikanische Fahne schwenken. Zur vierten Handlung gehört, dass Sie zu Boden sinken und an dem Schuss »sterben«, der abgefeuert wurde, als Sie Zeichen gaben und sich dadurch dem Kugelhagel aussetzten.

»Flüchten« im Sinne einer Handlung bedeutet, dass man vor einem beunruhigenden Gedanken oder Bild oder vor einer Gefahr davonläuft, doch ganz gleich, wohin man sich wendet, immer wieder trifft man auf die Gefahr, nimmt sie in sich auf und läuft erneut davor fort – wie in einem Spiegelkabinett, wo man immer wieder auf sein eigenes Bild stößt und keinen Ausweg findet. Die Fluchthandlung besteht darin, dass man sich von Gefahr zu Gefahr bewegt. Das ist die Handlung von Hamlet, Ophelia und Macbeth. Zum dramatischen Aufbau des Flüchtens gehört, dass es kein Entkommen gibt.

Die Übung bestärkt uns in der Überzeugung, dass unsere Hauptaufgabe als Schauspieler im *Handeln* liegt und dass dieses Handeln den Worten vorausgehen muss. Andernfalls werden die Worte falsch sein.

Die Handlung umfasst mehrere Aktivitäten – die Grenze überschreiten, das Rezept entziffern, per Zeichen um Hilfe bitten –, doch das Flüchten ist Ihre Haupttätigkeit. Diejenige Aktivität, die Sie am meisten beschäftigt, ist Ihre Handlung.

Eine Handlung muss ein bestimmtes Ziel oder Ende haben: In diesem Fall ist das Ziel, Hilfe zu organisieren. Das Ziel bestimmt über die Handlung und macht sie stark oder schwach.

Eine Handlung ist kompliziert. In diesem Fall durch das schwierige Terrain, das feindliche Gewehrfeuer, die Barrikaden.

Eine Handlung muss so wahrhaftig ausgeführt werden, dass sie während ihres gesamten Verlaufs, auch wenn die Umstände sich verändern, nichts von ihrer Überzeugungskraft verliert.

Eine Handlung muss die Möglichkeit umfassen, einen Partner einzubeziehen. Bei diesem »Partner« kann es sich um ein Objekt wie den Hubschrauber oder um eine Person wie die hilfsbedürftigen Kinder handeln.

Eine Handlung muss gerechtfertigt sein. Ich flüchte, um medizinische Hilfe für die kranken, sterbenden Kinder zu holen.

Eine Handlung muss sich durch eine bestimmte Ebene oder Stimmung auszeichnen – durch eine helle oder dunkle Stimmung oder eine Mischung aus beidem. In diesem Fall ist die Stimmung offensichtlich düster.

Eine Handlung muss von epischer Bedeutung sein: Ein Mensch opfert sein Leben, um das Leben der Kinder zu retten.

Arbeiten Sie zu zweit an dieser Übung. Bevor irgendeine Handlung beginnt, sollten Sie sich hinter der Bühne intensiv vorbereiten. Visualisieren Sie alle gegebenen Schauplätze. Ihre Haupthandlung besteht darin, den Kindern in dem belagerten Krankenhaus zu helfen. Ihr vorherrschender Gedanke sollte sein, dass die Kinder nur überleben werden, wenn es Ihnen gelingt, Hilfe zu organisieren. Je stärker Sie Ihre Fantasie in Bezug auf die Kinder aktivieren, desto stärker werden all Ihre nachfolgenden Handlungen sein.

Nachdem ich ein paar Mal auf den Tisch geklopft habe, um das Gewehrfeuer anzudeuten, öffnet sich die Tür im hinteren Teil der Bühne und zwei Schauspieler robben flach auf dem Bauch auf die Bühne. Nach einigen weiteren Schlägen auf den Tisch schieben sie sich in geduckter Haltung, um dem Gewehrfeuer auszuweichen, weiter über die Bühne.

Die Schauspieler müssen das Terrain, durch das sie sich bewegen, in jedem Augenblick rechtfertigen. Auf Ihrem Weg über die höher gelegene Bühne bis hin zum Boden des Studios durchqueren Sie den Sumpf, passieren die Stacheldrahtbarrikaden, durchqueren das Niemandsland und gelangen auf die Lichtung, wobei Sie sich die ganze Zeit der lauernden Gefahren bewusst sind – der Schlangen, der Landminen und der Gewehrsalven, die in jedem Moment das vor Ihnen liegende Erdreich aufwühlen können.

Auf der Lichtung zieht einer von Ihnen das zerknitterte Rezeptpapier aus der Tasche und versucht, die Schrift zu entziffern. Er sichtet den Hubschrauber, fängt an zu winken und gibt sich dadurch dem Gewehrfeuer preis. Er ist nur von einem einzigen, alles überwältigenden Gedanken beherrscht: dem Gedanken an die eingeschlossenen Kinder im Krankenhaus, die hilflos auf ihren Matten liegen und um Luft ringen.

Verlieren Sie Ihr Ziel keinen Moment aus den Augen. Sie sind hier, um Ihr Leben für das Wohl der Kinder zu riskieren. Was will der Autor damit zum Ausdruck bringen? Der Charakter, den er erschaffen hat, fühlt sich einer Aufgabe verpflichtet, die größer ist als er selbst. Beschwören Sie dieses Verantwortungsgefühl herauf, damit Sie es begreifen. Sie als Schauspieler können diese Art von Verpflichtung gut verstehen. Sie lässt sich mit dem Verantwortungsgefühl vergleichen, das Sie gegenüber Ihrem Beruf empfinden.

Würden Sie zu spät zu einer Vorstellung kommen? Sie haben etwas mit dem Angehörigen des *Peace Corps* gemeinsam. Wie er fühlen auch Sie sich einem höheren Ziel verpflichtet. Entscheidend ist, dass der Schauspieler das Stück in sich aufnimmt. Es ist nicht das Stück irgendeiner anderen Person. Es ist *Ihr* Stück. Um es sich anzueignen, sollten Sie überlegen, inwiefern die Handlung und die Ideen Sie selbst betreffen. »Ich werde meiner Pflicht nachkommen«, sagen Sie dann vielleicht, weil Sie wissen, dass jeder Mensch irgendwann in seinem Leben in die Situation kommt, dass an sein Pflichtgefühl appelliert wird.

Ich klopfe einmal laut auf den Tisch. Der *Peace-Corps*-Mitarbeiter erleidet einen Bauchschuss, krümmt sich vor Schmerz zusammen, fällt zu Boden und stirbt. Jeder Schauspieler muss eine lebendige Vorstellung von diesem Schock entwickeln, um den Schmerz zeigen zu können.

Dazu müssen Sie die Erfahrung durch eine »Als ob«-Vorstellung ersetzen. Es gibt schließlich bestimmte Handlungen, die wir nicht aus eigener Erfahrung kennen und wahrscheinlich auch nicht beobachtet haben. Dazu gehört das Sterben und vielleicht auch starker Schmerz. Im Fall heftiger Kopfschmerzen nutzen wir eine »Als ob«-Vorstellung – wir reagieren, als ob jemand unseren Kopf als Punching-Ball benutzen oder unsere Stirn mit einem elektrischen Schraubenzieher durchbohren würde. Je grausliger das Bild, desto besser. Ein »Als ob«, das sich als sehr hilfreich für die Darstellung des Sterbens erweist, ist die Vorstellung, die eigenen Eingeweide würden aus dem Bauch quellen und man wollte sie wieder zurückdrücken. Schließlich ist man so geschwächt, dass man einfach zusammenbricht.

Die Handlungen in dieser Szene folgen sehr schnell aufeinander, aber der Schauspieler muss sich die Zeit zur kritischen Selbstanalyse nehmen. Was hat er richtig gemacht, was falsch? Nehmen Sie sich genügend Zeit, um die Schrift auf dem Rezept zu entziffern, sonst bleibt ein Teil der Szene unvollendet.

Einer meiner Schüler ging einmal derartig in dem Versuch auf, die Aufmerksamkeit des kreisenden Hubschraubers auf sich zu lenken, dass er meine Bühnenanweisungen nicht zur Kenntnis nahm. So sehr ich mich auch bemühte, seine Aufmerksamkeit zu erregen – er sprang und winkte immer weiter, hielt dadurch die Handlung auf und verdarb die Sequenz. Ein Schauspieler muss sich immer wieder selbst korrigieren und darf nicht zulassen, das seine Emotionen die Handlung verzerren oder behindern.

Wenn Sie die Übung abgeschlossen haben, auch wenn es immer noch viel zu korrigieren gibt, beherrschen Sie ein Stück mit einem Plot und können selbstbewusst behaupten: »Wenn ich in dieser Situation wäre, könnte ich es spielen.«
Sie begreifen allmählich, dass die Wahrhaftigkeit eines Stückes sehr stark von Ihnen als Schauspieler abhängt. Zum ersten Mal im Unterricht erleben Sie Ihre eigene Begabung »in Aktion«. Ich möchte Sie warnen: Sobald Sie wahrnehmen, wie sich Ihr Talent bei der Arbeit entfaltet, hat das eine gute und eine schlechte Seite. Die gute Seite ist das Glücksgefühl, wenn Sie Ihre eigene Begabung erkennen. Die Kehrseite ist, dass diese Erkenntnis eine unvergleichliche Erfahrung ist und Sie nie wieder mit etwas anderem zufrieden sein werden.

Gehen Sie in Ihrer Fantasie immer wieder die gesamte Fluchtszene durch, von dem behelfsmäßigen Krankenhaus über das südamerikanische Dorf bis zum gesamten Terrain, das Sie durchqueren müssen.

Stellen Sie sich bildhaft vor, wie die Lehmhütte aussieht. Woher kommt das Licht? Wie hoch ist die Hütte? Wie viel Platz bietet sie? Können Sie aufrecht stehen?

Erschaffen Sie die Wahrheit des Augenblicks immer wieder neu, von der Lichtung im Dschungel bis zur Sterbeszene.

Üben Sie, aus unterschiedlichen Situationen zu flüchten – aus einem Zimmer voller Gas, aus einem brennenden Haus, vor einer Jugendbande, die Sie angreift, oder aus dem Gefängnis.

Denken Sie immer daran, dass die Handlung »flüchten« darauf aufbaut, dass es kein Entrinnen gibt. Jenseits des Sumpfes wartet der Stacheldraht auf Sie, hinter dem Stacheldraht das Niemandsland. Sie können der Bedrohung, vor der Sie flüchten, nicht entrinnen. Sie sind quasi an einen Stuhl gefesselt und die Flucht aus dieser Situation ist eine Frage auf Leben und Tod, aber Sie sind zum Scheitern verurteilt. Die Kakerlake, die Sie vertreiben wollen, verschwindet nicht. Ganz gleich, wohin Sie sich auf der Suche nach einem Ausweg wenden, es wartet schon ein größeres Hindernis auf Sie.

11. Lektion

Sofortige und innere Rechtfertigungen

Beim Schauspielen fuhren wir in erster Linie eine Handlung aus. Unsere zweite Aufgabe ist es, einen Grund für dieses Handeln zu schaffen. Das nennt sich Rechtfertigung – und bevor wir in unserer Analyse von Handlungen fortfahren, müssen wir diesen Aspekt genauer untersuchen.

Die Rechtfertigung liegt nicht in den Textzeilen, sondern in Ihnen. Was Sie als Rechtfertigung wählen, sollte Sie innerlich berühren, sollte Ihnen helfen, die Handlung und das Gefühl zu erleben. Wenn dieses innere Erleben ausbleibt, haben Sie eine schlechte Wahl getroffen. Sie bleiben kalt und unbewegt. Sie müssen etwas wählen, das Sie aufrüttelt. Ihre Begabung zeigt sich darin, wie klug Sie Ihre Rechtfertigung wählen. Ihre Rechtfertigung bestimmt über das Format Ihrer Handlungen. Sie müssen jede Handlung, die Sie ausführen, zu etwas Großem machen, ihr ein episches Maß verleihen.

Diese Art der Arbeit lässt Sie wachsen. Ihre Erfahrungen auf der Bühne treiben Ihre Entwicklung stärker voran als Ihre Erfahrungen im Leben. Die Ideen, die Sie aus den Stücken aufnehmen, machen Sie größer.

Der Rechtfertigungsprozess setzt sich ununterbrochen fort, solange der Schauspieler auf der Bühne steht. Die ständige Suche nach Begründungen für alles, was Sie auf der Bühne tun, sorgt dafür, dass Ihre Handlungen wahrhaftig bleiben. Dieser kreative Teil Ihrer Arbeit, die Rechtfertigung, ist das, wovon Sie im Theater leben.

Es gibt zwei Arten von Rechtfertigungen, nämlich sofortige und innere Rechtfertigungen.

Die sofortige Rechtfertigung liefert einen unmittelbaren Grund für Ihr Handeln. Dadurch wird das abstrakte Element beim Schauspielen beseitigt. Was tue ich, wenn ich dich liebe? Ich singe mit dir, ich tanze mit dir. Ich helfe dir in den Mantel. Ich schenke dir eine Blume.

Die Verkörperung von Gefühlen ist im Theater von wesentlicher Bedeutung, und je detaillierter diese Verkörperung oder Begründung ist, desto besser. Wenn Sie einen Korb in die Bühnenhandlung eingeführt haben, wollen wir wissen, wie schwer der Korb ist, was sich darin befindet, wem er gehört, warum er auf dem Regal stand.

Warum öffnen Sie das Fenster? Ein Beispiel für eine sofortige Rechtfertigung wäre: »Weil ich frische Luft schöpfen wollte«, oder: »Weil ich nachschauen wollte, wodurch das laute Krachen draußen verursacht wurde«. Warum schließen Sie das Fenster? »Damit keine Fliegen hereinkommen«, wäre eine sofortige Begründung. »Damit die Rollläden nicht im Windzug klappern«, eine weitere.

Sofortige Rechtfertigungen erklären die unmittelbare Notwendigkeit. Sie beantworten die Frage nach dem *Warum*, nachdem wir die Fragen nach dem *Wer, Was, Wo* und *Wann* gestellt haben.

Warum haben Sie die Tür zur Garderobe geschlossen? »Ich habe mich umgezogen.« – »Die Türangel hat gequietscht.« – »Ich brauchte die Türstopper, die sie offen gehalten haben, als Requisiten.« – »Weil ich die Kollegen mit meinem neuen Kostüm überraschen wollte.« – »Um die Probenmusik nicht hören zu müssen.« Das sind lauter spontane Rechtfertigungen für die Handlung des Türschließens. Sie sind nicht tiefgründig, aber plausibel.

Sofortige Rechtfertigungen dürfen nicht zu kompliziert sein. Man sollte nicht sagen: »Ich habe die Tür geschlossen, weil auf dem Flur ein Schauspieler stand, den ich nicht sehen wollte.« Das ist ein Beispiel für eine so genannte doppelte Fiktion. Eine Person, über die wir unmöglich irgendetwas wissen können, ist unnötigerweise ins Spiel gebracht worden. In diesem Fall geht die sofortige Rechtfertigung verloren.

Wer kann mir drei Gründe dafür nennen, weshalb man ein Glas Wasser haben möchte?

Jennifer: Ich muss meine Tabletten nehmen.
Stella: Gut.
Anne: Ich möchte gurgeln.
Stella: Prima.
Robert: Ich habe Durst.

Stella: Ich weiß, das klingt einleuchtend, aber es ist keine gute Begründung. Warum ist »Ich habe Durst« keine gute Rechtfertigung? Weil es zu subjektiv ist. Es ist ein Zustand. Sie müssen eine Rechtfertigung finden, die Sie zum Handeln veranlasst. »Ich brauche Wasser, um meinen Drink zu verdünnen.« – »Ich brauche Wasser, um den Fleck aus meinem Kleid zu wischen.« – »Ich brauche Wasser, um eine Aspirin zu schlucken.«

Vermeiden Sie bei sofortigen Rechtfertigungen eine subjektive Begründung. Warum klopfe ich auf den Tisch? Ich werde Ihnen mehrere Rechtfertigungen geben, und Sie sollen mir sagen, welche nicht akzeptabel ist: »Ich klopfe auf den Tisch, weil ich Ihre Aufmerksamkeit auf mich lenken möchte.« – »Weil ich eine Kakerlake erschlagen will.« – »Weil ich wütend bin.«

Das war nicht schwer, oder? Wenn ich sage, ich sei wütend, denke ich mir eine Begründung aus, die aus meinen Gefühlen erwächst. Sie dürfen für eine sofortige Rechtfertigung nicht die eigenen Emotionen heranziehen. Sie müssen bei den unmittelbaren Umständen ansetzen, bei etwas, das sich für ein spontanes Handeln anbietet.

Warum öffnen Sie die Schreibtischschublade? »Weil ich einen Stift brauche.« – »Um meine Schlüssel herauszuholen.« – »Weil ich Briefmarken für ein Schreiben brauche.« – »Um zu sehen, ob der Griff repariert worden ist.« Jede Rechtfertigung muss eine Logik beinhalten, die Sie erweitern können. »Ich brauche einen Stift und einen Block, um einen Brief zu schreiben.« – »Ich brauche die Schlüssel, damit ich den Schreibtisch abschließen und das Haus verlassen kann.«

Sogar bei den profansten Alltagstätigkeiten müssen Sie den Rechtfertigungsprozess die ganze Zeit über fortsetzen. Er ist Ihr wichtigstes Mittel, um Handlungen und Gefühle zu wecken.

Stellen Sie sich vor, der vor uns liegende Raum wäre ein Garten mit Bäumen und mit einem Teich. Stellen Sie sich vor, Sie könnten in diesem Raum drei Dinge tun, und denken Sie sich für jede Tätigkeit eine Rechtfertigung aus. Wenn Sie sofortige Rechtfertigungen üben, dürfen Sie nur Gründe heranziehen, die sich direkt aus der konkreten Situation ergeben.

»Ich werde auf einen Baum klettern.« Diese Aussage beschreibt eine Handlung, ohne einen bestimmten Grund dafür anzugeben. Das ist nicht genug. Es wird keine Erklärung für das Warum geliefert. »Ich werde auf einen Baum klettern, um mir einen Apfel zu pflücken.« Jetzt haben wir die Rechtfertigung.

Manchmal neigen Schüler dazu, eine Begründung auszuweiten, indem Sie etwas hinzufügen wie: »Ich will auf den Baum klettern, um einige

Äpfel zu pflücken und sie meinen Freunden zu schenken.« Die Freunde werden unnötigerweise ins Spiel gebracht. Sie gehören nicht in den unmittelbaren Zusammenhang. Sie sind ein Beispiel für eine doppelte Fiktion.

Um eine sofortige Rechtfertigung zu liefern, dürfen Sie nur etwas benutzen, das quasi direkt vor Ihrer Nase liegt. Sie könnten sagen: »Ich werde auf den Baum klettern, um mir einen schönen, saftigen Apfel zu pflücken, der mir köstlich munden wird.« So verleihen Sie dem Apfel etwas von der lebendigen Atmosphäre des Ortes. Die Erklärung, man wolle seinen Freunden ein paar Äpfel schenken, ist dagegen eine rein künstliche Handlung.

Spielen Sie einige weitere Tätigkeiten in diesem Garten am Teich durch. Warum halten Sie die Hand ins Wasser? Ganz einfach – »um zu sehen, wie es sich anfühlt«. Wenn Sie diesen logischen Gedankengang fortsetzen, stoßen Sie automatisch auf weitere mögliche Handlungen, die Sie unter den gegebenen Umständen ausführen können. Warum haben Sie Ihre Hand abgewischt? Die einfachste Antwort lautet: »Weil sie nass ist.« Eine etwas kompliziertere, aber annehmbare Antwort wäre: »Weil das Wasser schleimig war.«

Warum greifen Sie mit der rechten Hand nach unten? Nicht, um sich ein Streichholz zu nehmen, das Sie an diesem Schauplatz nicht brauchen und das nicht zur Logik der Situation passt. Greifen Sie stattdessen nach einem Gegenstand, den Sie brauchen, wenn Sie in der Sonne liegen – wie etwa nach einer Sonnenbrille oder einer Flasche Sonnenmilch. Halten Sie sich an die Logik der gegebenen Umstände.

Es besteht keine Notwendigkeit für eine besonders ausgeklügelte Handlungsbegründung. Sie setzen sich nicht unter den Baum, »weil das grelle Sonnenlicht, das vom Teich reflektiert wird, Sie sonst blenden würde«. Das ist zu übertrieben – und ein weiteres Beispiel für eine doppelte Fiktion, die keine sofortige Rechtfertigung liefert, sondern nur zu einer verstärkten Künstlichkeit der Handlung führt.

Sie ziehen Ihren Pullover aus, weil Sie schwitzen, nicht um es sich »bequem zu machen«. Statt: »Mir ist schrecklich heiß«, sollten Sie lieber etwas sagen wie: »Die Bluse klebt mir am Leib. Ich muss sie wechseln und ein Bad nehmen.« Vermeiden Sie Begriffe wie »bequem«, »angenehm«, »blendend« oder »schön«, weil Sie sich damit zu weit von der spontanen Aktivität entfernen.

Wenn Sie zu viel darüber reden, was sie tun, tun Sie es nicht – und dann entgeht Ihnen die sofortige Rechtfertigung für Ihr Handeln.

Rechtfertigungen können logisch und gängig oder kreativ und ungewöhnlich sein. Eine ungewöhnliche Rechtfertigung für die Handlung, dass man einem Mann über die Straße hilft, wäre zum Beispiel: »Er ist blind, und außer mir hat sich niemand um ihn gekümmert.«

Ihre Entscheidung für eine bestimmte Rechtfertigung schließt immer mit ein, dass Sie voll und ganz von Ihrer abgegebenen Erklärung überzeugt sind. Sie müssen jede Rechtfertigung in Ihrer Fantasie durchgespielt haben, damit sie persönlicher und individueller wird und dadurch interessanter und lebendiger für das Publikum.

Warum lesen Sie dieses Buch? »Weil es von Anthropologie, meinem Studienfach, handelt.« Eine bessere Begründung wäre: »Weil es von der Schauspielmethode handelt, die ich gerade erlerne.« Warum reparierst du den Stuhl? »Weil es eine Antiquität ist, die ich dem Museum stiften kann.«

Warum ziehst du den Schuh aus? Sie könnten sagen: »Weil er zu eng ist«, aber eine interessantere Antwort wäre: »Damit meine arthritischen Zehen besser durchblutet werden.«

Sie müssen Rechtfertigungen wählen, auf die Sie spontan reagieren. Sie müssen glauben, was Sie sagen. Durch Rechtfertigungen erfüllt der Schauspieler seine wahre Aufgabe im Theater, weil er dadurch den Text lebendig macht. Ein Schauspieler, der seine Fantasie nicht spielen lässt, leistet keinen Beitrag.

Die Rechtfertigung muss auf einer bestimmten Ebene ansetzen – auf einer hellen, dunklen oder mittleren Ebene. Auf einer dunklen Ebene bewegen Sie sich zum Beispiel, wenn Sie einen Wintertag auf der Bowery oder eine Lawine in den Alpen beschreiben. Von diesen Schauplätzen geht etwas Bedrohliches aus. Sie können diese Atmosphäre verstärken, indem Sie weitere Details hinzufügen – nach dem Lawinenunglück müssen die Leute in wärmende Handtücher und Decken gehüllt werden; man muss sich einen Weg durch umgestürzte Bäume und durchs Unterholz bahnen, um das Krankenhaus zu erreichen.

Das Hinzufügen von aufwühlenden Details beeinflusst die Emotionen des Schauspielers. Die richtige Ebene hängt immer von den gegebenen Umständen ab. Durch das Ausführen von Handlungen, die sich auf sofortige Rechtfertigungen stützen, steht der Schauspieler nicht länger unter dem starken Druck, auf amorphe und unzuverlässige Gefühle zurückgreifen zu müssen. Menschen »schauspielern« nicht. Sie erleben etwas. Sie erleben einen bestimmten Augenblick, dann den nächsten und so weiter. In der Rechtfertigung zeigt sich die Begabung des Schauspielers. Begeben Sie sich nicht auf eine Ebene, auf die Ihre Begabung Ihnen unmöglich folgen kann.

Würde sich einer von Ihnen jetzt bitte auf den Bühnenrand setzen?

Stella: Andrew, warum sitzen Sie auf dem Bühnenrand?

Andrew: Ich sitze hier, weil der Platz mir eine bessere Perspektive auf die Bühne eröffnet.

Stella: Streichen Sie das alberne Intellektuellen-Wort »Perspektive«

und sagen Sie stattdessen ganz einfach: »Ich sitze hier, weil ich die Bühne sehen will.«

Eine Begründung wie »Der Platz eröffnet mir eine bessere Perspektive auf die Bühne« enthält keine Worte, die eine lebendige Vorstellung in Ihnen wecken. Vermeiden Sie Ausdrücke, die Sie kalt lassen. Wenn Sie etwas sehen, müssen Sie dafür sorgen, dass ich es auch sehe. Das wird Ihnen nicht gelingen, wenn Sie kalte, vage Formulierungen wählen.

Die physische, ausführbare Seite des Schauspielens ist das, was zählt. Wenn Sie etwas Interessantes in der Zeitung lesen, reißen Sie den Artikel heraus. Diese Aktion sagt uns etwas.

Wenn ein Schauspieler auf der Bühne sich nicht selbst schützt, indem er physische Handlungen ausführt, wird man ihn leicht beim »Schauspielern«, beim Vortäuschen einer Stimmung ertappen. Anstatt sich selbst zu schützen, indem er einen Brief aufnimmt oder die Schlüssel beiseite legt oder nachsieht, ob das Licht brennt, ertappen wir ihn bei dem Versuch, uns Gefühle vorzuspielen. Dadurch wird zwar die Stimmung des Stückes wahrnehmbar, aber nichts von seiner Lebendigkeit. Und das ist die Leistung, die wir gar nicht genug rühmen können – wenn es gelingt, ein Bühnenstück lebendig zu machen.

Halten Sie sich selbst immer – *immer!* – aus der Darstellung heraus. Prägen Sie sich ein, dass Ihre eigene Person unwichtig ist. Die Welt ist wichtig. Ich mag schön sein, aber es ist nicht meine Schönheit, die für mein Handeln bedeutsam ist. Was zählt, ist nicht meine eigene Schönheit oder mein persönliches Leiden, sondern einzig und allein mein Handeln. Im Leben wie auf der Bühne geht es nicht darum, was ich *bin*, sondern was ich *tue* – daran bemisst sich mein Wert und das ist das Geheimnis meines Erfolgs. Alles Übrige ist Protzigkeit, Arroganz und Einbildung.

Ich werde Ihnen jetzt eine Frage stellen und möchte, dass Sie mir eine sofortige Rechtfertigung liefern. Warum beklagen Sie sich darüber, dass Sie morgens aus dem Haus müssen?

Jane: Weil der Fahrstuhl zehn Minuten braucht, um die siebte Etage zu erreichen, und ich hasse es, sieben Stockwerke nach unten laufen zu müssen, bevor ich auf der Straße bin.

Stella: Prima, Jane. Das ist eine starke und stimmige Rechtfertigung, aber sie birgt auch eine Gefahr.

Sobald Sie in der ersten Person Singular sprechen oder sehr gefühlsbetonte Begriffe wie »lieben« und »hassen« verwenden, stellt die Rechtfertigung höhere Ansprüche. Sie müssen einen Preis dafür bezahlen, wenn Sie »Ich« sagen. Sie haben quasi den Einsatz erhöht und müssen mehr in Ihre Rechtfertigung investieren.

Also gut, ich habe eine weitere Frage und möchte Sie bitten, mir mehrere sofortige Rechtfertigungen zu geben. Warum hat Brad der Person über die Straße geholfen?

Jennifer: Weil Brad immer sehr hilfsbereit ist.

Stella: Wenn man keine starke Rechtfertigung vorträgt, sollte man Wörter, die mit »helfen«, »fühlen«, »lieben« oder »kümmern« zusammenhängen, besser vermeiden. Sie sollten sich auf die Umstände konzentrieren, auf den Schauplatz und auf das, was Sie tatsächlich sehen. Sie können nicht sehen, dass Brad immer sehr hilfsbereit ist. Uns interessiert mehr, was er getan hat.

Hören wir uns eine weitere Rechtfertigung an:

Andrew: Es war sonst niemand da.

Stella: Das bringt uns auch nicht sehr viel weiter.

Anne: Er hat der Person über die Straße geholfen, weil sie ihn an seine Mutter erinnert hat.

Robert: Er hat der Dame über die Straße geholfen, weil sie ihn zu einer Party eingeladen hat.

Stella: Diese Antworten waren allesamt künstliche Plots – Mutmaßungen über eine unbekannte Vorgeschichte, von der wir nichts wissen können. Sie alle weichen der Notwendigkeit aus, konkret zu werden und die Handlung zu visualisieren. Warum weichen Sie einem Stoff aus, den Sie beherrschen können, und wählen stattdessen einen Stoff, der außerhalb Ihrer Kontrolle liegt? Ihre Antworten waren journalistisch und falsch. Nützlicher wäre eine Antwort gewesen wie: »Er hat dem Mann über die Straße geholfen, weil er gesehen hat, dass der humpelnde, alte Mann große Mühe hatte, seine schweren Pakete zu tragen.«

Warum deckst du den Tisch? Wenn ich antworte: »Weil mein Freund kommt«, habe ich die Handlung und die Rechtfertigung geschwächt. Die Begründung enthält nichts von der Aufgeregtheit, die mitschwingt, wenn ich etwas sage wie: »Es klingelt an der Tür, und der Tisch ist noch nicht gedeckt«, oder: »Das Telefon läutet. Ich weiß, es ist meine Mutter, und ich muss ihr beichten, dass ich den Tisch noch nicht gedeckt habe.« Das Läuten des Telefons regt mich zum Handeln an. In beiden Fällen werden lebendige und unmittelbare Umstände angesprochen, die eine spontane Rechtfertigung dafür liefern, dass ich den Tisch decke.

Stella: Andrew, warum schalten Sie das Licht aus?
Andrew: Weil ich müde bin.
Stella: Das ist eine künstliche Begründung. Versuchen Sie es noch einmal.
Andrew: Ich lasse eine Überraschungsparty für meine Freundin steigen.
Stella: Das ist besser, aber Sie können die Erklärung noch spannender klingen lassen: »Wir wollen alles ganz dunkel machen. Löscht alle Lampen im Raum. Es ist eine Überraschungsparty.«

Mit anderen Worten: Geben Sie eine Erklärung, die Sie konkret umsetzen können. Aber begeben Sie sich nicht auf eine Ebene, bei der Ihre Begabung Ihnen nicht folgen kann. Wie viele von Ihnen spielen ein Instrument? (*Mehrere Schüler heben die Hand.*)

Dann wissen Sie, dass jedes Instrument einen bestimmten Tonumfang hat und dass es Tonleitern gibt: C, D, E, F. Warum wollen Sie ein Instrument spielen, ohne sich mit Tonleitern zu befassen? Wenn Sie nicht wissen, was Halbtöne oder eine Zwölftonreihe sind, sollten Sie nicht darauf bestehen, sie zu spielen.

Mit der spontanen Rechtfertigung starten Sie den Motor. Um ihn am Laufen zu halten, brauchen Sie eine innere Rechtfertigung. Eine sofortige Rechtfertigung hat keine Auswirkungen auf mein Inneres. Das ist bei der inneren Rechtfertigung anders. Sie berührt und bewegt mich. Die innere Rechtfertigung ist der Beitrag des Schauspielers zum Text des Autors.

Innere Rechtfertigung bedeutet, dass man eine Beziehung zu dem herstellt, was sich hinter dem Text verbirgt. Sie hat weniger mit dem Objekt zu tun als vielmehr mit der Frage, warum das Objekt auf eine bestimmte Weise benutzt oder warum die Handlung auf bestimmte Weise durchgeführt wird. Das *Warum* ist der individuelle und ganz eigene Beitrag des Schauspielers. Der Autor liefert den Entwurf für das Stück, aber der Schauspieler gibt ihm seine eigentliche Bedeutung. Wenn ich zu jemandem sage: »Sie sollten nicht so hetzen«, bringe ich in Wahrheit zum Ausdruck: »Sie sind zu ungeduldig.«

Eine Szene auf einem Krankenhausflur. Laut Manuskript fragt der Arzt die Krankenschwester: »Haben Sie ihm seine Medizin gegeben?« »Nein«, antwortet sie, aber ihre Antwort hat viel mehr Gewicht als die reine Tatsachenfeststellung, weil sie sich auf die innere Rechtfertigung stützt, dass der Patient aufgehört hat zu atmen.

In einem Restaurant fragt ein Mann seine Begleiterin, ob sie Zucker möchte. »Nein, danke«, erwidert sie. Die Überzeugungskraft ihrer Antwort gründet sich auf die innere Rechtfertigung, dass sie Diabetes hat.

Im Unterricht könnte ich mich zum Beispiel an Pearl, meine Assistentin, wenden, die wie ich ein schwarzes Kleid trägt, und zu ihr sagen: »Bitte, trag kein Schwarz.« Das ist nur eine einzige Zeile. Doch was ich eigentlich sage, mein innerer Monolog, klingt folgendermaßen: »Ich möchte nicht, dass die Schüler immer nur schwarz gekleidete Lehrer sehen, weil es deprimierend ist.«

Vor Pearl gebe ich diese innere Motivation nicht preis, aber sie liegt den Worten zu Grunde, und das Publikum muss verstehen, dass sie den Worten zu Grunde liegt. Angenommen, ich sage zu einer Schülerin: »Ich möchte, dass Sie keine Faltenröcke mehr tragen.« Dann bringe ich eigentlich zum Ausdruck, dass sie sich daran gewöhnen sollte, ihren Kleidungsstil häufiger zu verändern, wenn sie Schauspielerin werden will.

Oder ich könnte sagen: »Es wäre besser, wenn Sie Ihr Haar zu Zöpfen flechten würden.« Meine innere Rechtfertigung lautet: »Wenn Sie Ihr Haar zu Zöpfen flechten, fühlen Sie sich wahrscheinlich an den Stil einer anderen Epoche erinnert, was Ihnen wiederum die nötige Ruhe für die Darstellung dieser Rolle geben würde.«

Wenn ich erkläre: »Jennifer, ich möchte, dass Sie aufhören, sich Notizen zu machen«, meine ich eigentlich: »Sie konzentrieren sich ausschließlich auf Ihre schriftlichen Aufzeichnungen und schenken dem Unterricht zu wenig Beachtung. Sie benehmen sich wie ein Schulmädchen, und ich möchte, dass Sie damit aufhören.«

Der Autor gibt den Beitrag des Schauspielers nicht vor. Der Monolog des Schauspielers ist die innere Rechtfertigung. Diese Rechtfertigung ist ein fortlaufender Prozess. Was in Ihnen vorgeht und was Sie tatsächlich aussprechen, sind natürlich zwei Paar Schuh. Ich könnte mich zum Beispiel an einen Schüler wenden und sagen: »Wie geht's? Schön, dass Sie den Unterricht nicht versäumen.« Innerlich schimpfe ich vielleicht: »Er ist ein Streber. Er schnipst ständig mit dem Finger. Ich finde ihn langweilig.«

Man muss sich die ganze Zeit über rechtfertigen. Während man die Beziehung zum Bühnenpartner, zu den gegebenen Umständen und den Requisiten rechtfertigt, muss der Motor immer weiterlaufen. Wenn die Rechtfertigung abbricht, erkaltet man innerlich und das Ergebnis sind blutleere Gestalten auf der Bühne. Ich sage vielleicht zu einem Schauspieler: »Ich möchte mal mit Ihnen sprechen.« Das ist alles, aber der innere Monolog läuft folgendermaßen: »Mir ist aufgefallen, dass Sie sich wie ein typischer Einzelgänger verhalten. Ihre Einsamkeit umgibt Sie wie ein Zaun aus Eiszapfen. Ich möchte diese Eiszapfen einreißen.«

Wie tief die innere Rechtfertigung geht, liegt allein bei Ihnen. Dafür gibt es keine Regeln oder Grenzen. Anne, gehen Sie bitte auf die Bühne!

Stella: Haben Sie Fotos von Ihrer Familie?
Anne: Ja.
Stella: Halten Sie sich selbst für sehr modern?
Anne: Nein, überhaupt nicht.
Stella: Habe ich oft mit Ihnen gesprochen?
Anne: Nicht persönlich.
Stella: In Ordnung, jetzt werde ich Ihnen sage, was ich gedacht habe. Ich habe die erste Frage gestellt, weil Sie ein Gespür für traditionelle Kleidung zu haben scheinen. Sie sind von einer anderen Generation beeinflusst. Was ich dachte, als ich Ihnen die zweite Frage stellte, war, dass Sie wie eine Figur aus einem altmodischen Gemälde wirken. Das war kein reines Kompliment, weil ich auch dachte, dass Sie dieses Bild durcheinander bringen, weil Sie dazu die Pullover einer anderen Generation tragen. Wie Sie sehen, ging das Ganze immer tiefer. Bei der letzten Frage dachte ich: »Sie haben sich dem Schauspielerleben noch nicht hingegeben. Sie haben sich der großen Masse noch nicht angeschlossen. Sie verhalten sich wie ein Gast. Sie suchen nicht den Kontakt von Schauspieler zu Schauspieler. Deshalb habe ich nicht mit Ihnen gesprochen.«

Die Antworten auf diese Fragen müssen ebenfalls eine innere Rechtfertigung erhalten. Wenn Sie direkt und rein sachlich darauf antworten, wird eine langweilige Schauspielerin aus Ihnen.

Eine Frage wie: »Wohnen Sie zu Hause?« lässt sich auf unterschiedliche Art, in unterschiedlichem Ton und mit unterschiedlichen Bedeutungsnuancen beantworten. Erfolgreich ist eine Schauspielerin, wenn sie bei ihrer Antwort noch einmal die Motivation durchlebt, die sie zu Hause ausziehen ließ. Durch ihre Antwort kann sie zu verstehen geben, warum sie ausgezogen ist.

Was Sie in sich selbst zum Leben erwecken, ist Ihr Beitrag zu den Worten. Sie können nicht einfach Fakten wiedergeben, ohne etwas Eigenes hinzuzufügen. Rechtfertigung verwandelt Fakten in Erfahrungen. Jeder rechtfertigt sein Handeln entsprechend seinem Talent, und die Rechtfertigung *ist* sein Talent.

Wenn Sie Ihre Handlungen nicht rechtfertigen, wird man Sie beim »Schauspielern« ertappen. Bei Shakespeare finden Sie in jeder Zeile eine Handlungsanweisung. In modernen Stücken bleibt es hingegen Ihnen überlassen, was Sie tun, doch ohne eine angemessene sofortige und innere Rechtfertigung bleibt es hohl.

Sie dürfen sich im modernen Theater nicht beim »Schauspielern« erwischen lassen, weil der Zuschauer erwartet, dass die dargestellten Figuren so aussehen und sich so verhalten wie er selbst – oder wie seine Tante oder sein Cousin. Vor 1860 hat im Theater kein Schauspieler so ausgesehen wie das gewöhnliche Volk. Oder so gesprochen. Die Schauspieler sprachen in Versen und traten so aristokratisch oder vornehm auf, dass man sie mühelos von normalen Sterblichen wie Ihnen unterscheiden konnte.

Sie gehören zu der demokratischen Welt, die nach 1860 entstand. Ihre Ästhetik und Ihr Stil müssen von einer solchen Klarheit sein, dass Ihre Stimme oder Ihr Auftreten keine Spur von Künstlichkeit aufweisen. Wenn Sie aufhören zu »schauspielern« und stattdessen handeln, wird das Unechte von Ihrem Handeln absorbiert. Durch das Rechtfertigen Ihres Handelns vermeiden Sie, dass Sie etwas andeuten oder markieren, denn das ist das Allerschlimmste, was Sie im modernen Theater tun können.

Mit den folgenden Übungen können Sie Ihr Verständnis von Rechtfertigungen vertiefen. Nennen Sie mir fünf Gründe für die folgenden Handlungen: Warum haben Sie jemandem ein Kompliment gemacht? Warum haben Sie gekündigt? Warum haben Sie der Person über die Straße geholfen? Warum ist der Mann so schnell über die Straße gelaufen? Warum hat die Mutter das Paket im Kaufhaus liegen gelassen?

Nennen Sie fünf Gründe, weshalb Sie das Fenster öffnen und schließen.

Finden Sie heraus, wie Sie handeln, wenn Sie durch bestimmte Umstände überglücklich, fürchterlich wütend oder hocherfreut sind.

Setzen Sie auf einer dunklen Ebene an und nennen Sie zehn unterschiedliche Begründungen für den Satz: »Darüber wird er froh sein.«

Nennen Sie fünf Gründe dafür, weshalb man sich im Theater, in einer Geschichte oder in der U-Bahn beklagt.

Eine Frau betritt ein Lebensmittelgeschäft. Stellen Sie sich vor, was sie einkaufen will und warum sie es einkaufen will.

Beantworten Sie die folgenden Fragen über einen Korb: Was für eine Art Korb ist es? Wie schwer ist er? Was befindet sich darin? Wem gehört er? Warum steht er auf dem Bord?

Nehmen Sie eine Pose ein. Entspannen Sie alle Muskeln, außer denen, die Sie für diese Pose anspannen müssen. Begründen Sie die Pose. Beispiel: Sie heben die Hand. Warum? Um die Wäsche aufzuhängen. Oder um zu verhindern, dass der Korb herunterfällt.

Nehmen Sie vier Posen ein, rechtfertigen Sie jede einzelne und verknüpfen Sie dann alle Begründungen.

Beispiel:

1.) Heben Sie die rechte Hand.
2.) Legen Sie die Hand auf die Stirn.
3.) Stecken Sie die linke Hand in die Hosentasche.

Die Rechtfertigungen lauten:

1.) Weil Sie um Ruhe im Publikum bitten wollen.
2.) Weil Sie sich den Text ins Gedächtnis rufen wollen.
3.) Weil Sie nach Ihren Notizen suchen.

Zum Schluss einige Textzeilen. Arbeiten Sie in Zweiergruppen zusammen und stellen Sie die Sätze für uns auf der Bühne dar. Auf den ersten Blick ergeben sie nicht viel Sinn. Es ist Ihre Aufgabe, eine innere Rechtfertigung für die Zeilen zu finden. Geben Sie ihnen eine logische und zwingende Begründung:

»Ich würde dort nicht hineingehen, wenn ich du wäre.«
»Wie lange verhält sie sich schon so?«
»Die Flecken sind immer noch auf Ihrem Kleid.«
»Ist er schon gegangen?«
»Ich hörte vor Stunden, wie eine Tür zugeknallt wurde.«
»Aber ich bin mir sicher, dass der blaue Wagen ihm gehört.«

12. Lektion

Handlungen komplexer machen

Es reicht nicht, Handlungen zu studieren; es reicht auch nicht, sie zu verstehen. Sie müssen sie beherrschen, sie sich völlig zu Eigen machen. Dies bereitet uns auf die Arbeit mit dramatischen Texten vor, denn auch diese werden wir beherrschen müssen, ebenso wie deren Autoren.

Sie hören mich nicht viel über Gefühle sprechen. Das tue ich deshalb nicht, weil Gefühle nicht spielbar sind. Handlungen sind spielbar; und wenn Sie sie richtig spielen, lösen diese Handlungen Gefühle aus.

Während ich mit Stanislawski in Paris arbeitete, erklärte er mir immer wieder, wie wichtig die Vorstellungskraft sei und wie wichtig es sei, sie auf der Bühne zu nutzen. Er erläuterte genau, wie wichtig es sei, die Situationen zu nutzen. Er sagte, *wo* man sei, bestimme, *was* man sei und *wie* man sei und was man sein könne. Sie sind an einem Ort, der Sie trägt, der Ihnen Stärke verleiht, der es Ihnen ermöglicht, das zu tun, was Sie tun wollen.

Alle Gefühlsregungen, die Ihnen abverlangt werden, können Sie mittels Ihrer Vorstellungskraft und den Situationen des Stückes erzeugen. Sie müssen begreifen, dass Sie auf der Bühne nur dann wahrhaftig wirken, wenn Sie sich in diesem Kontext bewegen.

Wenn Sie eine Handlung brauchen, die Sie im Stück nicht finden, können Sie auf Ihr eigenes Leben zurückgreifen – aber nicht auf ein Gefühl, sondern auf eine ähnliche Handlung. Sie haben eine persönliche Erfahrung mit einer ähnlichen Handlung, auf die Sie emotional reagierten. Erinnern Sie sich an diese Handlung und ihre konkreten Umstände, vergegenwärtigen Sie sich, was Sie damals taten. Wenn Sie sich an den Ort erinnern, werden auch die Gefühle wieder wach.

Aber es ist falsch, in Ihrer persönlichen Vergangenheit zu verweilen, die Sie zum Weinen gebracht oder Ihnen ein Gefühl beschert hat, das längst wieder vorbei ist, denn jetzt befinden Sie sich nicht in jener Situation. Sie befinden sich in einem Stück, und es ist diese Situation, die glaubwürdig gespielt werden muss, indem Sie Anleihen nehmen bei dem, was an der vergangenen Handlung körperlich war und nicht gefühlsmäßig. Sie können sich keine Rolle aus dem zusammenbasteln, was Sie fühlten, als Ihr Hamster starb oder als Sie Ihre todkranke Großmutter im Krankenhaus besuchten.

Ihre Arbeit fängt nicht erst in dem Moment an, in dem Sie die Bühne betreten, sondern schon viel früher. Sie dürfen nie nur auftreten, weil Ihr Stichwort gefallen ist. Bei jedem Auftritt, jedem Abgang befinden Sie sich in einer bestimmten Situation. Sie kommen von etwas und Sie treten in etwas ein. Ein guter Schauspieler kommt nicht einfach aus den Seitenflügeln auf die Bühne. Er bereitet sich darauf vor. Er hat ein Bedürfnis für seinen Auftritt gefunden, das nichts mit den Stichworten der Inszenierung zu tun hat.

Sie müssen sich auf jeden Auftritt vorbereiten, indem Sie konkrete Umstände schaffen, aus denen heraus Sie kommen. Das muss gar nicht besonders raffiniert sein, es reicht schon ein winziges Detail, um den Ort für Sie real zu machen.

Sie müssen auch jeden Auftritt rechtfertigen. Es muss einen Grund geben, warum Sie in der jeweiligen Situation in das Stück eintreten. Um dies tatsächlich zu tun und nicht nur eine Rechtfertigung dafür im Kopf zu haben, müssen Sie die Handlung des Hereinkommens physisch ausdrücken. Heben Sie dabei die Post auf, nicht erst, nachdem Sie hereingekommen sind. Stecken Sie sich Kleingeld in die Tasche, während Sie hereinkommen. Beginnen Sie die Handlung nie erst dann, wenn Sie die Bühne betreten haben. Der Vorhang geht auf, während Sie gerade etwas tun oder getan haben.

Am besten lassen Sie sich von einem Requisit ein Gefühl von Realität vermitteln. Auf der Bühne ist alles, was Sie körperlich tun, echt. Harold Clurman schrieb ein Buch über das Theater mit dem Titel LIES LIKE TRUTH. Die Lüge muss in Ihren Händen zur Wahrheit werden. Die Lüge des Plots auszulöschen, das ist Ihre Aufgabe als Schauspieler, Ihre größte Verantwortung.

Das große Paradox des Schauspielens liegt darin, dass der Schauspieler reale Dinge in einem irrealen, imaginären Umfeld spielen muss. Sie müssen alles in Ihrer Macht Stehende tun, um die Bühnenwelt real zu machen, und dies gelingt Ihnen am ehesten durch Handlungen. Wenn Sie auf Ihre Erinnerungen zurückgreifen, schaffen Sie Ihr eigenes Stück, nicht das des Autors.

Stanislawski sagte, man könne vom Schauspieler verlangen zu *handeln*, niemals jedoch, etwas zu *fühlen*. Deshalb müssen Sie sich ein Handlungsvokabular zulegen, auf die Sie direkt zugreifen können, anstatt auf Ihr kleines Leben in Brooklyn.

Wenn ich vormachen wollte, wie ich als Schauspiellehrerin ein Klassenzimmer betrete, würde ich beim Hereinkommen vielleicht Mantel und Handschuhe ausziehen und mir dann Notizen für meine Arbeit zurechtlegen. Vielleicht stecke ich mir meine Haare hoch. Ich würde meine Aktivität jedenfalls außerhalb der Bühne beginnen und sie beim Hereinkommen beenden. Das Ausziehen von Mantel und Handschuhen verdeutlicht, woher ich gekommen bin.

Wenn Sie mit einer Handlung außerhalb beginnen – etwa Ihren Mantel ausziehen – und sie fortführen, während Sie auf die Bühne gehen, haben Sie das Gefühl, dass Sie nicht hereinkommen; Sie sind von irgendwoher gekommen, und allein diese Handlung verringert die Anspannung, der Sie bei Ihrem Auftreten ausgesetzt sind.

Kommen Sie nicht mit einem Lied auf den Lippen herein wie eine übertrieben fröhliche Krankenschwester, die ihrem Patienten das Mittagessen serviert. »Dumdideldum, ich hab da was Schönes für Sie!« Wenn Sie singen, wird Ihr Auftritt zu etwas Künstlichem – das hat nichts mit psychologischem Schauspielen zu tun.

Sie müssen imstande sein, so wegzugehen und zurückzukommen, dass wir wissen, das Leben ist weitergegangen. Sie müssen imstande sein, in ein anderes Zimmer zu gehen und bei Ihrer Rückkehr zu suggerieren, dass sich im Moment Ihrer Abwesenheit etwas verändert hat. Betreten Sie einen Raum, nachdem Sie ein paar Dinge erledigt haben, sodass das Publikum spürt, dass Sie etwas getan haben. Wenn Sie vom Flur in ein Bürozimmer kommen, tun Sie beim Hereinkommen etwas – halten Sie eine Rechnung in der Hand, die Sie bezahlen, oder ein Buch, das Sie zurückgeben wollen. Wenn Sie mit frischen Blumen hereinkommen und sie in einer Vase arrangieren, sehen die Zuschauer, dass Sie aus dem Garten gekommen sind. Dieses Tun wird Sie davon abhalten aufzuräumen. Das Requisit wird Ihnen helfen, echt zu wirken.

Suchen Sie sich etwas aus, das Sie tun können, nicht etwas, das Sie zeigen können. Das geschieht nicht dem Publikum zuliebe, sondern *Ihnen* zuliebe. Sie müssen so völlig involviert sein, dass Sie spüren, wenn Sie übertreiben.

Es geht hier um ganz einfache Handlungen. Wichtig sind solche, die Ihre Vorstellungskraft fordern. Wenn ich Ihnen sagen würde: »Malen Sie jetzt bitte einen Kürbis auf Ihre Hand!«, müssen Sie etwas tun. Als Erstes müssen Sie sich fragen: »Womit soll ich malen? Mit einem gelben Stift!« Dieses Gefühl von Wahrhaftigkeit müssen Sie haben. Ist Ihnen das klar? Die Zeichnung muss etwas sein, was Sie kontrolliert ausführen können.

Nun probieren wir es mal eine Nummer größer: Nehmen Sie sich eine Palette und einen Pinsel; vor sich sehen Sie eine kleine Leinwand, auf die Sie ein Gänseblümchen malen sollen.

Sehen Sie die Farbe der Leinwand? Fragen Sie sich als Erstes: »Weiß ich, wie ich einen Pinsel halten muss? Wie sieht so ein Pinsel aus?« So etwas frage ich mich sofort. Dann weiß ich, ob ich den Pinsel auch wirklich in der Hand halten kann. Danach werde ich den Pinsel waschen, in die weiße Farbe tauchen und den nächsten Schritt tun. Ich werde malen. Doch bevor ich zu malen beginne, sehe ich, dass auf der Leinwand schon eine Bleistiftskizze vorhanden ist. So eigne ich mir die Leinwand, den Pinsel an. Ich sage nicht einfach: »Hier ist der Pinsel, und jetzt mal ich mal ein Gänseblümchen.«

Ich sage mir, mein Pinsel ist schmutzig. Damit eigne ich ihn mir an. Jetzt bin ich dazu bereit, den Pinsel in die Farbe zu tunken. Jede physische Handlung ist viel besser, wenn sie Ihre eigene ist, wenn sie Ihre Handschrift trägt. Sie müssen Ihre Normen erfüllen, nicht meine. Sie müssen sich alles aneignen – Ihren Pinsel, Ihre Leinwand, Ihr Gänseblümchen.

Gehen Sie diese physischen Handlungen glaubhaft an. Begründen Sie auch, warum Sie das Gänseblümchen malen. Tun Sie es, weil das kleine Mädchen, auf das Sie aufpassen, Sie darum gebeten hat? Oder weil Sie herausfinden wollen, ob die neue Farbe etwas taugt? Zuallererst müssen Sie sich aber fragen: »Kann ich ein Gänseblümchen malen?« Dann verstärken Sie es mit anderen Dingen.

Sobald Sie die Grundelemente einer Handlung verstanden haben, müssen Sie diese komplexer machen. Meine Handlung besteht zum Beispiel darin zu nähen. Was nähe ich? Ich nähe etwas zusammen. Wenn Sie diese

Handlung zu Ihrer eigenen machen wollen, müssen Sie den Stoff kennen. Wenn ich sage: »Ich werde jetzt diesen elenden, schmutzigen, schrecklichen Socken stopfen!«, dann kenne ich ihn. Er gehört mir. Machen Sie die Handlung zu der Ihren. Demonstrieren Sie nichts, führen Sie nichts vor.

Nehmen Sie von nun an bitte nicht mehr den Weg des geringsten Widerstandes. Wer versteht, was ich damit meine? Machen Sie selbst ganz einfache Handlungen komplexer. Davon profitiert zum einen das Publikum, weil es unterhaltsam ist. Zum anderen profitieren aber auch Sie, und zwar stärker, denn je mehr kleine Aufgaben Sie sich innerhalb der Handlung stellen, auf je mehr Sie achten müssen, desto weniger laufen Sie Gefahr, eine »Als ob«-Vorstellung zu geben.

Nehmen wir das Kämmen. Das ist eine ziemlich einfache Handlung. Wie können wir sie komplexer machen? Vielleicht sollte ich mir mein Haar verwuscheln? Gute Idee! Damit wird die Handlung schwieriger, aber auch interessanter. Oder ich trage ein Haarnetz. Auch gut. Das heißt, ich muss das Haarnetz erst abstreifen. Ich trage Lockenwickler. Sehr schön. Ich muss sie erst abnehmen. Ich trage Blumen in meinem Haar. Wunderbar! Das heißt, ich muss um die Blumen herum kämmen.

Wie kann man das Anziehen von Schuhen komplexer machen? Nun, vielleicht sind die Schnürsenkel verknotet. Oder in den Schuhen befinden sich Schuhspanner. Vielleicht sind sie feucht? Oder ein Schnürsenkel ist gerissen? Vielleicht sehen Sie einen Fleck und wollen die Schuhe erst putzen? All diese Dinge verleihen der einfachen Handlung ein paar interessante Komplikationen.

Eine Handlung komplexer machen heißt nicht, Logik und gesunden Menschenverstand auszuschalten. Vor ein paar Jahren hatte ich im Unterricht einmal sechs Stühle in den Raum gestellt und die Schüler aufgefordert, sich hinzusetzen. Sechs Schüler traten vor und setzten sich auf die Stühle. Ich bat sie aufzustehen. Dann verteilte ich ein paar Bücher auf die Stühle. »Jetzt habe ich Eure Handlung komplexer gemacht«, meinte ich. Dieselben sechs Schauspieler gingen zu den Stühlen und setzten sich auf die Bücher.

Als Nächstes schüttete ich Kaffee über die Sitzflächen der Stühle und bat sie, sich wieder hinzusetzen. Fünf Schüler marschierten pflichtbewusst zu den Stühlen und setzten sich in die Kaffeelachen, doch die sechste hielt inne, nahm ein Tuch und wischte erst den Stuhl trocken, um sich dann hinzusetzen. »Gott sei Dank!«, hatte mein Kommentar gelautet.

Eine Handlung besteht nicht immer aus einer großen Wahrheit, sondern aus vielen kleinen Wahrheiten. Wenn Sie eine übergehen, geraten Sie ins Straucheln. Sie sind verunsichert. Auf der Bühne gibt es jede Menge kleine Wahrheiten, und manchmal übergeht man die eine oder andere. Wie hält man diese Wahrheiten fest?

Manchmal sucht man auf der Bühne nach etwas, aber man sucht nicht richtig. Das macht einem Angst. Und das sollte es auch. Wenn Sie aus einem Ding eine kleine Unwahrheit machen, führt diese kleine Unwahrheit zu einer weiteren kleinen Unwahrheit und so weiter, und an diesem Punkt erschrecken Sie zutiefst und etwas passiert. Entweder Sie übertreiben oder Sie untertreiben oder Sie haben Angst.

Jede Handlung lässt sich komplexer gestalten, und Sie müssen ein Gespür dafür entwickeln, sie echt zu spielen. Sie müssen Ihren Wunsch, das Ganze zu spielen, überwinden und sehr geduldig vorgehen. Wenn ich mir mit einer Nadel einen Splitter entfernen will, nehme ich die Nadel und sterilisiere sie über einer Kerze, und dann ist sie schwarz und ich weiß nicht, ob ich sie so benutzen sollte. Wenn ich auf diese Weise vorgehe, arbeite ich richtig.

Aber wenn ich die kleinen Wahrheiten übersehe und einfach nur eine Nadel nehme und sage: »Na gut, dann hol ich mir mal den Splitter raus«, habe ich meine Hausaufgaben nicht gemacht. Eine physische Handlung wird nie an einem Stück vollzogen, sie entsteht aus mehreren Elementen. Wenn ich die Nadel in die Hand nehme, ist sie schwarz. Wenn sie schwarz ist, weiß ich, dass ich sie abwischen sollte. Wenn ich sie abwische und den Splitter damit rausholen will, weiß ich, dass er etwas aus der Haut herausragt. So lange ich so arbeite, habe ich keine Probleme. Man wird nur dann unsicher, wenn man faul ist und sich nicht mit Details abgeben will.

Wenn man eine Handlung rechtfertigt, wird sie komplexer und gleichzeitig stärker. Wir haben daran gearbeitet, imaginären Schmutz von unseren Schuhen zu entfernen. Wenn Sie anfangen, den Schmutz tatsächlich zu beseitigen, fühlen Sie sich auf alle Fälle sicher. Wenn Sie die Handlung rechtfertigen, indem Sie sich vorstellen, Sie hätten jemanden umgebracht und jetzt soll niemand wissen, dass Sie draußen waren, und Sie müssten rasch handeln ... dann müssen Sie den Schmutz noch immer von Ihren Schuhen entfernen, aber Sie haben eine Menge Gründe, diesen Vorgang interessanter zu gestalten.

Jede Handlung wächst, wenn man sie sich in ihrem jeweiligen Kontext vorstellt. Sie müssen sich die Handlungen aneignen. Das fällt nicht in den Bereich »allgemeine Schauspielerei«. Eben darauf kommt es an. Indem Sie Ihre Lebendigkeit einbringen, entspannen Sie sich.

Nehmen Sie drei einfache Handlungen und bauen Sie eine Geschichte darum.

1.) Sie schauen aus dem Fenster.
2.) Sie ordnen Ihren Schreibtisch.
3.) Sie holen sich Ihren Hut und Ihren Mantel und gehen hinaus.

Oder:

1.) Sie schreiben einen Brief.
2.) Sie fangen an zu telefonieren.
3.) Sie nehmen Ihr Notizbuch und gehen hinaus.

Alle diese Handlungen sind einfach, werden auf der Bühne aber nur dann interessant, wenn Sie sie in kleine Handlungen zerlegen und – wichtiger noch – sich für jede eine Rechtfertigung überlegen. Mit diesen Handlungen schaffen Sie zuerst ein Stück mit einer heiteren und dann mit einer düsteren Grundstimmung.

Denken Sie daran: Jede Handlung besteht aus vielen kleinen Handlungen. Wenn die übergreifende Handlung darin besteht, in Urlaub zu fahren, wird die Handlung in der Szene darin bestehen, einen Koffer zu packen. Sie holen kurze Hosen aus der Schublade und legen sie in den Koffer, Sie holen Toilettenartikel aus dem Bad und packen sie ein – beides hat etwas mit einer Urlaubsreise zu tun. Vielleicht schauen Sie während des Packens auch einmal nach, wie viel Geld in Ihrer Brieftasche steckt – auch dies gehört zu den Urlaubsvorbereitungen.

Vielleicht werden Sie auch von der Außenwelt gestört. Das Telefon klingelt, Ihr Steuerberater ist dran, oder vielleicht geht es um Theaterkarten – Angelegenheiten, die vom Leben draußen auf Ihre Handlungen einwirken.

Aber Sie befinden sich noch immer in Ihrem Zimmer neben Ihrem Koffer und sind überwiegend mit Packen beschäftigt. Warum? Womit rechtfertigen Sie dies? Sie wollen in Urlaub fahren. Sie müssen auch die Stimmung der Handlung festlegen. Findet sie auf einer heiteren, einer düsteren oder einer Ebene dazwischen statt? Düster wäre es, wenn Sie einen Krankenbesuch bei einem sterbenden Verwandten machen müssten, Ihre Gefühle dem Verwandten gegenüber aber nicht enthüllten. Nur Sie wissen, dass sie düster sind.

Wenn Sie einfach nur übers Wochenende wegfahren, kann es nicht düster sein. Ein Wochenendausflug hat heitere Anklänge. Aber trotzdem können Sie diese Szene nicht spielen, ohne einige Dinge über Ihre Rolle zu wissen: Was tun Sie beruflich? Womit verdienen Sie Ihr Geld? Welche gesellschaftliche Position haben Sie? Welche Moralvorstellungen? Politische Ansichten? Ethik? Welche Einstellung zu Familie, Gesellschaft, Sexualität? Jede Entscheidung wirkt sich darauf aus, wie die Figur den Wochenendausflug angeht.

Tun Sie nichts, was von der Handlung ablenkt. Setzen Sie Requisiten ganz bewusst ein. Zeigen Sie deutlich, was in Ihnen vorgeht. Durch das, was Sie körperlich ausdrücken, kann sich Ihr Publikum mit Ihren Gefühlen identifizieren und die Handlung verstehen. Wählen Sie Requisiten, Sprache und Gedanken, mit denen Sie Ihre Gefühle über die Handlung und das, was in Ihnen vorgeht, enthüllen. Setzen Sie Gesten sehr bewusst ein. Das Wesentliche über eine Figur erfährt man vor allem durch das, was sie tut.

Stanislawski stellte seinen Schülern gerne die Aufgabe, ein Stück aus drei in einem Raum befindlichen Gegenständen aufzubauen, und zwar erst in einer heiteren und dann in einer düsteren Stimmung. Die drei Dinge waren: ein Vogelkäfig, eine kleine Reisetasche und ein Mantel. Wohin Sie diese Dinge legen, entscheidet über die Heiterkeit oder die Düsternis, und es wirkt sich auch auf den Plot aus. Stellen Sie sich nie ohne einen situativen Kontext auf die Bühne, eine imaginäre Situation, und zwar nicht Ihre eigene, sondern die des Stückes.

Eine andere sehr nützliche Übung besteht darin, eine Rechtfertigung für den folgenden Dialog zu finden, die es Ihnen ermöglichen, den Dialog erst heiter und dann duster darzustellen.

A: Ich hab dir doch gesagt, dass es gefährlich ist.
B. Das war's aber nicht, zumindest nicht am Anfang.
A. Er muss etwas gehört haben, als die Tür aufging.
B. Jeder hat es gehört. Aber nicht deshalb hat er es sich anders überlegt.
A. Das hat er wegen der Dinge getan, die in dem Brief standen, den du gelesen hast.
B: Na klar, und du weißt genauso gut wie ich, was er damit gemeint hat.
A: Ja, das weiß ich, und es tut mir Leid.

Jetzt schlage ich Ihnen einmal eine sehr düstere Geschichte vor, und dann schauen wir, wie Sie sie entwickeln. Ich blicke aus dem Fenster auf den Park. Mein Mann hat mich verlassen. Ein paar Stiefel liegen in der Ecke, genau so, wie er sie zurückgelassen hat. Bevor er ging, zog er sich seinen Mantel an und seinen Ring aus. Den Ring legte er auf den Tisch. Er ging hinaus und machte die Tür hinter sich zu. Jetzt ist er für immer weg.

Zuerst wollen wir sehen, wie er diese Dinge tut. Dann wollen wir sehen, wie Sie auf die Dinge reagieren, die er zurückgelassen hat. Sie müssen mit drei oder vier im Raum befindlichen Gegenständen konkret arbeiten können, die Sie dazu bringen, auf die durch den imaginären Plot entstandene Situation zu reagieren.

13. Lektion

Handlungen Größe verleihen

Bislang spielten sich Ihre Handlungen auf einer relativ simplen Ebene ab, obwohl Sie ja hoffentlich verstanden haben, dass die Komplexität und das, was Handlungen interessant macht, von Ihrer Vorstellungskraft abhängen. Manche Handlungen sind natürlich von vornherein komplex. Wir müssen sie verstehen, um unserem Spiel mehr Gewicht zu verleihen.

Beispielsweise der Akt des »Trauerns«: Trauern bedeutet, etwas endgültig verloren zu haben. Etwas, was Ihnen lieb war, ist Ihnen genommen worden, und Sie müssen diese Erfahrung des Verlusts wiedergeben. Es geht dabei um eine Handlung, die Sie in der Regel kennen oder zumindest schon einmal bei anderen beobachtet haben.

Eine weitere große Handlung ist das »Philosophieren«. Dabei erforscht man das menschliche Verhalten, man ergründet die Mysterien des Lebens. Dieser Vorgang ist ein lustvolles intellektuelles Spiel. Es ist wie Diskutieren, nur ohne dessen Eifer. Solche Szenen findet man oft bei Shaw.

Häufig werden Sie jemanden spielen müssen, der einen Rat gibt. »Einen Rat geben« bedeutet, dass jemand etwas wissen will, was Sie erklären oder erhellen können. Dabei kann es um Immobilien, Finanzen, Geld, das häusliche Leben oder persönliche Fragen gehen. Bei wem sucht man Rat? Bei einem Arzt, einem Anwalt, den Eltern, den Nachbarn.

Die Grundstruktur eines Rates lässt an Ordnung, Kenntnis und Spontaneität denken. Ein Rat hat nichts Statisches an sich, er erfordert vielmehr einen bestimmten Rhythmus, der mit den charakteristischen Gesten dieser Handlung einhergeht, etwa dem Deuten mit dem Zeigefinger, um das Ganze zu unterstreichen. Diese Handlung taucht wiederholt auf.

»Einen Rat geben« ist etwas rein Intellektuelles. Es kommt nicht aus dem Herzen, sondern aus dem Kopf. Deshalb hat es auch nichts mit Unterrichten zu tun, denn das kommt aus meinem Herzen und fließt in Ihr Herz. Wenn Sie sich an einen Polizisten um Rat wenden, dann »lehrt« er Sie nicht, wie Sie zur U-Bahn kommen, und auch ein Arzt wird Sie nicht darüber »belehren«, welche Medikamente Sie nehmen sollen. Sie geben Ihnen einen Rat. Ich gebe Ihnen einen Rat, wie Sie Wasser in der Wüste finden können. Ich sage Ihnen, dass Sie dem Kamelpfad folgen sollten, der Sie zu einer Oase führen wird, und in dieser Oase werden Sie Wasser finden.

»Einen Rat geben« erfordert logisches Denken. Sie müssen sich Ihre Argumente überlegen und sie der Reihe nach darlegen – eins, zwei, drei, vier. Dem zukünftigen Schauspielschüler geben Sie vielleicht den Rat, dass eine Schule für Schauspieler nicht gut ist. Sie legen sich Ihre Argumente zurecht: Die Schule wird dir Gewohnheiten vermitteln, die du nur schwer wieder ablegen kannst und die deinem Talent schaden werden. Du musst unabhängig von deinen Gefühlen das tun, was dir die Leute in der Schule sagen. Man wird dich nicht dazu bringen, dein Talent auf das höchste Niveau zu heben. Die Schule zieht dich auf ihr Niveau herunter.

Neben der kalten, vernunftbasierten Logik umgibt den Rat meist etwas Düsteres. Das hat mit dem professionellen Hintergrund des Ratgebers zu tun. Um seiner Stimme den notwendigen autoritären Ton zu geben, vergewissert sich der Schauspieler, der den Rat gibt, dass er etwas sehr Wichtiges weiß, das der Ratsuchende nicht weiß.

Eine ziemlich komplexe Handlung ist das »Gestehen« oder »sich Offenbaren«. Wenn man sich offenbart, öffnet man einem anderen gegenüber sein innerstes Selbst und zeigt ihm rückhaltlos seine tiefsten Gedanken. Das ist eine universelle menschliche Erfahrung, eine, die im Theater oft vorkommt.

Ein Geständnis ist mit starken Gefühlen verbunden, aber wie bei allen Handlungen sollten Sie auch hier nicht versuchen, diese direkt auszudrücken. Konzentrieren Sie sich vielmehr auf die Handlung und lassen Sie die Gefühle als Reaktion auf die Handlung auftauchen. Siedeln wir diese Handlung einmal auf einer etwas alltäglicheren Ebene an. Sie »offenbaren sich« Ihrem Arzt, schildern ihm Ihre Symptome und sagen: »Doktor, dieses Zittern muss ein Ende haben, ich brauche ein Medikament.«

Die Handlung besteht darin, zum Arzt zu gehen, untersucht zu werden und alles zu gestehen, all Ihre Symptome zu offenbaren. Sie tun dies in der Hoffnung auf Erleichterung, aber die Handlung liegt im Gestehen, nicht im Finden der Erleichterung. Ihr Arzt wird mit Ihnen reden, Sie trösten, Sie beruhigen. All dies passiert innerhalb der Handlung. Sie *spielen* die Erleichterung nicht.

Zum Arzt gehen halten wir für eine relativ nüchterne, durchdachte Handlung, aber selbst die Offenbarung von Symptomen hat mit anderen Arten von Geständnissen etwas gemeinsam: Auch sie erfordert eine sorgfältige, gründliche Introspektion und hat die Linderung eines wie auch immer gearteten Schmerzes zum Ziel.

Meist assoziieren wir Geständnis mit Verbrechen. Wenn ich ein Verbrechen gestehe, tue ich das vielleicht, weil ich mir eine Strafminderung erhoffe oder weil ich eine fälschlich beschuldigte Person schützen möchte. Sie dürfen nicht sagen, dass Sie Ihr Verbrechen gestehen, um sich von Ihren Schuldgefühlen zu befreien. Das kommt später, aber das *Gefühl muss aus der Handlung erwachsen.*

Stellen Sie sich vor, Sie haben in einer ausweglosen Situation jemanden umgebracht. Das können Sie nicht rückgängig machen, Sie könnten sich nur noch selbst umbringen. Sie stehen vor dem absoluten Nichts und Sie wollen gestehen. Finden Sie etwas in sich selbst, das Ihnen sagt, Sie können nur so sein, wie Sie nun mal sind. Niemand kann aus seiner Haut. In jedem von uns steckt ein Mörder.

Um diese Feststellung zu treffen, müssen Sie sich eingestehen, dass Sie schon mehrfach versagt haben. Sie können sagen: »Ich habe mein Leben vergeudet, ich kann es mir nicht mehr zurückholen.« Es ist die Erfahrung, in einer Falle zu stecken, eine Situation, die in fast allen modernen Stücken vorkommt, ein Gefühl der Hilflosigkeit, des Scheiterns, die Erkenntnis, dass letztlich jeder versagt. Niemand ist erfolgreich.

»Ich hätte das Glück auf Erden haben können«, sagen Sie sich, »aber ich habe es vorüberziehen lassen. Leute haben Zeit und Geld an mich vergeudet, aber ich war faul. Ich habe nicht aufgepasst. Jetzt ist es vorbei, und ich werde es nie mehr zurückbekommen.« Ja, auch Sie hätten ein Kämpfer sein können wie Terry Malloy in DIE FAUST IM NACKEN.

Die Absicht, die einem solchen Geständnis zu Grunde liegt, lautet: »Ich will, dass du mich zum ersten Mal so siehst, wie ich wirklich bin.« So handelt Anna Christie in Eugene O'Neills Stück, wenn sie Matt, ihrem Geliebten, und ihrem Vater gesteht, dass sie eine Dirne war. Ein Geständnis erzwingt Aufmerksamkeit, das zeigen ihre Worte:

> »Du wirst mir jetzt auch zuhören! Du – der mich in Sicherheit auf dem Land zurücklassen wollte – ich war in den letzten zwei Jahren keine Krankenschwester – Ich habe gelogen, als ich dir das geschrieben habe – Ich war in einem Haus ... und alle Männer – Ich hasse sie! Ich hasse sie!«

Mit einem Geständnis trachtet man danach, sich reinzuwaschen. Und dies erhoffte sich Anna durch Matts Liebe und indem sie zum reinigenden Meer lief, um sich mit ihrem verschwundenen Vater zu vereinigen und die tief in ihr schlummernde Erinnerung an ihre wahre Beziehung zum Universum wachzurufen.

Die Handlung besteht darin, die Wahrheit aufzubrechen, ein Innenleben ans Licht zu zerren, das sogar einem selbst nicht klar ist, die persönliche Wahrheit sozusagen auszukotzen. Das ist eine der tiefsten menschlichen Handlungen. Bei O'Neill, Odets, Tennessee Williams sind Geständnisse immer ein Zeichen dafür, dass es keinen Ausweg gibt.

Eine Enthüllung oder ein Geständnis ist nicht die Manifestation einer Krankheit oder Neurose. Man dringt vielmehr durch die Dunkelheit zu einer Wahrheit, zur Erkenntnis, was es bedeutet, ein Mensch zu sein. Das hat eine biblische Qualität. Letztlich strebt jeder Mensch nach Größe, sei es durch die Kunst, sei es durch die Wissenschaft; man strebt nach der nötigen Statur, um der Welt kund zu tun, was man über sie erfahren hat. Die ganze Menschheit strebt einzig und allein danach, und in der gesamten dramatischen Dichtung zeigt sich dieses Ziel. Eine Enthüllung bedeutet, die Tarnung abzulegen, die Maske von der Seele zu nehmen. Es ist etwas Großes, Heldenhaftes.

Versuchen Sie, etwas zu gestehen, das Sie zutiefst beunruhigt, etwas, das Sie dazu gebracht hat, sich zu verlieren: »Ich liebe diesen Mann. Ich liebe seine Kinder. Ich kann nicht anders. Ich liebe seine Frau.«

Wenn Sie schauspielen wollen, müssen Sie ein solches Geständnis ablegen können. Wenn Sie sagen, wo oder wem gegenüber Sie versagt haben oder wie Sie zu Ihrem Versagen stehen, sind Sie bei einer Handlung angekommen, die sich unweigerlich durch das ganze moderne Theater zieht.

Schauspielen erfordert Kreativität und Empathie. Es muss darauf abzielen, das Leben auf eine höhere Bedeutungsebene zu heben, nicht, es herunterzuziehen oder zu erniedrigen. Die Suche des Schauspielers ist ein edles Streben nach diesem umfassenden Sinn.

Deshalb darf man als Schauspieler nie passiv sein. Bei einigen von Ihnen spüre ich, dass sie sich nicht richtig einbringen. Manche distanzieren sich von der Arbeit ihrer Mitschüler. Es gibt eine unausgesprochene kritische Haltung oder Gleichgültigkeit, die den Unterricht stört und Sie am Lernen hindert. Das tut Schauspielern nicht gut. Statt kritisch und bewertend zu sein, sollten wir die Bemühungen der anderen anerkennen und würdigen. Sie zu kritisieren, sich über sie lustig zu machen schwächt uns bloß. Wenn wir allein nach Größe streben, ist das definitiv der falsche Weg!

Eine andere Handlung, die Größe erfordert, ist das »öffentliche Anklagen«. Sie setzt die Existenz eines Feindes voraus und birgt ein Element von Angriff. Jemanden öffentlich anzuprangern bedeutet, ihn in seine Schranken zu verweisen, ihn niederzumachen, ihn zu zerstören. Eine solche Handlung vollzieht jemand mit wahrer Macht, jemand, der von einem Podest oder von einem Thron herab spricht. Ein König klagt seine Feinde an, oder – wie in Odets' WARTEN AUF LEFTY – der Streikanführer die Bosse.

Bei der öffentlichen Anklage geht es nicht um etwas Kleinliches. Es geht nicht darum, eine Person zu diffamieren; das impliziert Kleinlichkeit und Boshaftigkeit. Die öffentliche Anklage erfolgt durch einen Archetypus gegenüber einem anderen, der Angriff findet nicht auf ein Individuum statt, sondern auf eine Institution, für die das Individuum steht.

Jemanden öffentlich anzuprangern – das tut Coriolanus in seiner Rede an das »schlechte Hundepack«. Mit einer Tapferkeit, die selbst von seinen Feinden gewürdigt wurde, gewann Coriolanus seine Kriege. Das dankbare Rom drängte ihm deshalb die Rolle des Konsuls auf. Aber er behandelte die Masse mit unverhohlener Verachtung, was ihm den Ruf eines Tyrannen eintrug und schließlich zu seiner Verbannung führte. Der Verbannungserlass erzürnte ihn:

»Du schlechtes Hundepack! des Hauch ich hasse,
Wie fauler Sümpfe Dunst; des Gunst mir teuer,
Wie unbegrabner Männer totes Aas,
Das mir die Luft vergift'. – Ich banne dich!
Bleibt hier zurück mit euerm Unbestand.
Der schwächste Lärm macht euer Herz erbeben,
Eur Feind mit seines Helmbuschs Nicken fächle
Euch in Verzweiflung!«

Jemand, der öffentlich anklagt, glaubt, niemand könne ihm etwas anhaben. Brutus sagt über Coriolanus: »... als wäret Ihr ein Gott, gesandt zu strafen, und nicht ein Mensch, so schwach wie sie.« In seiner Rede sagt Coriolanus sinngemäß: »Ich stehe für das, wofür ich wirklich stehe, und ihr tut das nicht. Ich sage euch jetzt, was ihr wirklich seid.« Da gibt es keinen Einspruch, keinen Versuch, Abhilfe zu schaffen.

Die öffentliche Anklage fällt jungen Schauspielschülern schwer, weil sie Größe und physische Präsenz erfordert und weil diese Handlung unserer Kultur an sich fremd ist. Als Schauspieler müssen Sie die Handlung ausfindig machen oder sich irgendwoher entleihen. Lehnen Sie sich an einem Bild an: Sie sind das größte Baufahrzeug auf einer Baustelle, der Kran, neben dem alles andere unbedeutend wirkt.

Sie müssen ein Gefühl von Macht aufspüren, um öffentlich anklagen zu können, und dieses Gefühl muss aus Ihnen heraus kommen, es muss in Ihnen sein, bevor Sie anfangen. Beginnen Sie damit, Bankiers anzuprangern, Chefs von Ölkonzernen, Menschen, die Kriege anfangen. Passen Sie Ihren Körper den Worten an. Der Körper muss den Ausdruck der Idee begleiten. In Ihrem Gang, Ihrer Haltung, so, wie Sie sich hinstellen, in Ihren Gesten müssen Sie die notwendige Macht und Größe finden. Die Macht kommt aus Ihrem Bauch. Schätzen Sie die Energie oder Mühe ein, die Sie für jede einzelne Geste brauchen. Kontrollieren Sie sich physisch so weit, dass Sie sich in jedem Augenblick in eine lebendige Skulptur verwandeln könnten.

Eine Handlung, die der öffentlichen Anklage sehr nahe kommt, ist das öffentliche »Trotzen«. Wenn Sie diesen Akt mit den Händen darstellen sollten, wäre es ein Stoßen, Hacken, rhythmisches Peitschen der Luft, ein Ausschlagen. Wenn man jemandem öffentlich trotzt, will man ihn niedermachen, seine Vorstellungen so gründlich zerstören, als fällte man einen Baum. Diese Handlung erfordert die Statur und Autorität eines wahren Revolutionärs oder eines Königs, und deshalb haben junge Menschen große Probleme damit.

Einer meiner Schüler wollte einmal die Handlung »trotzen« spielen, doch schon an seinem Körperbau – er war schlank und knabenhaft – sah man, das er noch nicht so weit war: Sein Körper war statisch. Es fehlte ihm gänzlich an Trotz. Seine Worte klangen tot, obwohl Eifer in ihnen lag. Jeder Satz hätte wirken müssen, als wäre er mit einem ganzen Buch belegt, aber alle klangen hohl. Sein Körper hätte die Macht und Entschlossenheit hinter seinem Trotz ausdrücken sollen, aber er strafte ihn Lügen. Es war der Körper eines kleinen Jungen, nicht der eines trotzenden Mannes.

Heißt das, dass er die Handlung »Trotzen« gar nicht hatte spielen können und dass Sie es auch nicht könnten? Das heißt es natürlich nicht! All diese Handlungen stecken in jedem von uns, aber wir müssen sie erst ausfindig machen, bevor wir sie spielen können. Um ihm zu helfen, den für das Trotzen notwendigen körperlichen Ausdruck zu finden, stellte ich ihm einen anderen Schauspieler zur Seite. Meine Wahl fiel auf einen zäheren Schauspieler, der ihn körperlich herausfordern, sich gegen ihn drängen sollte, während er sprach. Die beiden Schauspieler stemmten sich gegeneinander, aber die Worte wurden dadurch nicht machtvoller. Sie blieben die Worte eines kleinen Jungen.

Vielleicht würden seine Worte und sein Körper ja an Statur gewinnen, wenn ich ihn persönlich konfrontierte, denn schließlich hatte ich ihn ja kritisiert? Ich schickte den anderen Schauspieler also wieder weg, stellte mich vor den Jungen und forderte ihn auf, mir zu trotzen. Doch das führte nur dazu, dass er sarkastisch wurde, und ich brach ab. Sarkasmus ist ein Zeichen von Schwäche, nicht von Stärke. Damit weicht man einer Konfrontation aus, es ist also das genaue Gegenteil von Trotz.

Wir kamen überein, dass sein Wesen zu passiv sei und er daran arbeiten müsse, seine Entscheidungen aktiver, aggressiver durchzusetzen, bevor er Rollen spielte, die diese Handlung erforderten.

Beim Erlernen unserer Kunst geht es darum, Körper und Geist soweit aufzubauen, dass man auch solche Handlungen spielen kann. Die amerikanische Kultur fördert es, lange Kind zu bleiben, länger als es Ihnen gut tut, doch ein Schauspieler oder eine Schauspielerin kann man erst sein, wenn man erwachsen ist.

Es fällt Ihnen schwer, die für den Trotz notwendige Größe zu finden. Zum Teil liegt es daran, dass Sie dazu neigen, Handlungen auf der rein persönlichen Ebene anzusiedeln. Sie sehen sie nicht in einem größeren Zusammenhang. Wenn Eliza Doolittle Henry Higgins schließlich die Stirn bietet, beschreibt Shaw nicht nur ein ehemaliges Blumenmädchen, das einen Linguistikprofessor abblitzen lässt. Er schreibt über die Klasse der Dienenden, die sich auf die Ebene ihrer Herren erhebt. Die Frau, die sich am Anfang des Stückes ausschließlich als Dienerin gesehen hat, erklärt nun diesem wohlhabenden Mann aus bester Familie, der sie unterrichtet und unterstützt hat, dass sie ihm ebenbürtig sei.

Vor allem bei Shaw muss man jedes Wort hören. Die Stimme der Schauspielerin muss mit dem Autor lauter werden, sie darf nicht leiser werden. Gleichzeitig muss die Schauspielerin mit beiden Beinen fest auf dem Boden stehen. Beim Trotzen darf man nicht über dem Boden schweben.

Schauspieler neigen oft dazu, zu emotional zu werden, wenn sie trotzig sprechen. Das geht mit einem Kontrollverlust einher, der nichts mit Trotz zu tun hat. Außerdem dürfen die Worte nicht in Gefühlsaufwallungen untergehen – für Shaw sind Worte das Allerwichtigste.

Einer meiner Schüler versuchte einmal, in einer Improvisationsübung einen schwarzen Vater zu spielen, der weißen Rassisten die Stirn bietet, welche seine Tochter daran hindern wollen, aus einem nur für Weiße bestimmten Brunnen zu trinken. Dieser Schüler bat fünf seiner Mitschüler, sich in einer Reihe vor ihm aufzustellen; dann baute er sich vor ihnen auf, schüttelte die Faust und begann mit den Worten: »Meine Tochter geht zu diesem Brunnen, und ich werde mit ihr gehen ...«

Ich musste ihn unterbrechen. Ich konnte ihm von Anfang an nicht folgen, weil er mit diesen Worten begonnen hatte. Er hätte etwas nehmen sollen, was von seinen Partnern kam, die wie eine Wand vor ihm standen.

»Fangen Sie bei ihnen an«, riet ich ihm. »Sagen Sie: ›Es ist mir egal, wenn ihr mich verprügelt‹, oder deuten Sie auf jeden einzelnen und fragen: ›Willst *du* mich verprügeln? Oder etwa *du*?‹ Damit treten Sie sofort in Beziehung zu Ihren Partnern und schaffen die Voraussetzung für die Worte des Trotzes.«

Arbeiten Sie an zehn Handlungen, die Ihnen fremd sind. Tun Sie das, um die Grenzen, die Ihnen Ihre Persönlichkeit auferlegt, zu überschreiten. Das ist ja wahrscheinlich einer der Gründe, warum Sie überhaupt Schauspieler werden wollten.

Und noch eine Handlung, die in Theaterstücken häufig auftaucht: das »Träumen«. Beim Träumen muss man die Gegenwart aus dem Blick verlieren; der Akt des Träumens steht dem des Erinnerns nahe, unterscheidet sich jedoch darin, dass man beim Träumen in die Zukunft blickt und nicht in die Vergangenheit. Wenn man träumt, stellt man sich etwas vor, was man noch nicht hat, aber gerne haben möchte. Man sieht es vor sich.

Es kann ganz einfach sein. Es ist Sommer, die Ferien stehen vor der Tür. Sie würden liebend gern zum Strand gehen, die Sonne auf Ihrem Körper spüren, sich in die Wellen stürzen. Sie träumen vom Strand und vom Meer.

Beim Träumen verlassen Sie Ihren Körper in ähnlicher Weise wie im Schlaf. »Ich würde gerne fliegen, mich vom Wind tragen lassen, aufs Meer hinabblicken.« Ihre Fantasie übernimmt die Kontrolle, die Gegenwart entgleitet Ihnen. In der Handlung des Träumens ist es Ihnen nicht wichtig, wo Sie sich eigentlich befinden. Wenn Sie sich in der U-Bahn Ihren Tagträumen hingeben, werden Sie unsanft in die Realität zurückbefördert, wenn der Zug an der nächsten Haltestelle mit einem Ruck zum Stehen kommt.

Der Traum hat starke Bilder und nimmt an Größe zu, er entfaltet sich zusammen mit der Fantasie. Das Träumen erfordert viel Energie. Nichts schwächt diese Handlung so sehr wie die leiser werdende Stimme des Schauspielers. In Träumen erheben wir uns über unsere Wirklichkeit, und sobald die Energie abfällt, wirkt die Handlung hohl.

Einer meiner Schüler sollte einmal einen Gefangenen spielen, der von der Freiheit träumt. Er beschrieb uns die Bühnenausstattung, die aus einem Tisch bestand, an den sich einer seiner Mitschüler setzen und seinen Zellengenossen spielen sollte. Auf den Tisch stellte er ein Kofferradio. Dann setzte er sich hin und wollte mit seinem Monolog beginnen, doch ich unterbrach ihn sofort.

»Das ist verboten«, sagte ich. »Fangen Sie niemals eine Szene an, indem Sie sich hinsetzen.«

Ich wollte, dass er den Raum nutzte, bevor er sich hinsetzte, dass er seine Zelle kennen lernte, indem er darin herumlief. Ich bat ihn, uns ein paar Dinge zu zeigen, die sich in der Zelle befanden. Wo stand das Bett? Was für ein Bett war es überhaupt? Ich schlug ihm vor, es zu einer eisernen Pritsche zu machen, weil ich sehen wollte, was ihm dies entlocken würde.

An den imaginären Dingen, mit denen der Raum ausgestattet wird, lässt sich auch hier wieder das Talent des Schülers ermessen. Wenn er in seiner Fantasie Dinge findet, die ihn anregen, kann er auch die Handlung spielen. Wenn nicht, würden seine Bemühungen dilettantisch bleiben.

Der Schüler lief auf der Bühne herum und begann seine Zelle genauer zu beschreiben. »Hier steht das Bett«, sagte er. »Es ist eine einfache Pritsche mit einer fleckigen Matratze. Und hier an der Wand hängt ein weiß gerahmtes Bild von einem Haus. Dort drüben hangt ein Kalender, auf dem Tage durchgestrichen sind, denn der Gefangene soll bald entlassen werden. Es gibt ein vergittertes Fenster.«

Ich bat ihn, über dieses Fenster nachzudenken. »Das Fenster hat ein Eigenleben«, sagte ich. »Draußen schwebt ein Blatt zu Boden, und Vögel fliegen vorbei. Das letzte Licht des Tages dringt durch dieses Fenster zu Ihnen. Es ist ein Heiligtum für Sie.«

Nachdem er die äußeren Umstände bestimmt hatte, begann er mit seinem Monolog: »Nur noch fünf Tage, dann bin ich frei. Ich werde wieder auf einer weichen Matratze schlafen können. Ich werde einen seidenen Schlafanzug tragen und morgens so lange schlafen, wie ich will, und abends so lange aufbleiben, wie ich will.«

Er nahm das Radio in die Hand und zeigte es seinem Zellengenossen. »Ich werde eine Elektrowerkstatt aufmachen und kleinen alten Damen ihre Radios und Fernseher reparieren.«

Das war richtig: Wenn eine andere Person neben einem sitzt, muss man an einem gewissen Punkt aus seinem Traum aussteigen und diese Person direkt ansprechen. Wenn es einen Partner gibt, muss man den Traum aufteilen.

Doch mit dem Radio als Requisit hatte er eine schlechte Wahl getroffen. Ein mechanisches Ding führt zu mechanischem Spielen. Der Traum an sich, in dem es um weiche Matratzen und seidene Schlafanzüge und ums Ausschlafen ging, klang zu gemütlich, zu bürgerlich. Es fehlte die Dramatik.

Ich schlug ihm vor, den Traum von einer Werkstatt handeln zu lassen, solange er bei dem Radio als Requisit bleiben wollte; er könne ja davon träumen, Kaputtes zu reparieren. Damit hätte der Traum mehr Gewicht.

Eine wichtige Handlung ist das »Beten«. Es steht am Ende einer Reihe anderer Handlungen: »auffordern«, »bitten«, »flehen«. Jede Handlung ist stärker als die vorhergehende, und sie alle hängen ab von der Beziehung zwischen dem Bittenden und dem, an den er seine Bitte richtet. Wenn ich Sie auffordere, etwas zu tun, heißt das, dass wir uns auf derselben Stufe befinden. Wenn ich Sie bitte oder anflehe, heißt das, dass Sie mehr Macht besitzen und ich mich deshalb erniedrigen muss.

»Beten« ist der letzte Schritt in dieser Reihe. Es gibt unterschiedliche Arten von Gebeten. In FALSCH VERBUNDEN lässt Shaw einen seiner Charaktere eine polnische Fliegerin fragen, worum sie in ihren Gebeten bittet. Vorwurfsvoll erklärt sie, dass sie um nichts bitte. »Ich bete, um mich daran zu erinnern, dass ich eine Seele habe«, sagt sie.

In vielen Gebeten wird indes um Hilfe, um Trost ersucht. Man bittet um Hilfe, und in diesem Fall fleht man jemanden an, dessen Macht grenzenlos ist.

Eine gute Übung für diese Handlung ist es, sich vorzustellen, man sei ein ägyptischer Bauer und bete zu den Göttern um Regen. Dies ist Ihnen natürlich fremd, und zwar aus mehreren Gründen: Höchst wahrscheinlich sind Sie nicht gewohnt zu beten, vor allem nicht um Regen. Sie holen den Hausmeister, wenn Ihr Wasserhahn nicht funktioniert. Deshalb müssen Sie für geeignete äußere Umstände sorgen, die Sie in die richtige Stimmung bringen. Sie könnten sagen: »Bitte, Gott, lass es regnen! Die Kinder sind durstig.« Als Nächstes stellen Sie sich die Kinder vor, Kinder mit roten Augen und geschwollenen Zungen. Jetzt sind die Umstände lebendig, die Handlung wird real. Es drängt Sie zu beten.

Wenn Sie sich an einen Gott wenden können, dann können Sie auch bei allen anderen Göttern Hilfe suchen.

Zur Übung stellen Sie sich vier Situationen vor, in denen Sie sich an ein höheres Wesen um Hilfe wenden müssen. Beten Sie zu Zeus, zu Buddha. Unterschiedliche Bilder erfordern unterschiedliche Gebete. Beten Sie um Hilfe, um Dank zu bezeugen, um die Linderung von Schmerzen.

Nehmen Sie drei unterschiedliche Handlungen (»Beten«, »Trauern«, »Streiten«) und spielen Sie diese in drei unterschiedlichen Zeitaltern: im Altertum, im achtzehnten Jahrhundert, im neunzehnten Jahrhundert.

Und beten Sie nicht zu mir! Ich erwarte jetzt von Ihnen, dass Sie das alleine schaffen.

14. LEKTION

Den Text verstehen

Die Übungen, mit denen wir bislang gearbeitet haben, dienten dazu, unsere Fantasie lebendiger zu machen, uns Größe zu verleihen und uns ein Handlungsvokabular zuzulegen. Wir haben versucht, unsere Verständnis- und Wahrnehmungsfähigkeit zu entwickeln. Wir haben an Handlungen gearbeitet und gesehen, wie wichtig es ist, jede einzelne zu rechtfertigen. Aber das Publikum strömt nicht ins Theater, um sich unsere Übungen anzusehen. Die Leute kommen, um Stücke zu sehen.

Sie wollen schauspielerische Leistungen sehen, aber der Schauspieler stellt sich dabei nicht wie ein Mannequin zur Schau, das nur einen Hintergrund für die Kleidung bildet. Wir sehen den Schauspieler vielleicht in einem Kostüm, in einer Welt, die gänzlich anders ist als unsere – glamouröser, magischer oder auch düsterer. Aber der Schauspieler vermittelt nicht nur diese reinen Artefakte.

Wir sagen zwar, der Schauspieler stellt sich zur Schau, wir meinen damit aber, das er das zur Schau stellt, was in ihm ist. Doch eigentlich stellt er das zur Schau, was seinen Rollen innewohnt. Unsere bisherigen Bemühungen zielten darauf ab, uns dabei zu unterstützen, Rollen zu spielen.

Beim Schauspielen geht es darum, menschliche Verhaltensweisen auf neue und interessante Weise wiederzugeben. Selbst der Charakter einer archetypischen Figur wie Hamlet kann immer wieder neu und aufregend interpretiert werden – als Revolutionär, als Feigling, als Romantiker, als Intellektueller, ja sogar als ödipaler Chaot – so hat ihn John Barrymore interpretiert.

Ein wesentliches Element des Schauspielens besteht darin, Unterschiede zwischen Menschen oder Charakteren klar herauszuarbeiten. Ein italienischer Designer, ein russischer Bauer und ein chinesischer Diplomat – sie alle verhalten sich unterschiedlich. Sie unterscheiden sich in ihrer Körperhaltung, sie laufen, reden, denken, rauchen und lachen unterschiedlich. Hintergrund, Erziehung, äußeres Erscheinungsbild, Moral und Konditionierung sind völlig unterschiedlich. Doch der Schauspieler soll nicht nur diese nationalen und beruflichen Eigenschaften reproduzieren, er muss auch die Unterschiede zwischen den Individuen zeigen, zum Beispiel das unterschiedliche Verhalten zweier italienischer Designer gegenüber einem attraktiven Kunden.

Wir können beim Äußeren anfangen, aber wir müssen nach innen vordringen. Dies erfordern fast ausnahmslos sämtliche Stücke, die in den letzten hundert Jahren verfasst worden sind. Bei Shakespeare müssen Sie nur den Text kennen. Sie sind zwar ein besserer Schauspieler, wenn Sie über den Text hinausgehen, aber bei Shakespeare liegt alles in den Worten.

In der ersten Szene von ROMEO UND JULIA findet ein Streit auf der Straße statt. Julias Vater sagt: »Was für ein Lärm? Holla, mein langes Schwert!« Seine Frau sagt: »Nein, Krücken, Krücken. Wozu ein Schwert!« Mehr braucht man über die Capulets nicht zu wissen.

Doch dies gilt nicht für die Dramatiker nach Ibsen. Stanislawski sah sich gezwungen, seine Techniken zu entwickeln, weil er in Stücken spielte, die man anders nicht hätte spielen können. Man kann Tschechow nicht nur dem Wortlaut nach spielen. Und auch bei Ibsen, Strindberg, Tennessee Williams oder Odets ist das nicht möglich. Man kann es einfach nicht. Der Text ist nicht so beschaffen. Diese Autoren schreiben nicht so; sie schaffen ihre Charaktere nicht auf diese Weise.

Also müssen *Sie* diese Arbeit leisten, das gedruckte Wort macht es nicht für Sie. Der Schauspieler muss die Worte klar und eindeutig interpretieren. Dabei fängt er zwar bei den Worten an, muss darüber hinaus aber zwischen den Zeilen lesen können. Texte müssen untersucht werden: Hinter den Worten bergen diese Texte ein Geheimnis. Der Schauspieler deckt die Geheimnisse der Worte auf und integriert sie in seinem Tun.

In einer unserer ersten Übungen haben wir einen Text von Khalil Gibran in eigenen Worten wiedergegeben. So müssen wir mit jedem Text verfahren. Durch das Paraphrasieren werden die Ideen ein Teil von Ihnen. Indem Sie den Text in eigene Worte fassen, bauen Sie eine Beziehung zu ihm auf; er wird Teil Ihres Herzens und Ihres Kopfes – die wesentliche Voraussetzung, um die Worte einem Publikum zu vermitteln. Wenn Ihnen die Ideen klar sind, werden sie es auch Ihrem Publikum sein.

Wenn Sie die Ideen eines Textes verstanden und gemeistert haben, sie sich angeeignet haben, dann können Sie zu den Worten zurückkehren. Sie können sie jetzt mit einem frischen Blick betrachten. Sie können hinter die Punkte und Kommata und Ausrufezeichen blicken, die sich Ihnen ohnehin nur in den Weg stellen. Wenn Sie sich von Satzzeichen gängeln lassen, arbeiten Sie lieber in einer Bücherei, nicht im Theater.

Der Dramatiker gibt Ihnen mehr als nur die Worte, er gibt Ihnen auch die äußeren Umstände. Jedes Stück ist aus einer gesellschaftlichen Situation heraus geschrieben worden. Wenn Sie diese Situation nicht verstehen, spielen Sie im toten Winkel. Es gibt bei uns kein Theater mehr, in dem man nur Typen spielen kann. Vor hundert Jahren schloss man sich einer Truppe an und spielte Typen. Man entsprach einem Typ; man wurde ausgewählt, weil man der Typ war.

Aber das ist nicht schauspielen. Sie spielen, wenn Sie sich *weigern*, sich selbst als Charakter einzusetzen. In der Geschichte des Schauspiels hat niemand je sich selbst gespielt; es ist nie dazu gekommen, dass der große Shakespeare-Darsteller Henry Irving Mr. Irving spielte. Außerhalb des Theaters mag das anders sein, aber im Theater ist das undenkbar. Alle Schauspieler spielen seit jeher Rollen.

Rollen erwachsen aus einer gesellschaftlichen Situation. Die gesellschaftliche Situation führt Sie in die Tiefe. Jeder lebt in seiner Zeit. Jeder befindet sich in einer bestimmten wirtschaftlichen Situation. Jeder lebt in einem religiösen Umfeld, wenn er das möchte, ja selbst dann, wenn er es nicht möchte.

Jeder lebt in der moralischen Situation seiner Epoche. Worin besteht diese? Glaubt er an den Zusammenhalt der Familie? Wie steht er zu Scheidungen, wie zu Abtreibungen?

Jeder ist von einer politischen Situation geprägt. Welche Rolle sollen Sie spielen? Wie ist die Person entstanden, die Sie spielen sollen? Seit Menschengedenken hat die gesellschaftliche Situation den Menschen geprägt. Einsiedler brauchen keine Stücke für sich zu inszenieren.

Wenn Sie einen Vater spielen, spielen Sie trotzdem keinen bestimmten Typen. Sie müssen sich die Frage stellen: »Woher stammt dieser Vater?« Ist es Hamlets Vater? Der hatte ein Königreich. Er schuf eine Dynastie. Er brauchte einen Sohn, der diese fortsetzte. Ist es Strindbergs Figur in DER VATER? Strindbergs Vater ist durch die Stellung, die er in seinem Leben innehat, enorm gefordert. Seine Autorität ist bedroht in einer extrem militaristischen Gesellschaft, in der die Stellung der Männer sehr stark ist, die männliche Autorität so stark ist wie nie zuvor. Dennoch ist er bedroht.

Ist Ihr Vater jemand, der in der Nachkriegszeit in einem kleinen Haus in Brooklyn lebt, wo er versucht, zwei Söhne großzuziehen, aber sein Einkommen als Handlungsreisender einfach nicht reicht? Willy Loman ist ebenso sehr Vater wie Handelsvertreter.

Alle diese Väter sind grundverschieden. Jeder muss in seinem individuellen gesellschaftlichen Umfeld gesehen werden. Hamlets Vater muss ein bestimmter Typ Vater aus seiner Zeit sein. Strindbergs Vater hat Probleme, der Vater in Arthur Millers TOD EINES HANDLUNGSREISENDEN hat auch Probleme, aber ganz andere. Wenn ich den gesellschaftlichen Kontext nicht kenne, weiß ich nicht, wie ich bei der Figur vorgehen soll. Ich weiß einfach nicht, was ich mit ihr anfangen soll.

Das Erste, was Sie davor bewahrt, an den Worten des Stückes zu scheitern, ist also Ihr Verständnis des gesellschaftlichen Umfelds. Aus den Worten erschließt sich Ihnen die Handlung. Aus dieser ziehen Sie die Dinge, die Sie interessieren, stimulieren, erhellen.

Doch Sie sollten sich nicht von den Worten beherrschen lassen, denn diese vermitteln Ihnen nur die *Konvention* eines Menschen. Sie vermeiden die Konvention, den Typ, indem Sie sich der Gesellschaft zuwenden, die diesen Menschen geschaffen hat, die Vergangenheit der Figur betrachten, die Vergangenheit der Geschichte.

Wenn Sie einen Menschen aus seinem gesellschaftlichen Umfeld nehmen, wird er zu einem anderen. Er weiß nicht, wer er ist, und Sie wissen nicht, wie Sie ihn spielen sollen, weil Sie keinen festen Boden unter den Füßen haben. Sie müssen also wissen, um welche politische Epoche es sich handelt, um welches Land und um welche Zeit. Die Crux liegt darin, dass Sie sich einen Beruf ausgesucht haben, der endlose Studien erfordert. (Das ist sozusagen *Ihre* gesellschaftliche Situation – falls jemals ein Autor auf die Idee kommen sollte, ein Stück über Sie zu schreiben.)

Außerdem zählt zu Ihren Aufgaben, den Ideen des Autors Universalität und epische Größe zu verleihen. Sie müssen die Größe dessen, was der Dramatiker sagt, vermitteln. Angenommen, Sie beschreiben eine alltägliche Begebenheit, etwa einen Jungen, der einem Ball hinterherjagt, der vom Wind weggetrieben wird. Sie vergrößern die Bedeutung, indem Sie die Idee hinzufügen, dass das Kind mit dem Wind mithalten möchte, dass das Kind mit der Natur spielen kann, dass die Natur stärker ist als der Mensch.

Das Stück zielt stets auf etwas Großes ab, und wir laufen ständig Gefahr, es klein zu machen. Das moderne Drama hinterfragt das Leben, es fragt, was wir anfangen sollen mit unserem Leben, es fragt, wie wir leben sollen. Der Schauspieler muss sich also daran gewöhnen, Ideen Größe zu verleihen, indem er lernt, sich mit universellen Fragen zu beschäftigen, mit den Fragen, die schon seit Ewigkeiten gestellt werden – Fragen der Liebe, der Loyalität, der Freundschaft, der Familie und Kinder. Ihnen obliegt es, solche Ideen zu artikulieren und sie tatsächlich zu vermitteln.

Eine gute Übungsaufgabe, um die Größe eines Stückes zu erfassen: Stellen Sie sich vor, ein Mann besucht einen Gefangenen, und dieser sagt: »Du bist schuld daran, dass ich hier bin.« Die äußeren Umstände sind also das Gefängnis. Der Plot besteht darin, dass der Mann, der den Gefangenen verraten hat, ihn besucht. Sie haben die Aufgabe, den Dialog fortzusetzen und ein Stück zu erschaffen. Einer meiner Schüler, der den Besucher spielte, schlug den Satz vor: »Mach dir nichts draus, an Weihnachten bist du wieder draußen.«

Ich sagte ihm, damit habe er das Stück auf seine kleinstmögliche Bedeutung herabgesenkt. Verstehen Sie mich? Das Drama war damit verwässert. Wir müssen nach den epischen Qualitäten einer jeden Situation suchen!

Zu jeder Zeit hat der Mensch Schuld auf sich geladen, und jemanden zu verraten ist eine der schlimmsten Sünden überhaupt. Der Verräter muss sich seinen Schuldgefühlen stellen. Er besucht den Gefangenen, weil er sich Erleichterung von seinen Qualen erhofft. Mit anderen Worten: Die Aufgabe des Schauspielers besteht darin, das Stück größer zu machen. Machen Sie es auf keinen Fall inkonsequent und trivial!

In einer anderen Übungsaufgabe ging es um einen Schlägertypen. Der Schauspieler legte sich einen kämpferischen Ton zu. »Du hast mich bespitzelt«, sagte er seinem Partner. »Ich hatte keine Ahnung, dass du auf ihrer Seite stehst. Du kotzt mich an!«

Weil es dem Schüler an Größe mangelte, hatte er genau diesen Ton gewählt, um sich herauszuhalten. Wenn dem Schauspieler eine Sache nicht so wichtig ist, dass er das System oder Gott beleidigt, mag es ihm leicht fallen, eine andere Person zu beleidigen. Der Schüler hatte die Wut eines »harten Burschen« in sich.

Ich riet ihm – und das rate ich auch Ihnen –, einen großen Schauspieler wie Luther Adler oder Marlon Brando dabei zu beobachten, wie sie Wut auf der Bühne spielen. Es kommt zu einer gewaltigen Explosion, weil sieben Achtel der Wut unter der Oberfläche brodeln. Bei diesem Schüler befanden sich acht Achtel an der Oberfläche. Darunter lag keine echte

Wut. Seine Wut war die eines Taxifahrers – laut, keifend, wirkungslos. Es ist viel besser, auf Gott wütend zu sein oder auf die Menschen, als diese billige Sorte Wut zu spielen, in der Art von »jeder hat sein Päckchen zu tragen« oder »du hast verloren, ich hab gewonnen«.

Es ist weitaus besser, die Sache umzukehren und zu sagen: »Du hast auf deine Weise verloren und ich auf meine«, als zu sagen: »Wenn wir kämpfen, dann gewinne ich und du verlierst.« Die Engländer verstehen es hervorragend, was es heißt, zu spielen. Wenn Engländer Cricket spielen, wollen sie gewinnen, aber wenn sie gewinnen, haben sie nicht das Gefühl, dass der andere verloren hat. Sie haben ein Spiel gespielt und dabei gibt es keine Gewinner oder Verlierer. Genau hier liegt das Problem des amerikanischen Konkurrenzdenkens: Wenn wir gewinnen, haben wir das Gefühl, dass der Gegner ein Versager ist.

Erheben Sie Wettkampf und Wut auf ein episches Niveau. Wenn Stanley Kowalski in ENDSTATION SEHNSUCHT wütend wird, will er den menschlichen Geist zerstören, weil der etwas ist, das er sich nicht verschaffen kann. Er macht sich daran, Blanche DuBois zu zerstören, weil er ihre geistige Stärke nicht hat. Aus Wut und erboster Enttäuschung greift er das an, was er nicht haben kann.

Suchen Sie nach der zentralen Idee des Autors, dem großen Warum. Spüren Sie den universellen Gehalt des Stückes auf. Eine unserer ersten Übungsaufgaben bestand darin, nach Dingen zu suchen, die wir für alltäglich halten, die aber universell und zeitlos sind. Kleine Fakten enthüllen den großen Sinn. Es wächst Ihnen immense Größe zu, wenn Sie Ihre Beziehung zu all dem verstehen, mit dem Sie in Berührung kommen, seien es Ideen, Menschen, Dinge oder Erfahrungen.

Wenn ein Dramatiker über Menschen aus verschiedenen Klassen schreibt, wie Shaw in PYGMALION, hat das Stück eine Aussagekraft. Das Thema ist Elizas Kampf um die Freiheit gegen jemanden, der sie unterdrückt. Sie erklärt einer ganzen Klasse: »Ihr habt zu viel und wir haben zu wenig.«

Als Schauspieler müssen Sie die Idee ebenso groß darstellen, wie sie eigentlich ist. Setzen Sie Ihre Stimme und Ihren Körper ein. Geben Sie mir Ihre Energie, geben Sie mir eine Vorstellung davon, wofür Sie kämpfen. Bereichern Sie das Publikum. Entlassen Sie es nicht mit leeren Händen oder mit kleinmütigen Ideen. Wenn Sie sich einem Text nähern – egal ob Shakespeare, Tennessee Williams oder eine Fernsehserie –, haben Sie die Aufgabe, ihn in sich aufzunehmen, bevor Sie ihn von der Bühne aus zurückgeben. Als erstes müssen Sie die Grundidee des Textes erkennen und verstehen, wie sie sich entwickelt. Die Idee führt Sie zu einzelnen Abschnitten, zu einer Reihe zusammenhängender Punkte.

Spüren Sie diese Sequenz auf, folgen Sie ihr, um zu erkennen, wie die Idee sich entwickelt. Lassen Sie sich von einem Abschnitt zum nächsten führen. Ein Monolog kann sich aufbauen, indem er von einem hohen emotionalen Niveau auf ein niedriges absteigt oder umgekehrt, oder auch, indem er in der Mitte beginnt. Wenn man diese Sequenz aufspürt, entdeckt man auch die Progression.

Stellen Sie sich Eliza Doolittle vor, wie sie im fünften Akt von Shaws PYGMALION wutentbrannt erkennt, dass Henry Higgins sie die ganze Zeit nur benutzt hat:

> »Was war ich für ein Dummkopf, nicht früher daran zu denken! Die Kenntnisse, die Sie mir beigebracht haben, die können Sie mir nicht mehr nehmen. Sie sagten, ich hätte ein feineres Gehör als Sie, und ich kann mit den Leuten nett und höflich sein, und das ist mehr als Sie können. Haha! Das gibt Ihnen den Rest, Henry Higgins, jawohl! Jetzt kümmere ich mich nicht so viel *(schnalzt mit den Fingern)* um Ihre Grobheiten und Ihre große Schnauze. Ich werde in den Zeitungen verbreiten, dass Ihre Herzogin nur ein von Ihnen abgerichtetes Blumenmädel ist und dass ich jedes Mädel für tausend Guineen in sechs Wochen ebensogut zu einer Herzogin abrichten kann. Oh, wenn ich denke, dass ich vor Ihnen gekrochen bin, mich mit Füßen treten und beschimpfen ließ, während ich doch immer nur einen Finger zu rühren brauchte, um dasselbe zu sein, was Sie sind, so könnte ich mich prügeln.«

Elizas Monolog entwickelt sich ausgehend von einem hohen emotionalen Niveau, wenn sie erkennt, dass sie ebenso viel wert ist wie Henry Higgins, hin zu einem niedrigen Niveau, wenn sie sich am liebsten selbst dafür in den Hintern treten würde, weil sie es zuließ, dass er auf ihr herumtrampelte. Folgende Abschnitte können wir entdecken: Jetzt weiß ich, dass ich genauso viel wert bin wie du.

Wenn ich wollte, könnte ich deinen Betrug, aus einem Blumenmädchen eine Herzogin zu machen, vor aller Welt aufdecken.

Am liebsten würde ich mir selbst dafür in den Hintern treten, dass ich mich von dir habe einschüchtern lassen.

Am stabilsten steht ein Tisch auf drei Beinen. Wenn Sie es also schaffen, in einem Text drei miteinander verbundene Ideen ausfindig zu machen, haben Sie die Kontrolle über das Stück.

Als Übungsaufgabe hielt eine Schülerin von mir einmal eine Rede über die Verbesserung der Zustände in einer Stadt. Sie führte drei Punkte an. Erstens: Die Geschäfte der Stadt liefen schlecht wegen der düsteren Straßenbeleuchtung. Zweitens: Eine Gruppe von Ladeninhabern spendete Geld für eine bessere Beleuchtung. Drittens: Sie hatten damit so viel Erfolg, dass der Bürgermeister beschloss, die städtischen Ausgaben für die Straßenbeleuchtung zu erhöhen.

Wenn man sich Bilder vor Augen ruft, versteht man besser, worüber man redet. Wenn man die Geschäfte in den düster beleuchteten Straßen sieht, wo die Leute Angst bekommen, versteht man, warum die Geschäftsleute etwas unternehmen wollten. Wenn man dieselben Straßen dann hell erleuchtet sieht und voller fröhlicherer Menschen, versteht man, warum die Geschäfte auch besser laufen.

Die Visualisierung half der Schülerin, sich für ihr Thema zu interessieren. Die Stadt wird schöner, sie wird wohlhabender, sie wird ein besserer Ort. Ihre Präsentation war dadurch erfolgreich, dass sie ihr Thema in drei Abschnitte unterteilte, die sich jeweils aus dem vorherigen ergaben.

Gehen Sie bei einem Text von einem Abschnitt zum nächsten, nicht von einem Satz zum anderen. Kümmern Sie sich nicht um Kommata oder Punkte. Durch den Sinn des Textes und Ihre Identifikation der Abschnitte führen Sie Ihre eigenen Punkte und Kommata ein.

Die meisten von uns lernten Lesen, als sie zu klein waren, um zu verstehen, was sie lasen. Punkte waren da, um den Sinn klarer zu machen. Sie müssen Ihre Punkte selbst setzen, je nachdem, wo ein Textabschnitt aufhört. Der Punkt beendet einen Abschnitt, aber solange Sie wissen, wo letzterer anfängt und aufhört, ist es gleichgültig, wo die Punkte stehen.

Wir haben viel Zeit mit der Arbeit an Handlungen verbracht und damit, uns diese mit Hilfe unserer Fantasie anzueignen. Wir haben Zeit darauf verwendet, uns mit Hilfe unserer Fantasie Requisiten und Kostüme anzueignen. Wenn ich Sie auffordere, Kaffee aus einem Plastikbecher zu trinken und dann aus einem Porzellantässchen, fordere ich Sie auf, zwei ganz verschiedene Welten zu verstehen. Solche Leistungen müssen wir jedes Mal erbringen, wenn wir uns einer Rolle annähern.

Um auf der Bühne eine Figur lebendig werden zu lassen, müssen Sie sich eingehend mit ihrer Vergangenheit beschäftigen. Sie müssen sich detailliert das frühere Leben, die Familiengeschichte, die Ausbildung, das Berufsleben und die persönlichen Beziehungen vorstellen. Das sind Ihre ersten Schritte, wenn Sie an einer Rolle arbeiten.

Der Hintergrund entsteht mit Hilfe der fünf W-Fragen – *Wer?, Wo?, Was?, Wann?, Warum?*. Er ergibt sich automatisch aus der Beantwortung dieser fünf Fragen. Stellen Sie sich beispielsweise einmal einen Strauß Narzissen vor, den Ihnen ein Freund geschenkt hat: Die Blumen leben fünf Tage in einer Vase in Ihrem Wohnzimmer, dann landen sie im Müll. Doch sie hatten auch schon ein Leben, bevor sie zu Ihnen kamen. Sie keimten in einem holländischen Gewächshaus und wurden, um zu wachsen, in Spezialerde umgepflanzt. Als sie die richtige Größe erreicht hatten, wurden sie zum Blumenmarkt nach Amsterdam gebracht und verkauft. Sie wurden in ein Frachtflugzeug verladen und zum Kennedy-Flughafen transportiert. Von dort aus kamen sie erst zu einem Blumengroßhändler auf der 28th Street und dann in den Blumenladen im Village, in dem Ihr Freund sie entdeckt hat. Jetzt kennen Sie die Antwort auf die Fragen *was, wo, wann* und *warum*, was Ihre Narzissen angeht. Sie könnten jetzt eine der Narzissen spielen.

Und eben dieses Hintergrundwissen müssen Sie sich bei jeder Rolle, die Sie spielen, verschaffen. Aus dem Hintergrund sollte sich erschließen, warum Sie das tun, was Sie tun.

Bei der Formung einer Figur sind mehrere Faktoren wichtig. Einer davon ist der Beruf, der andere die Schichtzugehörigkeit. Fangen wir beim Beruf an. Die Amerikaner stehen zu ihrem Beruf, aber nicht zu ihrer Schicht. Eines der Probleme, das die amerikanische Schauspielkunst heute hat, liegt darin, dass sie klassenlos ist. Amerikanische Schauspieler glauben, sie könnten die soziale Herkunft ignorieren, auch wenn sie wissen, dass sie das bei dem Beruf nicht können.

Gehen Sie also immer von einem Beruf aus. Die meisten von Ihnen haben wohl den Beruf eines Studenten. Dieser steuert einen Großteil dessen, was Sie tun und natürlich auch dessen, was Sie nicht tun. Übrigens: Selbst Betteln ist ein Beruf. Das Verhalten der Bettler auf der Straße ist bestimmten Gesetzmäßigkeiten unterworfen. Wie verhält sich ein Bettler? Welche Taktik setzt er ein? Spricht er jeden an? Weiß er, wer die Leute sind? Nimmt er Bewertungen vor? Macht er sich Gedanken? Ist er stolz auf seinen Beruf?

Sie müssen etwas *tun*. Ihr Tun macht Sie zu einer bestimmten Person. Selbst eine Narzisse tut etwas, hat einen Beruf. Ihr Beruf besteht darin zu duften.

Wenn Sie hereinkommen und sagen: »Ich bin Anwalt«, oder: »Ich bin Arzt«, oder: »Ich arbeite im Büro«, dann sind Sie jemand, der etwas tut. Sie kommen nicht mit einem Text herein. Sie kommen nicht mit einer Szene herein. Sie kommen herein als jemand, der etwas tut. Was tun *Sie*? Denken Sie darüber nach.

Wenn man eine Rolle studiert, muss man sich als Erstes fragen: Was für einen Beruf hat meine Figur? Bevor eine Handlung gespielt werden kann, muss die Frage »Wer?« beantwortet werden, die bei den fünf Grundlagenfragen (*wer, was, wann, wo, warum*) an erster Stelle steht. Sie haben also einen Beruf. Und wozu fühlen Sie sich berufen? Sie sollten in der Lage sein, mir auch die Konzepte und Wertvorstellungen zu erklären, die sich aus Ihrem Beruf ergeben.

Die Erforschung von Berufen hat zudem auch einige nützliche Nebeneffekte. Beispielsweise schärfen Sie Ihre Beobachtungsgabe, wenn Sie sich in den Alltag hinausbegeben, um den Beruf der Figur, die Sie spielen wollen, zu erforschen. Die Autorität, die Sie beim Beobachten und beim Spielen eines Berufs entwickeln, färbt sich auf Ihr persönliches Leben ab und steigert Ihr Selbstvertrauen. Das Vage, Unbestimmte, das einem Schauspielschüler oft anhaftet, weicht einer neuen Sicherheit. Berufe führen den jungen Schauspieler auch auf natürliche Weise in die Rolle, denn was man tut, das wird man auch.

Um einen Beruf zu spielen gibt es eine ganz einfache Technik: Denken Sie sich eine glaubwürdige berufliche Vergangenheit aus, malen Sie sich Ihren Werdegang aus – wie sind Sie zu Ihrem Beruf gekommen? Was für eine berufliche Stellung haben Sie inne? Ihre innere Einstellung wird die Handlung befördern. Das Wesentliche an der Berufsausübung ist ja, dass man sich dessen sicher ist, was man tut, und sich darin so gut auskennt, dass man die Sache stets im Griff hat. Professionalität zeichnet sich dadurch aus, dass man zielbewusst an seine Arbeit geht. Wenn Sie eine Vorstellung davon haben, wer Sie sind, wird sich diese Selbstsicherheit in Ihrem Tun spiegeln.

Wählen Sie als Übungsaufgabe lieber einen Beruf, den Sie wirklich erforschen müssen, und nicht einen, der Ihnen näher liegt. Untersuchen Sie die Professionalität bestimmter Handwerke – Drucker, Friseuse, Maschinist, Matrose, Krankenschwester, Zimmermann, Prostituierte, Müller, Nonne. Bei der Ausübung Ihres »Berufes« sollten Sie möglichst auch ein entsprechendes Kostüm tragen und die richtigen Requisiten haben.

Aber nicht zu viele Requisiten! Eines Tages kam ein Schüler mit einer kompletten Fotoausrüstung hereinmarschiert – zwei Kameras über den Schultern, eine Kameratasche, ein Stativ. Er wollte einen Kriegsberichterstatter spielen und hetzte inmitten eines fiktiven Gefechts quer über die Bühne, schmiss sich auf den Bauch und richtete seine Kamera auf das Publikum. Als das Stativ klappernd umfiel, hielt er inne und hob es auf. Dann fing er wieder an zu fotografieren, hielt erneut inne, stürmte in eine andere Richtung und zielte wieder mit seiner Kamera. Diese laute, chaotische, undisziplinierte Vorstellung vermittelte einem nicht gerade das Gefühl, er habe seinen Beruf im Griff. Das Publikum bekam vielmehr den Eindruck, er sei ein berufsmäßiger Clown.

Die Kamera ist ein technisches Instrument. Sie ist dazu geschaffen, den Moment einzufangen. Doch der Schüler täuschte den Moment vor. Er täuschte die Handlung vor. Statt kontrolliert zu sein, war er hysterisch. Er fiel hin, wusste aber nicht, *wie* er hinfallen sollte.

Das Stativ kippte versehentlich um, es war nicht geplant. So etwas darf auf der Bühne nie passieren! Auf der Bühne darf es kein Versehen geben, das nicht sorgfältig geplant worden ist. Das Publikum mag von so einem Versehen überrascht werden, der Schauspieler aber darf sich davon nicht überraschen lassen. Der Schauspieler muss seine Requisiten stets unter Kontrolle haben.

»Ich habe Ihnen nicht abgenommen, dass Sie da mitten in einem Kampfgetümmel waren«, sagte ich dem Schüler. »Sie haben sich einfach nur so hingeschmissen. Ich will jemanden als Fotografen arbeiten sehen. Ich will solides Handwerk sehen, kein Drama. Das Drama entwickelt sich aus dem Handwerk. Sie haben eine Schlacht fotografiert. Sie waren in Gefahr, das habe ich schon gemerkt. Aber Sie haben geknipst, ohne irgend etwas zu sehen. Sie waren völlig verspannt, und Sie haben so getan, als ob um Sie herum ein Krieg tobte. In der Schule des realistischen Dramas soll eine Lebensweise vermittelt werden, nicht die Erzählhandlung.«

Ich schlug dem Schüler vor, sich auf etwas weniger Dramatisches zu verlegen, vielleicht erst einmal die Inneneinrichtung zu fotografieren. Als er meinem Vorschlag folgte, veränderte sich der gesamte Rhythmus der Handlung.

Wenn Sie in einem Stück einen Beruf spielen, lassen Sie sich von dem Beruf einen Rhythmus diktieren, der nicht Ihr eigener ist. Oft muss das Spielen eines Berufs besonders häufig geprobt werden, denn es entwickelt sich erst durch zahllose Wiederholungen.

Wer will uns einen Beruf zeigen? Also, Bobby, um was für einen Beruf handelt es sich?

Bobby: Ich werde einen Lehrer spielen.
Stella: Was für einen Lehrer?
Bobby: Einen Englischlehrer.
Stella: Ich fürchte, bei dieser Art von Beruf haben Sie sich eine Menge physischer Einschränkungen auferlegt. Aber gut, legen Sie los!
Bobby: Guten Morgen, liebe Schüler. Heute werden wir ...
Stella: Da muss ich Sie schon unterbrechen. Sie bewegen sich in einer angeblich lehrerhaften Art auf der Bühne, aber der Rhythmus ist langweilig. Außerdem haben Sie uns noch keinen Grund dafür gezeigt, wohin Sie gehen. Sie schleifen mit den Füßen. Wir können Ihren Gang korrigieren, aber ich bezweifle, dass wir

damit den Beruf retten können. Suchen Sie sich einen Beruf aus, bei dem Sie etwas tun können, nicht einen, bei dem wir raten müssen, was Sie eigentlich tun.

Hat sonst noch jemand einen Beruf? Okay, Sal, auf die Bühne mit Ihnen!

Das Gute an Sal ist sein Kostüm. Er hat sich einen Elektrikergürtel um die Hüften geschlungen, in dem die Werkzeuge seines Handwerks stecken – ein Schraubenzieher, eine Kneifzange, ein Zollstock, eine Spitzzange.

Was tut er nun? Es scheint, als entwirrte er ein Drahtknäuel. Sie wursteln zu lange an einem Fleck rum, Sal! Denken Sie an die Arbeit, die wir in das Aufpeppen von Handlungen gesteckt haben. Wenn Sie wollen, dass wir sehen, dass etwas nicht funktioniert, dann müssen Sie es zum Funktionieren bringen. Ihre Requisiten kontrollieren Sie, nicht umgekehrt. Außerdem passt Ihr Äußeres nicht zu Ihrem Beruf. Ihr Gesicht und Ihre Hände sind viel zu sauber für einen Arbeiter. Sie sollten Staub auf den Ärmeln haben, schmutzige Hände, vielleicht auch noch einen Lumpen, der aus einer Ihrer Hosentaschen hängt.

Wer ist der nächste? Gut, Sally. Was sind Sie von Beruf?

Sally: Bibliothekarin.

Stella: Na ja, der Bücherstapel in Ihren Händen weist darauf hin. Mir geht es jetzt um Ihr Kostüm. Ein Kostüm kann subtil oder aufdringlich wirken, wenn es auf einen Beruf hinweisen soll. Sie tragen eine bunte Bluse und weiße Strümpfe. Eigentlich sind das zu viele Requisiten, aber Ihre Kleidung wirkt einfach nicht stimmig. Sie hat die falschen Farben. In Ihnen sehe ich keine Bibliothekarin. Sie sollten keine bunten Sachen tragen. Die Bücher sind das, was Farbe hereinbringt. Sie sollten hinter ihnen verschwinden. Bei dieser Übungsaufgabe sind Sie umso erfolgloser, je mehr Sie dem Publikum vorspielen in dem Versuch, es zu beeindrucken.

Okay, wer möchte es noch versuchen? John, okay.

Was tut John? Er hat eine Reihe Gläser auf eine Theke gestellt. Hinter ihm befinden sich zwei Messingkerzenhalter und eine Messingvase. Er hat ein Klemmbrett mit einem Zettel auf einen Tisch gelegt, von dem er es sich leicht holen kann. Auf einem kleinen Beistelltisch liegt eine eingewickelte Gardenie.

John: Ich bin von Beruf Abteilungsleiter bei Tiffany's.

Stella: So weit, so gut.

Was tut er nun? Er zählt die Artikel, arrangiert sie, untersucht die Gläser, betrachtet die Kerzenhalter, streicht sie auf seinem Klemmbrett aus, stellt ein Schild auf, das darauf hinweist, dass es sich um Sonderangebote handelt. Sehr gut, John!

Jetzt geht er zum Beistelltisch, wickelt die Gardenie aus und steckt sie sich ins Knopfloch. Dann geht er zurück zur Verkaufstheke. Er betrachtet noch einmal die Gläser, dann zieht er ein Taschentuch aus der Tasche und beginnt, sie damit zu polieren.

Falsch! Das war Ihr erster gröberer Schnitzer. Ein Abteilungsleiter würde die Gläser nie mit seinem Taschentuch putzen, er würde ein spezielles Tuch nehmen. Außerdem habe ich den Eindruck, dass Sie insgesamt zu offensichtlich für uns, für das Publikum spielen. Sie wollen die ganze Zeit zu bühnenwirksam sein. Sie sagen ständig: »Schaut mich an!« Alles an Ihrem Gebaren, das bühnenmäßig wirkt, alles, das nur im Geringsten theatralisch wirkt oder getan wird, um dem Publikum etwas zu *zeigen*, kippt ins Falsche um.

Hier mein Vorschlag: Wenden Sie Ihrem Publikum den Rücken zu. Diese Veränderung ist recht einfach, zwingt Sie aber dazu, sich auf die Objekte und Ihr Tun zu konzentrieren. Dadurch werden Ihre Handlungen wahrhaftiger.

Das ist eines der Theaterparadoxe: Je mehr man etwas dem Publikum zuliebe tut, desto weniger will es das Publikum haben. Das hat Willy Loman zu einem lausigen Verkäufer gemacht: Er war zu eifrig.

Vieles, was Sie zu Ihrer Vorbereitung tun, ist überhaupt nicht zu sehen. Um noch einmal auf die Narzissen zurückzukommen: Wir sehen die Farbe, die Form, aber wir sehen nicht, dass sie in Holland gezüchtet worden sind. Bei den Blumen spielt das keine Rolle. Nur das, was wir sehen, hat eine Bedeutung. Aber bei Figuren ist es anders. Sie müssen die Hintergrunddetails kennen.

Bevor Sie auf der Bühne überzeugend in der Gegenwart leben, müssen Sie sich die ganze Vergangenheit ins Bewusstsein gerufen haben. Das ist das Erste, was ein Schauspieler tun sollte, wenn er sich auf eine Rolle vorbereitet.

Nehmen wir einmal den Geschäftsführer eines Ladens. Zuerst müssen wir festlegen, um was für ein Geschäft es sich handelt. Machen wir es zu einem Antiquitätenladen. Dadurch wird sofort die Art der Kleidung bestimmt. Der Geschäftsführer trägt einen gut geschnittenen Anzug, denn sein Geschäft beruht auf Traditionen aus der Alten Welt.

Daraus ergeben sich nun mehrere logische Aussagen über den Geschäftsführer: Er ist sehr effizient, denn er wuchs in Europa auf, wo er eine bessere Bildung genossen hat. Er kennt den Wert eines jeden Artikels in seinem Geschäft. Er ist ein seriöser Mensch – das heißt in schauspielerischer Hinsicht, er könnte über jede Antiquität in seinem Laden einen Vortrag halten. (Man kann »Seriosität« nicht spielen; der Schauspieler muss eine Handlung finden, die Seriosität vermittelt.) Vielleicht spricht er über verschiedene Artikel daheim mit seinem Vater, ebenfalls einem Antiquitätenhändler, ebenfalls einem sehr seriösen Menschen.

Diese Dinge wissen wir nun über ihn. Doch wir können ihm auch noch eine glaubwürdige und nützliche Vergangenheit konstruieren: Seine Familie wohnte umgeben von Dingen aus der Alten Welt. Schon in jungen Jahren interessierte sich unser Antiquitätenhändler für alte Dinge; außerdem dachte sein Vater, er solle ein paar Fremdsprachen lernen. Wenn er aus der Schule heimkam, freute er sich schon darauf, mit seinem Vater die neuen Wörter auszuprobieren, die er gelernt hatte; sein Vater ließ ihn dann mit diesen Wörtern Sätze bilden. Ab und zu saß ihm der Schalk im Nacken, dann ärgerte er seinen Vater damit, dass er behauptete, später einmal Cowboy werden zu wollen. Jeden Abend las er seinem Vater vor dem Essen etwas vor. Beim Abendessen waren alle Familienmitglieder förmlich gekleidet. Seine Mutter unterhielt sich mit ihm während des Essens, sie interessierte sich für seine Fortschritte. Er berichtete ihr immer stolz, was er am Tag gelernt hatte. Sie war so stolz auf ihn, dass sie ihm gerne kleine Geschenke machte – ein extra Stückchen Schokolade, eine neue Packung Buntstifte. Später ließ sie sich von ihm die unterschiedlichen Glasarten und Besteckmuster erklären und begann, wie ihr Sohn und ihr Mann wissenschaftlich an die Sache heranzugehen. Wie sein Vater beobachtete der Junge diese Entwicklung mit großer Freude; er war stolz auf seine Mutter. Sie unterhielt sich mit einem Kunden über den Wert eines Kristallglases, und wenn sie einmal einen großen Verkauf getätigt hatte – vielleicht war das Glas sehr alt, etwas ganz Besonderes –, gingen sie zusammen zum Essen aus. Mit achtzehn kostete er zum ersten Mal Wein. Damals beschlossen sie, auch daheim immer eine Flasche Wein zum Abendessen zu servieren. Er war äußerst akribisch. Er las viel und vertiefte seine Kenntnisse ständig. Er begriff, dass er wie ein europäischer Antiquitätenhändler wirken musste, wenn er Arbeit bekommen wollte. Er kleidete sich immer englischer. Er legte großen Wert auf gebügelte Hemden und glänzend polierte Schuhe. Dabei war er aber auch fröhlich und hilfsbereit. Wenn ein Kunde keine Ahnung hatte, was er eigentlich kaufen wollte, half er ihm bei seiner Entscheidung. Wenn wir ihn sehen, ist er einundzwanzig, und andere Verkäufer wenden sich an ihn, wenn sie etwas über Gläser oder Silber wissen wollen.

Um sich darauf vorzubereiten, unseren Antiquitätenhändler zu spielen, besteht eine gute Übung darin, die räumlichen Gegebenheiten eines solchen Ladens aufzuzeichnen, den Raum, in dem gespielt werden soll. Diesen Raum speichern Sie dann in Ihrem Gedächtnis ab und kramen ihn wieder hervor, wenn Sie in Ihrem eigenen Raum üben.

Bewegen Sie sich in dem Laden. Dort befinden sich: a) Regale mit Gegenständen, die Sie detailliert beschreiben können; b) ein Tisch mit einer Sammlung faszinierender Antiquitäten; c) ein Schreibtisch, an dem Sie sitzen und Bestellungen notieren; d) zwei Stühle aus unterschiedlichen Stilepochen.

Überlegen Sie sich auch, wie sich unser Antiquitätenhändler außerhalb seines beruflichen Umfeldes verhält – daheim, unter guten Freunden, bei geselligen Zusammenkünften.

Das, was wir bei unserem Antiquitätenhändler gemacht haben, müssen wir auch bei anderen Berufen tun. Wie würden Sie die Bühne nutzen, wenn Sie ein Gärtner, ein Maler, ein Student wären?

Beobachten Sie von morgens bis abends Menschen bei ihrem Tun. Beobachten Sie sie in der Kirche, in einem Hotelfoyer, in einer Bank, in einem Kaufhaus. Untersuchen Sie die Professionalität bestimmter Handwerke und wie sich diese auf das Leben auswirkt, das Ihre Figur außerhalb des beruflichen Umfelds führt. Beobachten Sie diese Handlungen außerhalb der Gegebenheiten eines Arbeitsplatzes – daheim, unter Freunden, beim Sport.

Legen Sie fest, wie jemand bei seiner Arbeit wirkt. Ist er nervös, gutmütig, schlampig, organisiert, sorglos, pedantisch?

Lassen Sie keinen Aspekt des Lebens Ihrer Rolle aus, sonst zeigen sich eines Abends die Lücken mitten auf der Bühne.

15. Lektion

Charakterelemente

Wenn Ihnen eine Rolle angeboten wird, müssen Sie zuallererst das Stück lesen, um herauszufinden, welche Ideen uns der Verfasser vermitteln will.

Die moderne Sicht des Theaters ist ziemlich trivial, und außerdem ist unser Publikum ziemlich beschränkt: Die Zuschauer kennen weder die Schauspieler noch die Verfasser – die schon gar nicht. Aber als die großen Dramatiker ihre Stücke schrieben, wollten sie nicht bloß ein ignorantes Publikum unterhalten. Das Theater war eine Plattform, um zur Welt zu sprechen, und der Schauspieler war das Instrument dazu.

Der Schauspieler muss herausfinden, welche Ideen der Autor durch seine Figuren enthüllen möchte. Auch wenn ein Stück in eine bestimmte Umgebung eingebettet ist, soll es doch die ganze Welt erreichen. Allein deshalb betone ich immer wieder, dass Sie auf der Bühne Größe zeigen müssen, weil der Dramatiker diese Größe braucht, um seine Ideen zu vermitteln. Je mehr Leben Sie seinen Figuren einhauchen können, desto interessanter und weit reichender werden seine Ideen.

Eine Möglichkeit, eine Rolle aufzubauen, ist es, die charakterlichen Facetten der Figur zu analysieren, die der Dramatiker nützt, um seine Gestalten zu erschaffen. Im Folgenden nenne ich eine Reihe von Elementen eines Charakters, die man eingehender betrachten sollte:

unbekümmert	ehrgeizig	kontaktfreudig
unternehmungslustig	pflichtbewusst	beflissen
abenteuerlustig	wissbegierig	zuverlässig
praktisch veranlagt	introspektiv	

Wenden Sie sich ruhig an Ihr Umfeld, um diese Elemente gründlich kennen zu lernen. Beobachten Sie sie, und dann stellen Sie sie in einen Kontext, der für Sie persönlich stimmig ist. Durch Elemente, die Sie in Ihrem Alltag beobachten, können Sie als Schauspieler Eigenschaften entwickeln, die Sie in Ihrem persönlichen Leben normalerweise nicht zeigen.

Beginnen wir einmal mit »unbekümmert«. Dieses Element lässt sich ausgezeichnet bei Vögeln beobachten. Ein Vogel kann überall landen – auf dem Ast eines hohen Baumes, auf einem Schornstein, einer Straßenlaterne, einem Busch, einem Stein.

Wenn Sie einen unbekümmerten Jungen spielen müssten, könnten Sie sich vorstellen, wie sich dieser auf sein Fahrrad schwingt, ein Treppengeländer hinunterrutscht, sich um einen Laternenpfahl dreht, Bocksprünge über Hydranten macht. Er könnte angezogen oder auch splitterfasernackt in ein Schwimmbecken springen. Er könnte in der Trainingshose auf einer offiziellen Einladung auftauchen. Seine Freunde begrüßt er vielleicht, indem er sie fest an sich drückt. Er ist lebhaft, lebendig, ständig in Bewegung. Bei dem Element »unbekümmert« schwingt auch ein Mangel an Vernunft und Pflichtbewusstsein sowie eine Art Ungebundenheit mit. Seine Handlungen haben den Rhythmus einer positiven Ziellosigkeit.

Das Gegenteil von »unbekümmert« ist »zuverlässig«. Bei welchem Tier können Sie dieses Element beobachten? Ein gut erzogener Hund ist zuverlässig, man kann sich voll und ganz auf ihn verlassen. Stellen Sie sich zu Übungszwecken vor, Sie befänden sich in einer Situation, in der man zuverlässig sein müsste. Malen Sie sich diese Lage genau aus. Finden Sie eine physische Handlung, mit der Sie diese Eigenschaft demonstrieren können.

»Akribisch« ist ein weiteres Charakterelement, das es wert ist, genauer erforscht zu werden. Ein Arzt zum Beispiel braucht diese Eigenschaft. Wenn er Patienten untersucht, muss er akribisch vorgehen. Vor oder nach einer Operation wäscht er sich akribisch die Hände.

Ich persönlich bin in meinem Privatleben extrem sorglos. Einmal habe ich ein paar Eier in eine Pfanne gehauen, den Herd angestellt und dann meine Wohnung verlassen. Wirklich! Deshalb wollen viele Leute mich nie in die Nähe einer Küche lassen. Allerdings kann ich durchaus behaupten, auf der Bühne akribisch zu sein. Stets befindet sich alles an seinem Platz.

Wenn ich eine Rolle spiele, dann stütze ich mich auf das tiefe Wissen um diese Akribie. Durch die Erforschung bestimmter persönlicher Elemente kann man sogar Eigenschaften entwickeln, auf die man normalerweise nicht zurückgreift.

Schauspieler sind getarnte Spione. Sie müssen ständig Leuten hinterherspionieren, um deren Wesenszüge zu erforschen. Sie müssen herausfinden, welche mit dem Beruf des jeweiligen Menschen zu tun haben und welche eher seiner Nationalität oder seinem Alter geschuldet sind. Schauspielen ist anstrengend, weil man dafür nicht nur viele Bücher lesen muss – obwohl das ebenfalls wichtig ist –, sondern auch ständig das menschliche Verhalten studieren muss.

Auf etwas können Sie sich jedoch verlassen: Sie sind niemals allein auf der Bühne. Sie arbeiten mit den Gegebenheiten der Handlung, Sie haben ein Bühnenbild, Requisiten und Ihr Kostüm. Und Sie haben Ihre Mitschauspieler!

Auf der Bühne befinden sich stets auch Ihre Partner, und zu ihnen haben Sie eine bestimmte Einstellung. Immer brauchen Sie einen Partner, der Sie zum Handeln veranlasst, und Sie müssen seine Einstellung zu allen möglichen Dingen kennen. Der Dialog ergibt sich nicht aus einem Stichwort, sondern daraus, dass Sie Ihren Partner verstehen und auf ihn reagieren.

Ich werde jetzt zwei Schauspieler bestimmen, die auf die Bühne gehen und zwei Affen in einem Käfig spielen sollen. Bald werden sie bestimmte Verhaltensweisen zeigen, jeder Affe wird seinem Partner gegenüber eine Haltung entwickeln – Feindseligkeit, Eifersucht, Zuneigung, irgendeine Reaktion.

Widerstehen Sie der Neigung, gleich mit dem Spielen zu beginnen. Die Handlung soll sich aus einem Ort entwickeln, der sie auslöst. Hüten Sie sich vor Verhaltensklischees (»Affen treiben immer Unfug«); fangen Sie erst an zu kämpfen, wenn ein Kampf tatsächlich gerechtfertigt ist, also wenn der eine etwas gegen den anderen unternommen hat. Der eine kann den anderen provozieren, indem er ihm eine Banane klaut – dann ist ein Kampf viel interessanter.

Agieren ist auch reagieren, sollte aber nicht aus einer falschen Reaktion heraus entstehen. Reagieren setzt natürlich stets die Anwesenheit eines Partners voraus.

Eigentlich sollten die zwei Affen erst eine Zeit lang für sich sein, bevor sie etwas zusammen tun, damit jeder einen individuellen Charakter entwickeln kann. Die Meinung über den anderen sollte sich allmählich und natürlich entwickeln dürfen. Die Einstellungen formen sich, und auch das Publikum entwickelt eine Einstellung zu den Charakteren.

Jetzt stellen wir noch ein paar Schauspieler auf die Bühne und teilen sie in eine Hühner- und eine Hundegruppe auf. Finden Sie Möglichkeiten, miteinander in Beziehung zu treten. Zuerst muss jede Gruppe lernen, in ihrer Welt zu leben. Handelt es sich um einen Hof? Wenn ja, kommt eine andere Einstellung zum Tragen als auf einem offenen Feld.

Auf alle Fälle sollte keine kämpferische Einstellung zwischen Ihnen herrschen. Kämpfen ist das Billigste, was Sie auf der Bühne tun können. Deshalb nützen Sie lieber Ihre Fantasie und kommen dadurch auf andere offenkundige Möglichkeiten, wie Hunde und Hühner zusammenleben können. Wenn die Hunde die Hühner nicht ärgern, wird es interessanter, und es bilden sich echte Einstellungen.

Das, was Sie über einen anderen denken, veranlasst Sie, sich ihm gegenüber in einer bestimmten Weise zu verhalten. Darin liegt die Weisheit des Spielens. Ihre Einstellung zu Ihrem Gegenüber entwickelt sich nicht aus dem, was er sagt, sondern aus Ihrer Reaktion darauf. Ohne diese Einstellung existieren Sie nicht auf der Bühne.

Was heißt es, eine Einstellung zu Ihrem Partner zu haben, und woher stammt diese? Sie erwächst aus Ihren Reaktionen auf das, was Sie sehen, was vor Ihnen steht, wem oder was Sie ausgesetzt sind.

Das können wir auf ganz einfache Weise veranschaulichen: Wenn Sie auf dem Boden eine Schlange sähen, würden Sie dann hingehen und sie aufheben? Das würden Sie nicht, denn aus dem, was Sie über Schlangen wissen oder gehört oder gelesen haben – und das reicht bis auf uralte biblische Referenzen zurück – haben Sie bereits eine Einstellung zu der Schlange entwickelt.

Man entwickelt zu allem eine Einstellung, auch zu der Schlange. Als Assistenzarzt in einem Krankenhaus merken Sie rasch, wenn eine Operation schief gelaufen ist. Sie müssen die Röntgenaufnahmen, das Krankenblatt, das EKG überprüfen und stellen fest, dass einfach Mist gebaut worden ist. Jetzt haben Sie eine Einstellung dem zuständigen Arzt gegenüber.

Nehmen wir einmal an, Sie hätten eine sehr reiche Freundin. Ihr Ehemann, an dem sie nicht besonders gehangen hat, ist gestorben. Im Andenken an ihn spendet sie diversen Institutionen Geld und widmet ihm eine Reihe von Stiftungen. Jetzt möchte sie wieder heiraten, aber nicht aus Liebe, sondern nur, weil sie nicht allein sein will.

Was denken Sie über sie? Eine Einstellung könnte sich darin äußern, dass Sie ihr Geld gern selber nutzen würden. Vielleicht noch ein paar Informationen: Sie veranstaltet gerne Partys und lädt dazu auch Leute ein, die sie gar nicht besonders gut kennt. Sie gibt regelmäßig vier- bis fünfhundert Dollar am Abend für eine Essenseinladung aus. Was denken Sie wirklich von ihr? Entwickeln Sie eine Einstellung zu ihr? Glauben Sie, ihre Wertvorstellungen sind verzerrt, glauben Sie, dass sie einsam ist, oder missgönnen Sie ihr das viele Geld? Halten Sie sie für völlig chaotisch, verschwenderisch oder dumm?

Lassen wir diese Geschichte noch konkreter werden: Angenommen, diese Frau käme auf mich zu und erklärte mir, sie wolle Regie führen bei einem Stück, das sie mit den Schülern dieser Klasse besetzen wolle. Und ich sagte zu diesem Vorschlag nur: »Warum nicht?« Sie hat das Geld. Warum soll sie nicht Regie führen? Ich lade sie ein, herzukommen und mit meinen Schülern ein Stück aufzuführen. Wie würden Sie reagieren?

Sie möchte professionell behandelt werden. Sie bietet den Schauspielern nur den Mindestlohn an, denn hier ist ja keiner Mitglied in der Schauspielergewerkschaft. Nach der Vorstellung möchte sie gerne noch einen Vortrag über den Autor halten. Ich gehe auf alle ihre Bedingungen ein.

Und wer von euch möchte jetzt in dem Stück dieser Frau auftreten? Nicht so schnell! Und nicht so emotional! Was meinen Sie? Dass sich jemand den Weg ins Theater erkaufen kann, steht im Gegensatz zu allem, wofür das Theater steht – das ist der reine Ausverkauf? Aha! Brad, was meinen Sie? Sie würden einfach das, was diese Frau an richtigen Regieanweisungen gibt, annehmen und das, was nutzlos ist, ignorieren? Sie fänden es also in Ordnung, wenn sie hier aufkreuzen würde.

Das ist doch interessant, finden Sie nicht? Sie haben dieser Frau gegenüber alle schon eine Einstellung entwickelt, noch bevor sie überhaupt in Erscheinung getreten ist. So also ist ein Drama entstanden.

Durch unterschiedliche Reaktionen darauf, was ein anderer ausgedrückt hat, entwickeln wir eine Einstellung zu der betreffenden Person. Wenn ich sage: »Ach schade, ich wünschte, ich könnte kommen, aber es geht leider nicht«, drücke ich eine Einstellung aus. Die Einstellung ist anders, wenn ich sage: »Oh, ich wäre gern gekommen, Liebes, aber ich schaff es einfach nicht.« Die erste klingt aufrichtig, sie kommt von Herzen. Die zweite wirkt weniger echt, vielleicht sogar etwas falsch.

In einem Stück müssen Sie eine Einstellung zu Ihrem Partner finden, um wirklich arbeiten zu können.

Um auf der Bühne zu sprechen, muss man dazu veranlasst werden, etwas muss einen zum Sprechen *bringen*. Entweder jemand sagt etwas zu Ihnen, oder Sie hören ein Geräusch, oder Sie bekommen von anderswo eine Anregung – wenn nicht, dann dürfen Sie nichts sagen. Hat man etwas gesagt, neigt man dazu, auf eine Antwort zu warten. Das nennt man »auf dem Partner sitzen«. Tun Sie das nicht! Warten Sie nicht auf den Dialog, und drängen Sie Ihren Partner auch nicht zu einer raschen Antwort.

Während eines Gesprächs kann einem unerwartet etwas völlig anderes in den Sinn kommen. So sagte ich einmal draußen auf dem Land zu meinem Mann: »Es ist zu kalt, ich möchte nicht, dass der Hund raus geht. Hat man eigentlich jemals den Mann gefasst, der Lincoln ermordete?« Mein letzter Satz hatte rein gar nichts mit dem zu tun, worüber wir vorher gesprochen hatten. Es ist ganz normal, dass einem irrelevante Gedanken in den Sinn kommen, auch wenn sie den Partner völlig überraschen. Wenn Sie tatsächlich mit Ihrem Partner sprechen, muss er Ihnen antworten. Aber wenn Sie einfach nur etwas sagen, das eigentlich keine Antwort erfordert, dann kann er etwas erwidern oder es bleiben lassen.

Jedes Mal müssen Sie so reagieren, als wäre es das erste Mal. Jedes Mal müssen Sie die Bilder erzeugen, die Sie zum Sprechen veranlassen, während Sie gleichzeitig beim Thema bleiben und auf Ihren Partner reagieren. Wenn Sie das tun und zuverlässig auf Ihren Partner reagieren, dann ist Ihr Spiel stimmig.

Widerstehen Sie dem Drang, das Stück Ihren Bedürfnissen anzupassen. Sie müssen sich dem Stück anpassen!

Als Beispiel, wie man fast unbewusst eine Einstellung zu seinem Partner aufbaut, schlage ich Folgendes vor: Ein Theaterregisseur möchte ein Stück mit drei Schülern aufführen – mit Ihnen, Ihnen und Ihnen. Er hat eine Assistentin, und außerdem gibt es noch einen Inspizienten. Sie antworten jetzt bitte laut auf die folgenden Fragen, allerdings nur mit »ja« oder »nein«. Ich erwarte nicht, dass Sie sich immer einig sind.

1.) Berät sich der Inspizient mit dem Regisseur?
2.) Braucht der Regisseur den Inspizienten?
3.) Essen sie zusammen?
4.) Spricht die Assistentin oft mit dem Regisseur?
5.) Lässt der Regisseur seine Assistentin die Proben leiten?
6.) Möchte sie die Proben leiten?

Und so weiter. Selbst wenn nur eine positive oder eine negative Antwort möglich ist, sieht man, wie rasch sich Einstellungen herausbilden; in manchen Fällen basieren sie vielleicht auch auf vergangenen Erfahrungen mit den echten Gegenstücken zu diesen Figuren.

Bauen wir die Theater-Metapher noch etwas aus. Wir stellen ein Ensemble für ein Sommerrepertoire zusammen. Dafür bitte ich sechs Schüler auf die Bühne. Jetzt erzählt uns jeder von Ihnen, wie er den Sommer verbringen möchte. Basierend darauf werden wir abstimmen, wer die unterschiedlichen Aufgaben in unserem Sommerensemble übernehmen soll.

Die Aufgaben sind:

1.) Kassenwart: Er muss die Finanzen kontrollieren, die Rechnungen bezahlen, für schwarze Zahlen sorgen.
2.) Pressereferent: Der dafür Zuständige muss bei den VIPs vorsprechen und Presseveranstaltungen organisieren.
3.) Inspizient: Er ist für sämtliche Termine verantwortlich.
4.) Dramaturg: Er wählt die Stücke aus und ist für die Textarbeit verantwortlich.
5.) Zweitbesetzung für alle männlichen Rollen
6.) Zweitbesetzung für alle weiblichen Rollen

Gut, wir haben abgestimmt. Warum haben Sie gerade *die* Person für die jeweilige Aufgabe gewählt? Sie haben die Charakterelemente zusammengefasst, sie in Handlung und in die verschiedenen Umstände umgesetzt.

Das war doch gar nicht so schwer, oder? Der Schauspieler, der meinte, er würde den Sommer mit Schreiben verbringen, wurde Dramaturg. Sie haben gesagt, er solle sich auf das Element »gelehrsam« konzentrieren. Sie haben ihm die Eigenschaften »geistesabwesend« und »nachlässiges Äußeres« zugeschrieben. Sally wollte im Sommer eine Jazz-Sendung im Rundfunk organisieren. Sie haben wir zur Leiterin der Presseabteilung gemacht. Vorgeschlagen wurde, sie solle sich auf das Charakterelement »aufgeschlossen« konzentrieren.

Billy meinte, er wolle im Sommer faulenzen und Spaß haben. Sein Charakterelement wurde als »sorglos« definiert. Billy, Sie haben keinen Job bekommen.

John wollte sich im Sommer mit Anlagemöglichkeiten befassen, also wurde er unser Finanzverwalter. John wurde das Charakterelement »konservativ« zugeschrieben. Was würden Sie beim Umsetzen des konservativen Elements tun, wenn die Aufführung ein großer Erfolg wäre und der Direktor Sie aufforderte, die Tickets einen Monat im Voraus zu bestellen,

John? Genau, Sie würden die Tickets nur für zwei Wochen im Voraus bestellen für den Fall, dass die Zuschauerzahlen doch wieder sinken. Sehr gut!

Und noch eine Übungsaufgabe, die uns helfen kann, unsere Einstellung zu einem Partner zu verstehen: Eine Schauspielerin und ein Architekt teilen sich eine Wohnung und darüber hinaus noch einiges mehr.

Die Schauspielerin möchte in der gemeinsamen Wohnung eine Party für ihre Freunde veranstalten, der Architekt möchte zu Hause seine Ruhe haben und arbeiten. Die Schauspielerin entdeckt, dass die alkoholischen Getränke, die sie für ihr Fest bestellt hatte, zurückgegeben worden sind. Nun kommt es zwischen den beiden zu einem Streit um Geld und um die Werte, die mit ihren sehr unterschiedlichen Lebensstilen zu tun haben. Der Architekt fordert die Schauspielerin auf zu gehen. Er meint, sie habe einen völlig falschen Weg eingeschlagen und zerstöre sich selbst.

Aus ihrem Streit werden zwei unterschiedliche Standpunkte ersichtlich, der realistische und der künstlerische. Sie greift seine Prinzipien an, sein Erfolgsstreben, sein fantasieloses bürgerliches Leben. Aber in der Zeit, in der sie keine Arbeit hat, ist sie finanziell vom ihm abhängig. Sie erwartete von ihm sogar, für die alkoholischen Getränke aufzukommen. Er prophezeit ihr, sie werde Schiffbruch erleiden, wenn sie so weitermache wie bisher, und als Künstlerin ständig in Unsicherheit leben. Sie wiederum kommt mit ihrer Lebensweise gut zurecht und warnt ihn, dass seine mit einer Menge Beschränkungen einhergehe. Sei kritisiert seinen Ordnungswahn, seinen Mangel an Lebendigkeit und spontaner Kreativität, seine übertriebene Selbstkontrolle. Er kritisiert ihre Freunde, ihre Art sich zu kleiden und ihre Disziplinlosigkeit.

Die Schauspielerin verteidigt sich damit, dass sie ja schließlich nicht jeden Abend eine Party feiere, dass sie fleißig studiere und Tanzunterricht nehme, dass sie demnächst eine Rolle in einem Ensemble bekommen werde, das auf Tournee gehen wolle. Sie fühlt sich nicht verstanden. Der Architekt meint, er wolle sie auch gar nicht mehr verstehen. Er sagt, die Wohnung sei schließlich auch sein Büro, seine Arbeit sei ihm wichtig, und sie nehme im Namen der Kunst zu viele Privilegien in Anspruch. Kürzlich habe er einem ihrer Schauspielerfreunde Geld geliehen, dem der Geldbeutel gestohlen worden sei. Mit einer für ihren Berufsstand typischen Lässigkeit habe ihm dieser das Geld nie zurückerstattet.

Sinngemäß sagt die Schauspielerin also: Ich komme mit der Außenwelt ganz gut zurecht. Ich lerne von ihr. Ich brauche Menschen und muss mich mit Menschen beschäftigen. Man kann nicht für die Zukunft planen. Schon der Versuch ist hoffnungslos. Es gibt keine Garantien. Der Architekt hingegen sagt: Ich lerne aus Büchern. Meine Arbeit befriedigt mich.

Ich brauche keine Menschen. Ich habe keine Angst vor dem Alleinsein. Ich plane und brauche Ordnung. Ich weiß auch, dass es keine Garantien gibt, aber ich muss so weitermachen und mein Bestes geben.

Die Handlung der Schauspielerin besteht darin, eine Party zu veranstalten. Die einzelnen Schritte sind: a) den Raum herzurichten; b) das Essen auf den Tisch zu stellen; c) sich fein zu machen. Die Handlung des Architekten besteht darin, sein wichtiges Projekt fertig zu stellen.

Wenn wir dieses kleine Stück auf die Bühne bringen wollten, könnten wir der Schauspielerin eine Minute geben, um die Party vorzubereiten; dem Architekten eine Minute, in der er nach Hause kommt, um zu arbeiten; der Schauspielerin zwei Minuten, in denen sie entdeckt, dass die Getränke nicht mehr da sind und sie den Architekten zur Rede stellt; sowie beiden einige Minuten für die darauf folgende Diskussion über ihre unterschiedlichen Lebensweisen.

Das Drama entsteht aus der Haltung der Schauspielerin zu dem Architekten und umgekehrt.

Schematisch könnte man ihre Unterschiede etwa so ausdrücken:

SCHAUSPIELERIN	ARCHITEKT
zieht inneres Wachstum der Sicherheit vor,	möchte Sicherheit
lebt ihre Ideale	schließt Kompromisse
übergreifende Handlung: ein Künstlerleben führen	*übergreifende Handlung:* sein Leben kontrollieren
Handlungen: 1.) die Party vorbereiten 2.) Lebensstil erörtern 3.) dem anderen die Zukunft vorhersagen	*Handlungen:* 1.) die Arbeit vorbereiten 2.) Lebensstil erörtern 3.) dem anderen die Zukunft vorhersagen

Diese Hintergrundarbeit müssen Sie unbedingt leisten, wenn Sie die Schauspielerin oder den Architekten spielen und die tiefe Kluft zwischen den beiden aufzeigen möchten. Nur wenn Sie das geschafft haben, haben Sie geleistet, was Sie leisten müssen und ja auch wollen, und nur dann werden Sie diese Diskussion auf ihr höchstes Niveau bringen können – auf die elementare Gegenüberstellung von Kunst versus Kommerz.

Die früheren Erfahrungen, die zur Rechtfertigung vielleicht etwas übertrieben worden sind, mögen nicht mehr so präsent sein, wenn man in der

Gegenwart spricht, aber als Erstes haben Sie diese Vorarbeit zu leisten. Die Worte entstehen aus diesen früheren Erfahrungen, darin gipfelt Ihre Arbeit als Schauspieler. Je intensiver Ihre Vorarbeit in der Vorbereitungsphase war, je mehr Sie in die Vergangenheit investiert haben, desto besser werden Sie den Text verstehen. Auf diesem sicheren Fundament können Einstellungen und Konflikte aufgebaut werden.

Auf alle Fälle brauchen Sie Ihren Partner, der Ihnen Ihre Handlungen liefert, und Sie müssen seine Einstellung allem gegenüber kennen. Lassen Sie es mich noch einmal – und nicht zum letzten Mal – sagen: Zum Dialog kommt es nicht aufgrund eines Stichwortes, sondern dann, wenn Sie Ihren Partner verstehen und auf ihn reagieren.

Wenn Sie diese Übung machen, sollten Sie beide Seiten spielen können.

16. Lektion

Die Figur einkleiden

Zuerst einmal möchte ich, dass sich sechs von Ihnen in einem Abstand von jeweils einem halben Meter auf die Bühne stellen. Okay, danke. Und nun die anderen: Wie beurteilen Sie die Kleidung Ihrer Kommilitonen? Sind sie attraktiv gekleidet? Nicht unbedingt. Sie sind ordentlich gekleidet, sauber. Etwa elegant? Überhaupt nicht. Insgesamt eher salopp und bequem. Kleiden sie sich wie ihre Väter? Das hängt von deren Alter ab. Wenn die Väter in den fünfziger Jahren aufgewachsen sind, werden sie Jacketts und Krawatten getragen haben. Damals trug niemand Ohrringe, Stiefel oder Turnschuhe. Wenn sie in den Sechzigern aufgewachsen sind, dann sahen sie wahrscheinlich ähnlich aus wie diese jungen Männern hier.

Schauspieler müssen die Fähigkeit entwickeln, selbst saloppe Kleidung als etwas Historisches zu sehen. Wenn man sein Hemd so trägt wie unsere Schauspieler hier, mit aufgekrempelten Ärmeln oder offenem Kragenknopf, weist einen das als Vertreter des späten zwanzigsten Jahrhunderts aus. Dasselbe gilt für eine Krawatte mit gelockertem Knoten.

In den Fünfzigern gab es den Prototyp Mann im grauen Flanellanzug. Solche Männer pflegten auf der Madison Avenue zu arbeiten, und die grauen Flanellanzüge waren ihre Uniform. Die jungen Kollegen hier vor uns tragen keine Uniform. Sie haben keinen gemeinsamen Stil, nichts, was sie rein äußerlich verbindet. Sie haben zwar Kleider übernommen, aber keine Kultur. Ihre Kultur holen sie sich beiläufig von unterwegs.

Der Mensch von heute ist kein Geschöpf des Geistes. Er ist ein Geschöpf der Gewohnheit. Er übernimmt Meinungen, die er von anderen hört. Ideen spielen in seinem Leben selten oder nie eine Rolle. Sein Handeln geschieht aus den unterschiedlichsten Gründen, aber selten aufgrund einer Idee.

Meine Herren, Sie können sich wieder hinsetzen! Fassen Sie das jetzt bitte nicht als Kritik auf. Sie sind junge Leute Ihrer Zeit, und wir müssen in der Lage sein, das zu sehen. Als Schauspieler müssen Sie verstehen, dass man sich so kleidet, wie man denkt. In der heutigen Zeit denkt man salopp, spontan, und genau so kleiden Sie sich auch.

Betrachten wir einmal die Art und Weise, wie wir sitzen. Wie viele von uns sitzen aufrecht, wie man es von uns als Kindern immer verlangte? Nicht sehr viele. Die meisten von uns hängen doch irgendwie auf ihren Stühlen herum, und unsere Kleidung ermöglicht es uns auch. Wir tragen keine gestärkten Krägen wie unsere Urgroßväter. Die konnten gar nicht herumlümmeln, dafür sorgte schon ihre Kleidung – vorausgesetzt natürlich, sie stammten aus der Mittel- oder Oberschicht.

Wenn wir Kostüme aus einer anderen Zeit anziehen, dann »verkleiden« wir uns nicht nur. Wir wollen damit ja nicht nur etwas vortäuschen. Wir legen uns auch eine andere Art des Denkens zu. Wir ziehen uns sozusagen ein intellektuelles und geistiges Erbe an.

Man kann ENDSTATION SEHNSUCHT oder Paul Greens 1931 entstandenes Stück THE HOUSE OF CONNOLLY, bei dem es um den Verfall der Südstaatenaristokratie geht, nicht spielen, ohne die kulturelle und gesellschaftliche Stellung des Südens in der amerikanischen Geschichte zu kennen, ohne zum Beispiel zu wissen, dass es im gesellschaftlichen Leben der Südstaaten eine panische Angst vor einer Vermischung der Rassen gab. Wenn man Clifford Odets WARTEN AUF LEFTY spielt, muss man die dreißiger Jahre, die Wirtschaftsdepression verstehen. Man muss das Gewerkschaftswesen verstehen. Andernfalls bleibt einem der Sinn dieses Stückes verschlossen.

Odets, Williams und Green sind relativ moderne Autoren. Unser Erbe als Schauspieler reicht Tausende von Jahren zurück: Wir müssen uns in der Kleidung und der Sprache von Sophokles ebenso heimisch fühlen wie in unseren Turnschuhen. Denken Sie über die Kleidung und die Sprache bei Sam Shepard oder Lanford Wilson nach. Moderne Dramen haben manchmal ähnliche Themen wie antike, aber Kleidung und Sprache sind grundverschieden.

Wir haben an der Rolle gearbeitet, Berufe untersucht, Charakterelemente betrachtet, entdeckt, wie viel wir aus der Arbeit mit einem Partner ziehen können. Aber die richtige Arbeit fängt erst an, wenn man die Rolle in Beziehung zu ihrer Zeit setzt, und damit beginnen wir nun.

Fangen wir mit der Gegenwart an. Wenn ich diese jungen Männer aufgefordert hätte, sich elegant anzuziehen, durch ihre Kleidung etwas auszudrücken, dann wären sie hier ganz anders gekleidet aufgetaucht, nicht in Jeans und T-Shirt. Höchstwahrscheinlich hätten sie Jackett und Krawatte getragen. Durch so etwas gibt man – möglicherweise sogar nur unbewusst – zu, dass Kleider Macht verleihen.

Bei der Art, wie *Sie* sich kleiden, geht es nicht um Macht. Es geht um Bequemlichkeit; Ihre Bequemlichkeit ist Ihnen wichtiger als alles andere. An dieser Stelle muss ich Sie warnen: Wenn Sie daran festhalten, tragen Sie zur Degradierung unseres Berufsstandes bei.

Ihre Kleidung sagt, Sie sind nicht an Form interessiert und auch nicht an Kontrolle. Das ist Ihnen abhanden gekommen. Wenn man sich zwanglos zu Hause trifft, ist das völlig in Ordnung. Aber leider kann man nicht zwanglos auf der Bühne »herumhängen«. Anders als im amerikanischen Leben, in der amerikanischen Kultur ist dort nach wie vor Disziplin erforderlich. Vergessen Sie nie, dass der Mensch sich Dinge zum Anziehen geschaffen hat und dass diese eine Form haben und Macht verleihen. Ein nackter Mensch hat keine Kultur. Die Kultur der Menschheit drückt sich in ihrer Kleidung aus, so wie man an der Uniform eines Soldaten seinen Rang erkennen kann.

Sie müssen unbedingt lernen, dass man die Form nicht verstümmeln darf. Sie neigen dazu zu sagen: Ach, das ist nicht so wichtig. Ich *habe* Macht. Das Kostüm sagt Ihnen, *wie* Sie ein Schauspieler sein können, der Macht hat. Achten Sie darauf. Lernen Sie davon. Durch das, was Sie tragen und wie Sie es tragen, drücken Sie aus, dass Sie die Kontrolle haben. Alles, was Sie anziehen, ist klar definiert. Unterwerfen Sie sich diesem Diktat!

Auf der Bühne sind Sie nichts. Sie sind das, was die Kleider aus Ihnen machen. Kleider sagen etwas aus über Ihre Selbstkontrolle, Ihr Bewusstsein von sich selbst, Ihr gesellschaftliches Bewusstsein. Kleider sagen etwas über Ihre Fähigkeit aus, sich gewissen Beschränkungen zu unterwerfen, Ihre Fähigkeit, Achtung gebietend aufzutreten. Wenn Sie Ihre persönlichen Kleider tragen, sind Sie auf Ihren persönlichen Geist beschränkt, auf Ihre persönliche Erinnerung. So kann man nicht spielen. Man kann nur man selbst sein.

Jemand, der einen bestimmten Beruf ausübt, trägt die Kleidung, die ihm Charakter verleiht und seinem Beruf entspricht. Würden Sie sich mit einem Polizisten anlegen? Nein. Seine Uniform verdeutlicht seine Autorität. Der Polizist, der Arzt, der Geistliche – sie alle tragen eine Uniform. Wenn sie es nicht tun, werden sie nicht als solche wahrgenommen. Die Uniform eines Polizisten steht für etwas Bestimmtes, nämlich für Recht und Ordnung. Der weiße Kittel eines Arztes steht für Zivilisation und Heilkunde. Die Robe eines Richters fällt ein Urteil über Sie, noch bevor es der Richter tut. Ein Leben ohne Gesetze ist unzivilisiert. Dafür steht der Richter. In England tragen die Richter eine weiße Perücke. Sie mögen das komisch finden, den Engländern jedoch flößt es Ehrfurcht ein. Wenn Sie eine solche Perücke tragen, müssen Sie herausfinden, warum sie Macht ausstrahlt und woher diese kommt. Jene Perücken werden von Generation zu Generation weiter vererbt, manche von ihnen sind älter als Amerika.

Wenn jemand ein Kostüm anzieht, gibt er auch etwas von sich auf, er opfert etwas. Der uniformierte Polizist gibt sein persönliches Selbst für etwas Größeres auf. Mit seiner Kutte löscht der Priester sein kleinliches Selbst aus, er entsagt ihm, um Gott zu dienen.

Nur der Mensch zieht sich Kleider an und spricht, nur er ist zivilisiert. Sie müssen die Verantwortung für die Zivilisation übernehmen, und das tun Sie, indem Sie deren Symbole achten. Vor allem der Schauspieler muss zivilisiert sein. Er muss sich ganz und gar unter Kontrolle haben. Er muss seinen Körper und sein Kostüm kontrollieren. Er muss sich in sämtlichen Bereichen kontrollieren.

Lernen Sie, Dinge bzw. Gegenstände und deren Forderungen zu respektieren. Ein Bett sagt uns, was wir zu tun haben. Ein Stuhl sagt uns etwas anderes. Der Stuhl hat einen bestimmten Entwurf. Nehmen Sie sich seine Botschaft zu Herzen. Sie können sich auf Ihren Stuhl lümmeln, seine Botschaft ignorieren und Rückenschmerzen bekommen. Probieren Sie es aus: Sitzen Sie krumm und schief auf Ihren Stühlen. Ruinieren Sie sich Ihre Haltung und Ihre Karriere. Diejenigen von Ihnen, die sich in einer krummen Haltung nicht so wohl fühlen, müssen vielleicht einen weniger langen Weg zurücklegen. Ihre Mutter wäre stolz auf sie. Und wichtiger noch: Sophokles wäre es ebenso.

Jedes Ding hat seinen Zweck. Respektieren Sie das. Finden Sie heraus, welche Forderungen der Gegenstand an Sie stellt. Auf diese Weise kennen und respektieren Sie die Zivilisation, das, was der Mensch geschaffen hat. Ihre Art, mit dem Leben und den Dingen umzugehen, ist manchmal wirklich nur noch pervers zu nennen. Etwa, wenn Sie Dinge einfach als »Mist« bezeichnen. »Schau mal den ganzen Mist an, den ich mir gekauft hab!«, sagen Sie. Für Sie ist alles Mist. Aber Sie stecken auch darin fest! Jedes Ding hat seine Geschichte, sein Leben, seine Forderungen, einen Grund, warum man es achten sollte.

Lernen Sie, den Raum, den der Mensch geschaffen hat, zu achten. Auch der Raum stellt seine Forderungen an Sie, lehrt Sie Kontrolle. Man kleidet sich auf eine bestimmte Art und Weise, wenn man in eine Kirche geht. Die Kirche wirkt sich auf Ihr Verhalten aus. Sie sind in einer Welt aufgewachsen, in der Ihnen ständig gesagt wurde: »Du bist der Größte«. Auf der Bühne sind *Sie* jedoch ein Nichts. Sie sind nur wichtig als die Figur, die Sie darstellen, nur in den Umständen, in denen Sie sich gerade befinden.

Die Umstände schreiben uns vor, wie wir uns zu verhalten haben. Würden Sie den Papst mit einem lässigen »Hallo!« begrüßen? Nein! So viel Geschichte steckt sogar noch in Ihnen und hilft Ihnen, sich zu zügeln. Sie müssen sich um ein umfassenderes Verständnis dessen bemühen, was es heißt, ein Mensch zu sein. Was es heißt, die Formen zu wahren, die Kontrolle zu behalten, in Ihrer Spezies die Ewigkeit zu repräsentieren.

Am Anfang dieser Lektion sagte ich Ihnen, wir müssten die Figur in der Beziehung zu ihrer Zeit verstehen. Beginnen wir mal wieder bei der Natur – wir können immer von der Natur lernen. Ich werde nun den Diaprojektor anschalten und Ihnen ein Dia zeigen, auf dem ein paar große Bäume zu sehen sind. Die Bäume wachsen hoch, immer höher, sie versuchen, bis in den Himmel zu wachsen. Der Baum reckt sich naturgemäß himmelwärts, gibt aber auch Naturgewalten nach.

Stehen Sie auf. Lassen Sie Ihre Körper ganz groß werden. Strecken Sie die Arme hoch. Noch ein Stückchen höher! Greifen Sie nach dem Himmel. Jetzt stellen Sie sich vor, es käme ein heftiger Wind auf, der Sie hin und her wirft. Schwanken Sie nach rechts, nach links, nach vorne, nach hinten – aber anmutig, nur leicht gebeugt! Der Baum gibt nach. Lassen Sie sich von dem Baum zeigen, was es heißt nachzugeben.

Auf dem nächsten Dia sehen wir einen großen Felsen. Wie der Baum ist auch der Fels fest im Boden verankert. Anders als der Baum gibt er nicht nach. Nichts kann dem Fels etwas anhaben, egal, was sich um ihn herum abspielt. Der Fels ist unbeweglich. Er kann nicht nach vorne, nicht nach hinten gehen. Die Umwelt kann sich seiner nur schwer bemächtigen. Der Wind kann Risse im Fels verursachen, aber er kann ihn nicht zerstören. Seine Stärke zieht der Fels aus seinem festen Fundament. Verwurzelung verleiht Macht. Das ist unser größtes Problem: Wir sind nicht verwurzelt. Das unterscheidet uns von den Schauspielern früherer Zeiten, die wussten, sie haben ein Fundament und können darauf bauen und Stärke entwickeln. Das zeigt uns ein Fels: Der Mensch braucht Macht. Er braucht ein Fundament, das ihm Macht verleiht.

Nun stellen wir uns alle hin und stellen uns vor, ein Fels zu sein. Der Mensch kann seine Macht verankern, indem er wie ein Fels steht. Sie müssen Stärke ausstrahlen. Machen wir einmal den ganzen Körper zu einem Felsen – den Kopf, den Nacken, die Augen. Ein Fels verliert nie sein Fundament. Er kann Risse bekommen, aber er bleibt ein Fels. Anders als der Baum, der dem Wind nachgibt, lässt er den Wind an sich abprallen.

Auf dem nächsten Dia können wir die Ruinen eines griechischen Tempels erkennen. Hier sehen wir zum ersten Mal, was der Mensch mit dem Fels gemacht hat. Mit den griechischen Tempeln schuf der Mensch die Form. Er kontrollierte die Natur, indem er sie mit immer neuen Entwürfen bzw. Bauten bestückte. Das bedeutete Macht. In der heutigen Zeit zerstören wir die Form und sind selbst auch formlos.

Die Zivilisation entstand, als der Mensch begann, sich seine Welt zu schaffen. Er nahm etwas Vorhandenes, den Stein, und gab ihm eine Form. Er bearbeitete den Stein, formte ihn und wiederholte diese Form. Er schuf ein Gefühl von Kontinuität und Ordnung; und er wollte, dass dies Tausende von Jahren Bestand hätte.

Auf dem nächsten Dia sehen wir eine griechische Säule in Nahaufnahme. Die Griechen verwandelten Stein in Skulpturen. Die Säulen sind gerillt, die Kapitelle mit Skulpturen versehen. Nichts davon schmälert die Stärke des Steins. Selbst in der Ruine eines Tempels lässt sich noch die Stärke des Steins erkennen. Die Griechen machten aus Steinen eine menschliche Schöpfung. Der Fels wurde bearbeitet, in ein System gebracht. Die Säulen stehen in einer Flucht, symmetrisch, perfekt ausbalanciert. Der Mensch geht kreativ mit der Stärke des Steins um, macht ihn aber auch zu einem Symbol der Ordnung. An diesen Säulen ist nichts Zufälliges.

Der Mensch fügt der Macht des Marmors eine Form hinzu, einen Entwurf, eine Verzierung. Die starke Basis ist für die Verzierung unerlässlich, ohne Basis kann man nichts verzieren. Der Bildhauer nimmt einen Stein und formt ihn. Sie brauchen diese Basis, diese Stärke, um Verhaltensweisen, Ausdrücke, Wörter zu definieren. Der Mensch ist dort am stärksten, wo er Form schafft.

Die Säulen haben Kronen, Kapitelle. Der Mensch hat die Basis gestaltet und sie mit seinem Machtsymbol, der Krone, versehen. Man schmückt sich, um zu zeigen, dass man jemand ist, der eine gewisse Macht besitzt. Wir haben die schmückende Form und damit auch das Königreich verloren. Der Mensch muss die Symbole seiner Macht tragen – die Krone oder auch den Geschäftsanzug.

Kommen Sie jetzt bitte alle auf die Bühne. Stellen Sie sich so hin, als wollten Sie die aus dem Boden aufsteigende Macht symbolisieren. Sagen Sie: »Ich spüre die Macht, die von der Erde in mich dringt.«

Jetzt bilden Sie einen Kreis, und zwar so, als wäre jeder von Ihnen die Basis einer Säule, in einem regelmäßigen Abstand zu einander. Schauen Sie sich ihre Nachbarn genau an: Sie sind stark, weil Sie in Ihrer Form vervielfacht sind, wiederholt. Seien Sie sich der Gesamtform bewusst, die Sie schaffen. Ich möchte nicht, dass Sie ungeordnet dastehen!

Gut, und jetzt bewegen Sie sich bitte, behalten aber die Stärke bei, die Ihnen die Basis verleiht. Halten Sie sich aufrecht, auch in der Bewegung. Jetzt geben Sie die Form auf. Sinken Sie in sich zusammen, krümmen Sie sich, lassen Sie die Schultern herabsinken – aber nur ganz kurz. Jetzt nehmen Sie wieder die Form einer Säule an. Der Mensch hat die Formlosigkeit besiegt. Jetzt kontrolliert er sich und er erkennt die Form in sich wie seinem Nachbarn.

Als Nächstes betrachten wir das Dia einer mittelalterlichen Kathedrale. Dabei wird dieselbe Grundformel verwendet. In einer Kathedrale wiederholen sich die Bauelemente, sie sind symmetrisch angeordnet. Eine Kathedrale drückt Kontinuität aus, Macht. Jeder einzelne noch so kleine Stein in dieser Kathedrale ist verziert. Macht geht einher mit Verzierung.

Etwas ganz tief im Menschen ruft danach, »verziert« zu sein. Man läuft nicht nackt auf der Straße herum. Wir sind jedoch dabei, dieses Gefühl der Verzierung zu verlieren. Wenn wir es gänzlich verlieren, haben wir unseren Überlebenswillen verloren. Momentan sind wir in unserer Gesellschaft unstrukturiert. Die Struktur, die wir auf dem Dia vor uns sehen, diese Kirche hier, ist nicht nackt. Sie hat einen Entwurf. Durch Ihre Kleidung entwerfen Sie sich selbst – wie die Kathedrale.

Heute orientiert man sich an der Mode, nicht am Stil. Die Mode beutet uns aus. Sie hat nichts mit Macht zu tun, sondern nur mit oberflächlicher Verzierung. Dem Menschen wohnt eine Stärke inne, die ihn früher dazu befähigt hat, Kathedralen zu bauen. Unsere Spezies hat die Stärke, nach oben zu greifen, wie die Kathedrale, nach etwas Größerem, das über unser Selbst hinausreicht. Die Macht ist in Ihnen – wie auch immer Sie sie bezeichnen wollen. Doch Ihr Äußeres muss das Innere widerspiegeln, es muss etwas Mächtiges zeigen, nicht etwas Schlampiges, Kaputtes.

Sie müssen begreifen, dass die Form die Figur schafft, die aus einer starken Basis heraus erwächst. Bei den Griechen verdeutlichten zwei Götter das damals vorherrschende Verständnis von Zivilisation, und zwar einer im negativen Sinne – also die Abwesenheit von Zivilisation – und einer im positiven Sinne: Dionysos, der Gott des Weines und der Sinnenfreuden, und Apollon, der die zivilisierte Seite des Menschen repräsentiert. Dionysos glorifiziert die erotische Liebe in all ihrem Wahn und Furor. Apollon repräsentiert die spirituelle Liebe, die Liebe, die adelt, die anderen hilft. Dionysos, dem Partylöwen, huldigen wir auch heute noch, aber Apollon haben wir aus unserem Olymp verbannt. Er ist uns zu bieder.

Doch Zivilisation bedeutet, sich nicht gehen zu lassen, sich nicht zu gestatten, alles zu tun, was man will. Zivilisation bedeutet Zurückhaltung und Kontrolle. Am einfachsten erkennt man die Bedeutung von Zivilisation, wenn man sich mit dem mittelalterlichen Klerus beschäftigt.

Bitte kommen Sie als mittelalterlicher Geistlicher zur nächsten Unterrichtsstunde. Die Tracht einer Nonne oder eines Priesters der katholischen Kirche des Mittelalters drückt alles aus, was es über so eine Figur zu sagen gibt. Was Sie anziehen, ist die Figur. Ihre Kleidung wirkt sich auf Ihr Innenleben aus.

Bereiten Sie ein paar zu dem Kostüm passende Gesten vor und suchen Sie einige Stellen aus der King-James-Bibel aus, nicht aus einer modernen Übersetzung, die Sie uns in der entsprechenden Tracht vortragen. Ob Ihre Seelen davon profitieren, weiß ich nicht, aber Ihr Spiel wird es sicherlich tun.

17. Lektion

Den Rhythmus einer Rolle kennen lernen

Heute haben sich hier lauter Nonnen, Bischöfe, Mönche und Äbtissinnen versammelt. Eine Nonne soll sich bitte auf die Bühne begeben. Danke! Früher fand der Mensch durch die Kirche eine Form, die es ihm ermöglichte, Luxus, Begierden, ja, allem Instinktmäßigen zugunsten von Reinheit und Nächstenliebe zu entsagen.

Sehen Sie nur, wie weiß die Tracht unserer Nonne hier ist! Die fließende Form verbirgt alles, was an weiblicher Schönheit darunter versteckt sein mag. Ihr Haar, ihre Brüste, alles, was an einer Frau körperlich anziehend wirkt, ist verhüllt. Mehr als das »vernünftige« Schuhwerk und das Gesicht sind kaum zu sehen.

Die Gewänder der Kleriker spiegeln die Denkungsart der Kirche. In der Kirche kennt man die Bedeutung von Opfer. Bei den griechischen Säulen sahen wir eine starke, feste Basis. Wir fühlten die zu Grunde liegende Stärke. Dasselbe sollten wir bei Menschen spüren, die eine Ordenstracht tragen. Die Mitglieder eines Ordens sind wie Säulen. Sie kleiden sich alle gleich. Sie stehen nicht für Individualität. Sie fühlen sich ihrem Orden schon allein durch das zugehörig, was sich bei ihnen allen wiederholt.

Ihnen ist auch eine Art des Denkens gemeinsam. Wir hingegen sind allein in dem, was wir denken. Wir stehen außen vor. Jeder von uns ist allein. Wir hier Anwesenden teilen nur eines: unser Bekenntnis zum Theater. Aber das können wir nicht durch unsere Kleidung zeigen. Wenn man einem Orden angehört, zeigt sich schon an der Kleidung das Bekenntnis zu Gott, das brennende Bedürfnis, Gott zu dienen. Den meisten von Ihnen ist das wahrscheinlich völlig fremd. Sie haben keine kosmischen Werte mehr, Sie sind mit dem Materialismus aufgewachsen. Schließlich will die Werbung ihre guten Kunden nicht hinter Klostermauern verschwinden sehen.

Jetzt bitte ich unsere junge weißgewandete Nonne, sich auf die Bühne zu setzen. So ist es gut. Verschränken Sie die Beine, ziehen Sie einen Schuh aus, zerknittern Sie Ihren Strumpf. Lehnen Sie sich nach hinten, stützen Sie sich auf die Ellbogen. Sitzen Sie gemütlich so? Natürlich nicht! In diesem Kostüm würden Sie wahrscheinlich am liebsten ganz aufrecht sitzen. Meinen Anweisungen folgend sitzen Sie jetzt freilich eher da wie eine Landstreicherin, nicht wie eine Nonne. Das steht nicht im Einklang mit dem Kostüm und der Rolle.

Jetzt sehen Sie, dass das Kostüm die Rolle prägt. Was man anzieht, prägt die Rolle, wirkt sich auf das Innere des Schauspielers aus. Das Äußere führt dazu, dass man bestimmte Dinge in sich spürt. Das Kostüm hilft uns, den Impuls, uns hinzulümmeln und es uns bequem zu machen, zu bändigen.

In der Welt der Griechen, mit der wir uns beschäftigt haben, bedeutete Zivilisation, sich nicht gehen zu lassen, nicht einfach das zu tun, was man wollte. Zivilisation bedeutete Beherrschtheit und Kontrolle.

Die Renaissance-Maler verherrlichten die Madonna mit ihrem Kind. Nirgends ist Beherrschtheit so hervorragend ausgedrückt wie in diesen Madonnen-Figuren. In ihren Gesichtern liegt nichts als Zärtlichkeit. Sie verschenken ihre Liebe. Sie wirken völlig selbstlos. Mein Ich, sagen sie, ist verborgen, damit ich euch alles geben kann. Die Liebe in diesen Bildern ist sanfter als alles, was Sie zu sehen gewohnt sind. Sie stellen sich die Liebe viel zu quadratisch, viel zu kraftvoll vor. Die Liebe der Madonna strömt aus ihrem Herzen in die Welt. Sie hingegen holen sich Liebe aus der Welt und stecken sie sich in die Tasche.

Der Klerus ist ein Symbol für Zivilisation. Nonnentrachten sind entweder schwarz oder weiß. Nonnen zeigen kein Haar, sie tragen keinen Schmuck bis auf das Kreuz. Das Symbol des Priesters ist sein Kragen, sein Symbol für seine Zivilisiertheit. Alles an dem Priester ist geordnet. Die Körper von Priestern und Nonnen sind bedeckt, verborgen. Die Kutte eines Priesters hilft ihm, sich den Freuden eines Laien zu widersetzen. Sie hilft ihm, seine etwaigen Bedürfnisse nach Sex, Drogen, Dingen, die ihm nicht gehören, ruhig zu stellen, ja vielleicht sogar völlig zu ersticken. Um der Zivilisation durch die Kirche zu dienen, muss man alles opfern. Die Tracht verbirgt das Ego, das auch in einem solchen Menschen wohnen mag; sie befreit ihn, damit er anderen etwas geben kann. Und sie verleiht ihm auch eine grundlegende Stärke. Ängste und Zweifel lösen sich auf, wenn man im Dienste Gottes steht.

Sie müssen erkennen, dass jede Rolle einen bestimmten Rhythmus hat. In der Kirche ist dieser Rhythmus von Ruhe und Frieden geprägt. Eine Nonne muss sich nicht abhetzen. Ihre Lebensumstände verleihen ihr Sicherheit. Das lernen Sie aus dem Kostüm – es bringt Ihnen bei, wie Sie sich zu bewegen haben.

Jetzt gehen wir alle auf die Bühne und bilden Fünferreihen. Bitte halten Sie einen gleichen Abstand – sowohl zwischen den Einzelnen als auch zwischen den Reihen. Wir arbeiten an der Gleichheit, die uns Stärke verleiht. Ich werde jetzt mit einer Glocke läuten, und dann vollziehen Sie alle eine Geste, die einem Kleriker entspricht. Sie können sich hinknien, beten, sich bekreuzigen.

Jeder von Ihnen hat etwas anderes, eine andere Bewegung gemacht. Daraus ziehen Sie keine Stärke, stimmt's?

Beim nächsten Glockenton knien Sie sich bitte alle hin. Beim übernächsten bekreuzigen Sie sich alle und am Schluss singen Sie alle zusammen das *Kyrie Eleison* – Gott, erbarme dich unser –, während Sie sich bekreuzigen.

Sehr gut! Jetzt können Sie wieder zurück auf Ihre Plätze, allerdings in Ihren Rollen, nicht als Individuen!

Diese Übung soll Ihnen helfen zu begreifen, dass die Zivilisation Formen entwickelt, um den Menschen in eine Beziehung zur Welt zu setzen. In den Formen der Kirche verliert man sich selbst, um die Welt zu finden. So etwas tun Tiere nicht. Aber der Mensch bemüht sich darum, die Welt zu erkennen, er hat dafür Worte gefunden. Nur der Mensch zieht sich etwas an, nur der Mensch hat eine Sprache.

Der Mensch erkennt, dass er für die Zivilisation verantwortlich ist. Sie müssen einsehen, dass Sie die Zivilisation vernichten, wenn Sie ihre Symbole nicht anerkennen. Der Schauspieler muss zivilisiert sein, er muss Selbstbeherrschung üben. Er muss seinen Körper beherrschen – im Kostüm, aber auch in jeder anderen Hinsicht.

Dem Körper auferlegte Beschränkungen wirken sich auch auf die Gesten aus. Wenn Ihre Hände gefesselt wären, könnten Sie sie nur eingeschränkt bewegen. Wenn Sie ein Gefangener wären, würden Sie diesen Zwang hassen. Aber als Geistlicher akzeptieren Sie die Beschränkungen. Sie sehen sie als Aufforderung, sich zu fügen. Sie wissen, dass in der Fügung mehr Stärke liegt als in ohnmächtiger Wut.

Schauspieler müssen das Konventionelle, das übernommene Klischee meiden. Ein Leben, in dem es bestimmte Beschränkungen gibt, ist nicht traurig, auch wenn es etwas Trauriges an sich hat. Aber es hat auch ganz eigene Freuden. Sie müssen die Freude wie das Traurige finden. Ein Kind wird geboren. Das stimmt Sie froh. Aber auch der Gedanke, dass man Gott dient, wodurch man ein Teil der Welt wird, stimmt einen froh. Sie müssen das erhebende Gefühl von Freude und Sicherheit spüren. Sie müssen die Freude des Gebens verstehen. Ihr entwachsen Sicherheit, Frieden, Gesundheit. Und sie zivilisiert andere.

Ich brauche jetzt vier Freiwillige. Setzen Sie sich einander gegenüber auf die Bühne. Auch wenn Sie sitzen, möchte ich noch etwas von Ihrer Macht sehen. In jeder Bewegung möchte ich sehen, wie Sie nach oben greifen wie die Kathedralen, hin zu einer größeren Macht. Sie dürfen nie vergessen: Wir sind stark genug, um Kathedralen zu bauen. Sagen Sie sich selbst: »Ich bin mächtig, nicht liederlich, nicht gebrochen.«

Jetzt erörtern Sie bitte, ob es Klerikern gestattet sein sollte zu heiraten. Das ist eine ziemlich große Idee. Ich möchte, dass Sie sich das, was Sie sagen, gut überlegen. Unterwerfen Sie sich den Zwängen Ihrer Kostüme. Lassen Sie sich von der Macht der Idee zu Ihren Argumenten leiten.

Gehen Sie mit Gesten sehr behutsam um. Wer denkt, muss weniger gestikulieren. Belanglose Gesten stellen sich den Ideen nämlich in den Weg. In dieser Situation sind spontane Gesten nicht notwendig. Und wenn Sie unbedingt gestikulieren wollen, dann fließend, nicht abgehackt. Ihre Gesten sollten überlegt sein, wie Wellen, wie eine Kurve, keinesfalls starr.

Bei dieser Erörterung will ich jetzt nichts hören oder sehen, was von Ihnen persönlich kommt. Darum, um *Sie*, geht es hier nicht. Die Ideen müssen die Autorität einer Institution, sie müssen Größe haben. Die Gedankenwelt der Kirche verstehen zu wollen, ist eine sehr gute Übung für Sie, weil Sie dadurch lernen, nicht gewöhnlich zu sein. Sie sind hier, weil Ihr Talent geweckt werden soll. Aber zuerst müssen Sie die Unordnung in Ihren Seelen beseitigen.

Ihrem Wunsch zu spielen sollte das Bedürfnis zu Grunde liegen, zu etwas Größerem im Leben vorzudringen. Sie sollten einsehen, dass das Leben ziemlich öde ist und Ihr Spiel noch öder, solange Sie nicht gelernt haben, etwas zu verschenken. Deshalb sind diese Übungen nützlich. Dabei geht es nicht nur darum, dass Sie lernen, eine bestimmte Rolle zu spielen. Es geht um die Welt an sich.

(*Die Schauspieler erörtern, ob Priester heiraten sollten.*)

Gut, das ist immerhin ein Anfang. Inzwischen haben Sie hoffentlich begriffen, dass diese Übungen nicht nur ein einziges Mal gemacht und dann wieder vergessen werden sollten. Mit Wegwerfkultur hat das hier nichts zu tun. Sie können immer wieder einen Nutzen aus den Übungen ziehen, solange Sie bereit sind, an ihnen zu arbeiten.

Wenn Sie einen Priester spielen, sind Sie Teil einer Gesellschaft, in der Worte Größe haben. Sie sind Teil eines Ordens und haben sich verpflichtet, eine Botschaft zu verkünden. Ziehen Sie Ihre Rolle nicht auf das Kleinliche Ihres normalen Lebens herab. Wenn Sie sie nur verunstalten könnten, lassen Sie es bitte bleiben.

Denken Sie an Ihre Passagen aus der King-James-Bibel. In dieser Übersetzung sind die Worte sorgfältig nach ihrer Schönheit und Bedeutung ausgewählt worden. Verwandeln Sie sie nicht in »natürliche« Prosa. Das wäre kindisch und würde zudem eine Verunglimpfung des gesamten amerikanischen Theaters bedeuten. Nur, weil Sie Ihren Spaß haben wollen, würden alle anderen ärmer werden. Verunglimpfen Sie bitte keine Institutionen und Ideen, die sich Jahrhunderte lang bewährt haben!

Wer möchte uns gern seine Bibelstelle vorlesen? Auf das, was Sie jetzt tun sollen, sind Sie genügend vorbereitet worden. Sie wissen inzwischen, wie man eine Situation aufbaut: Sie müssen sich gut überlegen, an wen Sie Ihre Worte richten. Die Notwendigkeit, diese Worte zu äußern, muss von außen kommen. Lesen Sie einer Gruppe von Nonnen aus der Bibel vor? Was erwarten diese von Ihnen? Oder einer Gruppe von Kindern? Das Kind möchte, dass Sie ihm etwas erklären, ihm etwas beibringen.

Ihre Vorbereitung solcher Texte besteht unter anderem auch darin, sich dazu Bilder vorzustellen. Wenn Sie den dreiundzwanzigsten Psalm lesen, müssen Sie hinter den »grünen Auen« auch ein Bild sehen, sonst sagen Ihre Zuhörer bloß: »Das haben wir alles schon gehört.« Sonst handelt es sich um nicht mehr als um eine schlechte Predigt.

Sie müssen Ihr Tun auch rechtfertigen. Legen Sie den Ort der Handlung fest. Sprechen Sie in einem Klassenzimmer? Einem Klosterraum? Von der Kanzel herab? Und zu wem sprechen Sie? Zu einer Gruppe Mönche? Oder zu einem sündigen Kind? An einem offenen Grab? Vor dem Altar?

Das Spielen einer religiösen Rolle erfordert eine spezielle Beziehung zu den Worten, und zwar in einem viel stärkeren Maße als bei vielen anderen Rollen. Ich habe schon mehrfach gesagt, dass der Text *in* Ihnen sein muss, dass es nicht nur die Worte des Autors sein dürfen. Ohne die Bedeutung, die *Sie* den Worten des Autors verleihen, sind diese leblos – obwohl die Worte bei einem biblischen Text oder auch bei Shakespeare ein ganz besonderes Leben in sich bergen.

Wenn Sie eine Nonne oder ein Priester sind, dann wissen Sie, dass Sie die Stärke, die Macht, die Autorität Gottes in sich haben. Das Kostüm verleiht Ihnen die Macht Gottes. Sie wissen, was Gott sagt. Als Nonne fühlen Sie sich befähigt, auf alles eine Antwort zu finden, alles zu verstehen und zu lösen. Sie lassen sich nicht von »Problemen« überwältigen. Sie wissen, was Keuschheit bedeutet, und auch der Tod ist Ihnen nicht fremd. Sie fühlen sich geborgen in den Worten Gottes.

Wenn Sie als Nonne sprechen, müssen wir sehen, dass Sie nicht zweifeln. Wir müssen erkennen, dass Sie Bescheid wissen. Sie wissen alles über die Menschen und ihre Verderbtheit. In Ihnen lodert der göttliche Funke. Das verleiht Ihnen Autorität. Sie kümmern sich um unser Seelenheil. Sie repräsentieren das Wissen Gottes. Seien Sie nicht demütig. Durch Sie spricht Gott!

In so einem Fall sind die Worte wichtiger als das Gefühl. Die Worte müssen alles tun. Fühlen Sie nicht zu viel. Lassen Sie das Gefühl nicht stärker werden als die Worte. Wir wollen eher die Worte hören als das Gefühl. Ziehen Sie also einen Genuss aus der Sprache. Wenn Sie das nicht tun, verändern Sie den Stil. Spüren Sie die Macht, die diesen Worten innewohnt. Verbinden Sie die Gedanken und die Sprache, damit wir einen Rhythmus spüren. Seien Sie laut, aber nicht zornig.

Ein Stück, das sich in dieser Situation besonders zum Üben für Sie eignet, ist Shakespeares MASS FÜR MASS, genauer: Isabellas Appell an ihren Bruder.

»O Tier!
O feige Memm'! o treulos Ehrvergeßner,
Soll meine Sünde dich zum Mann erschaffen? –
Ist's nicht blutschänd'risch, Leben zu empfahn
Durch deiner Schwester Schmach? Was muß ich glauben?
Hilf Gott! War meine Mutter falsch dem Vater?
Denn solch entartet wildes Unkraut sproß
Niemals aus seinem Blute. Dir entsag' ich,
Stirb, fahre hin! Wenn auch mein Fußfall nur
Dein Schicksal werden möcht', ich ließ' es walten:
Ich bete tausendmal für deinen Tod,
Kein Wort zur Rettung.
[...]
Dein Sünd'gen war kein Fall, war schon Gewerbe,
Und Gnade würd' an dir zur Kupplerin:
Am besten stirbst du gleich.«

Um ihre Jungfräulichkeit zu bewahren, bedrängt Isabella ihren Bruder zu sterben. Ich kann mir keine Idee vorstellen, die Ihnen fremder wäre. Abgesehen von der Schönheit der Sprache erfahren Sie aus Isabellas Bitte auch, was es bedeutet, sich von Ideen und nicht von Gefühlen leiten zu lassen.

Isabellas Denken ist von großen Ideen erfüllt. Ihre Ideen sind ihr wichtiger als das, was sie »fühlt«. Sie bedrängt ihren Bruder zu sterben, damit sie rein bleiben und der Welt dienen kann. Sie hält ihre Mission für wesentlich wichtiger als sein Leben. Das soll aber nicht heißen, dass sie ihn nicht liebte! Doch sie weiß, dass es eine größere Liebe gibt als die, die die Menschen aneinander bindet. Sie beschwört ihn um einer weitaus größeren Liebe willen. Sie kann ihn nur um dieses Opfer bitten, weil ihre gegenseitige Liebe klar ist, aber sie verlässt sich auch auf seine Fähigkeit zu erkennen, dass ihre religiösen Verpflichtungen, ihre Fähigkeit, der Welt als Nonne zu dienen, den Wert ihrer beider Leben übersteigt.

Diese Welt ist größer als unsere Warenwelt.

18. LEKTION

Schauspieler sind Aristokraten

Neun Zehntel allen Spielens ist Ihre Sache. Ich hoffe, Sie haben inzwischen die Vorstellung aufgegeben, dass ich Ihnen hier alles beibringen würde. Sie sind nicht hier, um mir nur zuzuhören und mitzuschreiben. Damit ist es nicht getan. Sie sind hier, um zu lernen, sich emporzurecken, in Ihrem Leben und auf der Bühne.

Mein Unterricht soll Ihnen helfen, von Ihrem Selbst, von Ihrem simplen Verständnis von Sprache und vor allem auch von Ihrem demokratisierten Denken Abstand zu gewinnen. Wie gesagt, Sie als Amerikaner glauben ja, die Gesellschaft, die Sie umgibt, sei klassenlos. Das stimmt nicht! Die Klassen entsprechen zwar nicht dem traditionellen europäischen Verständnis, aber es gibt sie dennoch.

Als Schauspieler lassen wir die Klassenstruktur hinter uns. Wir sind Arbeiter, auch wenn wir nicht der Arbeiterklasse angehören. Die meisten von uns kommen aus der Mittelschicht, aber wir müssen uns von den Vorurteilen und Konventionen des Mittelschichtdenkens lösen. Manche kommen auch aus der Oberschicht, aber auf dieses Denken können wir uns ebenso wenig beschränken.

Wenn wir uns mit irgendeinem Stand identifizieren wollen, dann mit der Aristokratie. In Amerika gibt es keine Aristokraten. Es gibt zwar Menschen mit sehr viel Geld, die sich wie Aristokraten aufführen, aber meist eben nur im Hinblick aufs Geldausgeben. Diese Leute haben das Geld, aber nicht die Klasse. Ihnen geht die wahre Freiheit ab, das großzügige Denken, die tief verwurzelte Ästhetik, die einen Aristokraten kennzeichnet.

Wir haben den Klerus in seiner reinsten Form studiert, den Klerus des Mittelalters, als die Kirche die westliche Welt regierte. Wenn Sie später einmal einen Geistlichen spielen sollten, dann wird diese Rolle sicher kaum den Modellen entsprechen, über die wir gesprochen haben, aber das sind die Ideale, von denen der spätere Klerus abstammt. Nur, wer wirklich verstanden hat, was ein Priester oder eine Nonne sein könnte und früher einmal war, kann einen modernen Priester verstehen. Sie profitieren immens davon, wenn Sie begreifen, wie die moderne Mentalität den Priester daran hindert, die Rolle zu spielen, die er im Mittelalter innehatte. Der moderne Priester ist im Gegensatz zu seinem mittelalterlichen Vorgänger ein gebrochener Mensch. Wir als Schauspieler müssen unbedingt erkennen, was die moderne Welt alles zerstört hat.

Als Nächstes wollen wir die Klasse der Aristokraten betrachten, welche die moderne Welt ebenfalls entmachtet hat. Früher spielte diese Klasse eine entscheidende Rolle in der Welt. Manchmal tut sie das auch heute noch. Als die Vereinten Nationen ihr fünfzigjähriges Bestehen feierten, waren auch Mitglieder aus Königshäusern eingeladen, und ihre Anwesenheit und Autorität machte sich deutlich bemerkbar.

Wir wollen jetzt den Aristokraten in seiner Reinform betrachten, als er noch die Welt beherrschte, als die Welt ihm noch das Recht einräumte, sie zu beherrschen. Die Vertreibung der herrschenden Klassen hat zwar den Massen geholfen, nicht aber dem Theater.

Schauspieler müssen ein Geschichtsbewusstsein entwickeln, sie müssen begreifen, dass alles eine historische Grundlage hat. Daran haben wir ganz am Anfang unserer Übungen zur Technik gearbeitet, als wir die roten, weißen und blauen Gegenstände in ihren Kontext stellten und einen bestimmten Rotton als das Rot einer bestimmten Zeit erkannten. Und auch das, was diesen Rotton umgab, wies auf eine bestimmte Zeit hin.

Sie legen keinen Wert darauf, sich Gegenständen verbunden zu fühlen. Auch das hat viel mit der heutigen Mentalität zu tun. Sie sehen etwas, benutzen es und werfen es weg. Doch die Herstellung einer Uhr ist eine kulturelle Leistung. Tausende von Jahren Zivilisation waren erforderlich, um ein Blatt Papier zu verstehen.

Heute ist diese Verbindung zur Vergangenheit nicht mehr vorhanden. An die Stelle von Taschentüchern sind Tempos getreten. Ein Tempo-Taschentuch ist weiß, sauber, ordentlich, aber es wird nur ein einziges Mal benutzt und dann weggeworfen. Das trifft auf sehr Vieles in unserer Kultur zu. Ein Plastikbecher ist etwas Wunderbares. Er ist nützlich, alle Welt kann ihn benutzen. Aber er ist nicht von Dauer. Nach einmaliger Benutzung wird er weggeworfen. Wir leben in einer Wegwerfgesellschaft, die meisten Dinge können wir gar nicht behalten. Sie müssen weichen, damit wir das nächste Ding kaufen können, je eher, desto besser.

Im aristokratischen Denken hingegen herrscht die Vorstellung von Kontinuität. Der Aristokrat lebt in einer Welt, deren Dinge jahrhundertelang erhalten worden sind. Er lebt in einer Welt, in der Dauerhaftigkeit – und Schönheit – geschätzt werden.

Dieses Zeitverständnis ist für uns als Schauspieler wichtig. Bis vor einigen hundert Jahren machte sich ein Aristokrat keine Sorgen um sein Einkommen. Er kümmerte sich um seine Rechte, seine Pflichten und sein Vergnügen. Wir als Schauspieler können uns diesen Luxus nicht leisten. Zwar fällt es Schauspielern schwer genug, von ihrer Arbeit zu leben, doch das Letzte, was Sie aus diesem Unterricht nach Hause mitnehmen sollten, ist der Gedanke, dass Schauspielen nur eine weitere hirnlose Möglichkeit ist, sich seine Brötchen zu verdienen.

Wie der Aristokrat lebt der Schauspieler in einer Welt der Ideen. Die Dramatiker schreiben über Ideen. In Worten ausgedrückte Ideen dringen in Sie ein. Sie eignen sie sich an. Sie gewinnen Macht, wenn Sie Ideen sammeln.

Doch Sie brauchen einen Geist, der fähig ist, solche Ideen aufzunehmen. Die Geschichte brachte den aristokratischen Geist hervor, der seine Gedanken der ganzen Welt vermittelte. In diese Tradition müssen Sie sich als Schauspieler einreihen.

Ich habe von Anfang an betont, dass Sie nicht wie ein gewöhnlicher Mensch sprechen dürfen. Sie müssen diesen gewöhnlichen Tonfall aufgeben, mit dem die meisten von Ihnen hierher gekommen sind. Dieser Tonfall ist zu schnell, um die Worte richtig zu verstehen. Er ist zu modern, zu ignorant. Er ist nicht würdevoll, beherrscht und mutig genug.

Ihre Art zu sprechen ist langweilig, weil Sie es nicht verstehen, sich Ihrem Gegenüber verbal verständlich zu machen. Sie sprechen nicht zu seinem Geist. Sie bemühen sich gar nicht darum, sich verständlich zu machen. Sie neigen dazu, Worte einfach nur fallen zu lassen, noch mehr Müll zu verursachen.

Von dem Moment an, in dem Sie aufstehen, um zu arbeiten, müssen wir spüren, dass Sie die Absicht haben, uns alle mitzunehmen. Sehr oft spüre ich in Ihrer Einstellung, dass Sie böse auf die Welt sind und sie deshalb ausschließen. Schon Ihr Gang drückt Einsamkeit, Verlassenheit aus, als wollten Sie sagen: »Na ja, ich bin eben ein Nichts.« Das müssen Sie überwinden!

Vertrauen Sie auf sich selbst. Werden Sie das Gefühl los, es sei Ihre Bestimmung, auf dem Müll zu landen. Befreien Sie sich! Sie müssen spüren, dass Sie es wert sind, sich mit Ideen zu beschäftigen, die größer sind als das Leben. Sie müssen edle Gedanken hegen und spüren, dass Sie

Macht haben. Sie müssen ein stärkeres Gefühl dafür entwickeln, wer Sie sind, als es das Fernsehen tut. Das Fernsehen vermittelt Ihnen ein passives Bild. Es hat einzig und allein den Zweck, die Zuschauer einzulullen, sie passiv zu halten. Wenn Sie sich für einen fügsamen Konsumenten halten, dann sinken Sie immer tiefer. Sie müssen glauben, dass Sie es verdienen, sich wie Aristokraten anzuziehen und zu denken. Sie tragen eine Krone, keine Baseballkappe. Niemand wirft jemals eine Krone weg.

Als Aristokrat verstehen Sie die Tradition des Vererbens. Hat Ihnen Ihre Großmutter etwas vererbt? Wenn ja, dann verstehen Sie, dass das, was einem vererbt worden ist, geachtet und geehrt werden muss. In der Aristokratie wird die gesellschaftliche Position, aber auch der Sinn für das Schöne und bestimmte Moralvorstellungen weitervererbt. So ein Erbe vermittelt Ihnen das Gefühl, nicht allein zu sein. Ihr Erbe kann Ihnen niemand nehmen.

Dieses Gefühl einer durchgängigen Tradition sollte Ihren Tonfall färben. Sie müssen jedem wichtigen Wort den Wert beimessen, der ihm zukommt. Denken Sie nicht, Sie hätten das Recht, in Ihrem persönlichen schwankenden Rhythmus zu sprechen. Als Schauspieler sind Sie einer langen Tradition verpflichtet. Sprechen Sie nicht ohne ein Gefühl für dieses Erbe. Verlieren Sie nicht Ihr zweitausend Jahre altes Erbe von Stärke und Macht, egal, was passiert. Lassen Sie sich nicht vom Fernsehen manipulieren.

Wir müssen über unsere Wegwerf-Zeit hinaus denken. Schauen Sie sich das Piano dort in der Ecke an, ein rechtschaffenes, ziemlich altes Ding. Es ist ein Musikinstrument, auf dem oft, sehr oft gespielt worden ist. Es hat seine Qualitäten eingebüßt. Die Tasten werden brüchig, es scheppert. Irgendwann einmal wird es vor die Tür gesetzt werden. Es hat seine Schuldigkeit getan. Eine Reparatur wäre zu teuer, also wirft man es weg.

Ich habe Sie gefragt, ob Sie von Ihren Großmüttern etwas bekommen haben, vielleicht einen Parfümflakon mit einem Zerstäuber. Sie heben ihn aus sentimentalen Gründen auf. Parfüm bewahren Sie darin nicht auf. Das wäre zu unpraktisch. Für Sie hat er nur noch einen dekorativen Wert, keinen praktischen mehr. Ein Parfümflakon weiterzugeben ist sehr altmodisch. Es ist illusorisch zu glauben, so etwas wäre von Dauer. Wenn Sie ihn Ihrer Tochter geben, wird sie ihn irgendwann ebenfalls weitergeben oder einfach wegwerfen, weil er keinen Zweck mehr erfüllt. Ihre Enkelinnen benützen Parfümsprays, sie werden nicht einmal mehr wissen, was ein Zerstäuber ist. Aber sie werden auch nicht wissen, was Tradition bedeutet.

Nutzlose Dinge interessieren uns nicht, auch wenn wir grummelnd zugeben müssen, dass Schmuckgegenstände auch einen Zweck erfüllen. Wir bauen keine Schlösser mehr, wir bauen Hochhäuser. Schlösser haben keine Heizung, kein fließendes Wasser. Sie sind nicht praktisch. Wofür brauchen wir Schlösser? Sie dienen nur noch dekorativen Zwecken, ebenso wie ein Cunard-Dampfer. Düsenflugzeuge sind viel schneller und zuverlässiger als so ein Luxuspassagierschiff.

Wir leben in einer Zeit, in der sogar Länder und Lebensweisen »verbraucht« werden. In unserem Jahrhundert befassen sich unzählige Literaten mit Zeiten des Übergangs. Tschechow vermittelt in seinen Stücken ein Gefühl von den Veränderungen in einem Land, in dem der Adel herrschte. Es gab einen Zar und den Landadel. Bei Tschechow sind geistige Aristokraten zu sehen, in einem Land und einer Kultur, die bald nicht mehr sein werden, die dem Verfall geweiht sind. Bei ihm sehen wir auch zum ersten Mal einen Arbeiter auf der Bühne, der seine Stellung glasklar erkennt. Selbst wenn er »dort ist, wo er hingehört«, hat Tschechows Arbeiter viel mehr Macht als der kultivierte Landadel mit seinem aristokratischen Geist.

Tennessee Williams war von Tschechow stark beeinflusst. In seinen Stücken geht immer ein Aristokrat unter.

Natürlich gab es eine Zeit, in der der Priester unterging und der Aristokrat seinen Platz einnahm. Jahrhunderte lang war die Kirche die dominante Macht. Sie setzte ihre Macht dazu ein, das Individuum auszulöschen, und sie verwehrte ihm, sich auszudrücken. Die Armen, Gebrechlichen, Sterbenden, Unglücklichen wurden verherrlicht. Die Menschen wurden angewiesen, demütig zu sein und Gott zu dienen. Aber die hohen Ideale der Kirche wurden auch korrumpiert. Die Tracht wurde zu einem trügerischen Erkennungszeichen, einem Schild, sie verlor ihren eigentlichen Symbolwert.

Eine der ersten geistigen Vorstellungen der Aristokraten bestand darin, dass der Körper nicht bedeckt sein sollte, nicht als Nebensache betrachtet werden sollte. Er sollte vielmehr gefeiert werden. Auch diese Vorstellung übernahmen sie von den Griechen. Bei einem Aristokraten geht man von einem starken, blühenden, kraftstrotzenden Körper aus. Er symbolisiert überbordende Gesundheit. Um diese Gesundheit zu wahren, erging sich der Aristokrat in Kriegen, Abenteuern, der Jagd, Spielen, Turnieren – lauter Dingen, bei denen starke, freie, frohgemute Handlungen im Vordergrund stehen.

In jeder gesellschaftlichen Klasse, in jeder Tradition gibt es solche, die den Idealen nicht gerecht werden, sie nicht wirklich leben. Bei den Aristokraten gibt es Tyrannen, in der Kirche Heuchler und Inquisitoren. Doch Sie sollten sich auf die hehren Ideale konzentrieren. Entnehmen Sie der Tradition das, was gut ist, nicht das, was von den Idealen abweicht.

Gut, stark, edel, schön, glücklich, »von Gott begünstigt« – dies waren die aristokratischen Tugenden.

Eine große Gefahr für uns alle liegt in der (politischen) Gleichmacherei. Heute sehen wir nichts mehr, das größer werden will. Wir vermuten, dass alles immer weiter abfällt, dünner wird, schmieriger, gewöhnlicher, gleichgültiger. Genau darin liegt die Krise. Mit der Angst vor dem Menschen haben wir auch die Liebe zum Menschen verloren, die Achtung für ihn, die Hoffnung auf ihn. Diese Zukunftsaussicht bedrückt uns. Worin besteht der momentane Nihilismus, wenn nicht darin? Wir sind des Menschen überdrüssig.

Als Schauspieler müssen wir das Gefühl erneuern, dass der Mensch tatsächlich Macht und Schönheit besitzt, dass der edle Mensch nicht im demokratisierten Mob untergegangen ist. Wir müssen lernen, Politik von Kultur, von Charakter getrennt zu sehen. Wir müssen Aristokraten in einer Welt von Edlen, uns Ebenbürtigen sein. Wir müssen das Beste aus beiden Welten, der Alten und der Neuen Welt, finden und bewahren.

Schauspieler sind geistige Aristokraten, und zwar seit mehr als zweitausend Jahren. Kommen Sie bitte als Aristokraten verkleidet zur nächsten Unterrichtsstunde. Der Aristokrat beansprucht das Recht, sich zu schmücken. Das ist auch ein Erbe des Schauspielers. Ich möchte, dass Sie sich »schmücken« und sich darauf einstellen zu sagen: »Das steht mir zu.«

19. Lektion

Das Kostüm real werden lassen

Sie müssen Ihrer Figur eine wahrhaftige Gestalt verleihen. Das sollten Sie sich aufschreiben. Alles, was Sie sagen und tun, definiert Ihre Figur. Das Äußere fällt am stärksten ins Gewicht. Ihr physisches Selbst ist das Interessanteste an der Gestalt.

Nehmen wir Ihren Gang. Die meisten von Ihnen drücken beim Gehen aus: »Ich bin jung, ich sehe gut aus, ich bin dumm. Hilfe!« Beim Spielen einer Charakterrolle sollte Ihr Kostüm Ihnen helfen, Ihren Gang zu verändern.

Weil Sie heute ein Kostüm tragen, haben viele von Ihnen eine würdevollere Sitzhaltung eingenommen als sonst. Meistens sitzen Sie hier mit gespreizten Beinen, einem krummen Rücken – bequem eben. Würden Sie so sitzen, wenn der Präsident Ihnen gegenüber Platz genommen hätte? Das sollten Sie nicht, selbst wenn Sie es gern täten. Soll ich als Ihre Lehrerin mich im Unterricht so hinsetzen? Nein! Das ist schwer für einen Schauspieler aus dem späten zwanzigsten Jahrhundert, der eine Charakterrolle spielen möchte. Aber Sie müssen Ihr Erbe verstehen. Das, woran Sie arbeiten, können Sie nicht einfach aus dem Ärmel schütteln.

Ihre Kostüme sind phantastisch. Sie sollten Ihnen helfen, die Denkweise einer Figur in einer Klassengesellschaft zu verstehen. Die Menschen, die sich so anziehen, haben in Oxford oder Cambridge studiert. Nicht das Kostüm, sondern der Geist ist wichtig. Der gesellschaftliche Stand gab den Leuten das Recht, sich so anzuziehen.

In einer Gesellschaft, in der es Aristokraten gibt, hat die Kleidung einen bestimmten Wert. Sie erregt unweigerlich Bewunderung. Etwas, auf dessen Herstellung besonders Acht gegeben wurde, das Form hat, ist zwangsläufig wertvoll. Die Menschen sind sich bewusst, dass ihre Kleidung etwas über ihren Geist aussagt. Die Juwelen der Königin von England werden sorgfältig gehütet. Ihre Krone wird im Tower aufbewahrt und streng bewacht. Sie ist nicht nur ein Gegenstand. Sie wird auch kaum getragen; sie besitzt vor allem einen ideellen Wert.

Es ist wichtig, dass Sie sich in diesen Kostümen wohl fühlen, sie ständig kontrollieren, ob alles an seinem Platz ist. Bei solchen Kostümen ist ein wenig Schminke angezeigt. Tun Sie zum Beispiel etwas, um Ihre Augen größer wirken zu lassen, um dieses nackte, nivellierte Gesicht loszuwerden.

So, wie Sie jetzt gekleidet sind, ist das hier eigentlich keine Schauspielklasse. Es ist vielmehr eine Gelegenheit, in einem aristokratischen Geist zu denken und ihn in dieser Klasse zu *leben*. Aristokrat zu sein zwingt Sie dazu, sich mit Ideen zu beschäftigen, nicht mit Worten oder Gefühlen.

Dem Aristokraten ist Klarheit wichtig. Das war sein großer Vorteil gegenüber der Kirche. Nach Jahrhunderten der Dunkelheit und des Mystizismus wollten die Menschen Klarheit, sie wollten die Dinge verstehen. Deshalb siegte die Aristokratie über die Kirche. Während diese immer wieder die Nichtigkeit des menschlichen Daseins betont hatte, sah das aristokratische Denken den Menschen anders – als Herrscher, als Bürger, als Künstler. All dies führte zur Entstehung des Renaissance-Menschen, einer Wiedergeburt des Menschen, wie er in der Antike gesehen wurde.

Der aristokratische Mensch bemüht sich um ein artikuliertes, kreatives Selbst. Er begreift sich als Individuum, nicht als Teil einer Masse. Er möchte sich selbst verschönern, nicht nur die Kirche. Er strebt nach Macht und Wissen.

Bitte stehen Sie nun alle auf, und zwar Ihren Kostümen gemäß. Sie können sich nicht so hinstellen, wie Sie das normalerweise tun – schlaff, defensiv, träge. Ein Aristokrat drückt sogar im Stehen seine Selbstsicherheit aus.

Ihr Kostüm muss Sie unterstützen. Betrachten Sie es nicht als Verkleidung. Sie dürfen Ihren Körper nicht anlügen, denn damit würden Sie Ihr Talent untergraben. Das, was Sie anziehen, wird ein Teil von Ihnen. Leben Sie darin, verbinden Sie sich damit. Werten Sie sich nicht ab, indem Sie Ihr Kostüm abwerten. Lernen Sie, Ihr Äußeres zu verändern. Werden Sie zu der Gestalt, die Sie spielen. Bringen Sie die innere Würde auf, um dies für sich zu tun.

So, wie Sie sich kostümiert haben, haben Sie die Liebe zur Schönheit verstanden, die Aristokraten nachgesagt wird; denn der Aristokrat umgibt sich aufgrund seiner Erziehung nur mit dem Besten. Ihr Kostüm zeigt, dass Sie wissen, was Macht und die damit einhergehende Verantwortung bedeuten. Als Aristokrat haben Sie die Pflicht, die höchsten Maßstäbe der Gesellschaft zu definieren und zu leben.

Sie offenbaren dies nicht nur in Ihrer Kleidung, sondern auch mit Ihren Gesten, die Sie verfeinern und kontrollieren müssen. Sie müssen dahin gelangen, wo Sie eigentlich eine Geste machen müssten, sie aber dann doch zurückhalten. Überlegen Sie, welche Geste Sie benötigen, bevor Sie sie genau so ausführen, wie sie ausgeführt werden sollte, weder zu stark noch zu schwach. Andernfalls würde die Geste lässig, modern, beliebig wirken.

Sie müssen jede Klasse verinnerlichen können – damit werden Sie zum Schauspieler. Seien Sie wie ein Musiker mit seiner Geige. Die Musik stammt von der Geige; behüten und beschützen Sie sie.

Als Aristokrat müssen Sie lernen, Macht zu genießen. Die Macht versetzte den Aristokraten in die Lage, an Dinge wie Dichtkunst, Musik oder Schönheit zu glauben. Mit der Aristokratie wuchs das Gefühl, dass Kunst etwas Wertvolles ist.

Kunst und Macht vermittelten den Menschen ein völlig anderes Lebensgefühl als die Kirche. Der Mensch konnte sich dieser Macht bedienen und sagen: »Ich bin ein Mensch! Ich werde mir den Mantel umlegen! Alles um mich herum wird groß und schön sein. Es wird ausdrücken, wie die Menschen leben wollen.« Der König lebte umgeben von Autorität, Macht, Kunst, Größe. Er verdrängte die Kirche von der Spitze. Die Regierungsverantwortung übernahm er wohl wissend, dass er dafür auch in Geschichte, Mathematik, Architektur, Malerei, Musik und Philosophie bewandert sein musste. Mit der Aristokratie entstand auch das Bewusstsein von der Bedeutung der Erziehung. Prinz Charles wird anlässlich des dreihundertfünzigjährigen Bestehens von Harvard eingeladen, einen Vortrag zu halten, weil er ein äußerst gebildeter Mensch ist. Er hat das Recht, in Harvard einen Vortrag zu halten.

Der Aristokrat steht für den Menschen, der sich um ein artikuliertes, kreatives Selbst bemüht. Er begreift sich als Individuum. Er möchte sich selbst, seine Welt und auch die Kirche verschönern.

Die Vorstellungen und Prinzipien des aristokratischen Geistes sind nicht abstrakt. Sie nahmen in der Architektur Gestalt an. Auf dem Dia von Versailles können Sie es sehen. Dort lebte Ludwig XIV. Dieses Dia beantwortet die Frage: »Wie soll ein Mensch leben, der Macht hat?« Alles um ihn herum muss schön sein.

Der Raum muss so präzise kontrolliert sein wie in der Mathematik. Die Architektur ist kontrolliert. Die Gärten sind kontrolliert, die Wege, die Skulpturen, einfach alles. Der Palast strahlt völlige Kontrolle aus, so wie es Ludwig XIV auch persönlich tat. Der ganze Entwurf drückt Kontrolle aus.

Auf dem nächsten Dia sehen Sie den Spiegelsaal des Schlosses. Am Hofe Ludwig XIV wurde der Mensch zu einem Individuum, das den Vorteil hatte, von Kultur umgeben zu sein. Das Land wurde nicht mehr von der Kirche regiert, sondern von der Macht eines Einzigen. Aus diesem Grund musste in allem, was diesen Mann umgab, Kontrolle zum Ausdruck kommen.

Kontrolle ist auch die Grundintention hinter der Architektur, aber das heißt nicht, dass sie ausschließlich autoritär ist. In ihr spiegelt sich eine ekstatische Schönheitsliebe. Kein Millimeter dieses Raumes ist unbearbeitet geblieben. Von hier aus führt kein Weg mehr zurück in die Dunkelheit. Überall waren Künstlerhände am Werk. Der Mann, der den Kronleuchter anfertigte, war ein Kunsthandwerker. Er war sich bewusst, dass auch andere Handwerker wichtig waren. Er wollte seinen Beitrag leisten zu all den Gemälden, den Skulpturen, der Architektur.

Mit dem Aufkommen des aristokratischen Geistes gewann auch der Künstler an Macht. Der Künstler wurde vom König und vom Volk geachtet und verehrt. Er sagt: »Mit meinen Mitarbeitern schaffe ich Licht, Schönheit, Form.« Die heutigen Künstler haben dieses Gefühl, diese Macht nicht mehr. Die mechanisierte Welt hat den Menschen die Kunst geraubt.

Betrachten wir noch einmal das Innere einer Kirche. Es ist wundervoll, gespenstisch schön, dunkel, symmetrisch. Aber es bringt zum Ausdruck, dass der Mensch sich aufgeben muss. Er muss sein Selbst aufgeben, er darf sich nicht um sein persönliches Glück, seine persönliche Wertschätzung kümmern.

Jetzt sind wir wieder in Versailles. Einen dramatischeren Gegensatz kann es kaum geben. Hier dient der Raum dazu, Schönheit zu schaffen. Hier ist alles hell, alles glänzt. Wir kennen die Namen der Künstler, die diese Räume geschaffen haben; sie sind in die Geschichte eingegangen, anders als die Künstler und Kunsthandwerker des Mittelalters, die ihre Identität opferten, um den Ruhm Gottes zu mehren. Alles in diesem Raum ist von Menschenhand geschaffen, von Künstlern. Nichts ist maschinell hergestellt worden. Alles ist dekoriert, drapiert, entworfen. Alle baulichen Einzelelemente sind in Kunstwerke verwandelt worden.

Der neue Mensch nimmt ein Stück Holz in die Hand und sagt: »Aus diesem Holz soll ein Kunstwerk entstehen.« Er schafft einen Schreibtisch für Ludwig XIV. Der Schreibtisch symbolisiert Ordnung, Gestaltungswillen, Schönheit. Der neue Mensch fertigt Gebrauchsgegenstände – Löffel, Salzstreuer, Kaffeekannen – aus Gold und Silber. Er verwandelt alles, was er berührt, in ein Kunstwerk. Der neue Mensch schnitzt nackte Frauengestalten in Treppengeländer und in Kronleuchter. In der Kirche wurde der Körper verhüllt. Der neue Mensch sagt: »Der Körper ist wundervoll. Er kann auch unverhüllt gezeigt werden.«

Die Kirche erklärte, die Erde gehöre Gott. Alles gehöre Gott, auch die Kirche selbst. Der neue Mensch schmückte sich so, wie der Priester den Altar schmückte. Er wusste, dass er es wert war. Alles, was der König trug, war gestaltet, kontrolliert, schön – sein Spazierstock, seine Schuhe, sein Umhang, seine Perücke. Alles, was er anzog, alles, was er sah, war dazu geschaffen, ihm Macht, Ruhm und Würde zu verleihen.

Auf dem nächsten Dia sehen wir Elizabeth I. Sie ist von Kopf bis Fuß geschmückt. Ihre Haare sind gelockt und mit Juwelen verziert. Sehen Sie sich die immense Schönheit ihrer Bluse an. Alles, was sie trägt, ist kunstvoll gestaltet und verleiht ihr Macht.

Auf dem nächsten Dia sehen wir einen Edelmann und seine Frau, gemalt von Thomas Gainsborough, also einige Jahrhunderte später. Wenn man dieses Bild betrachtet, hat man das Gefühl, dass die beiden nur sich selbst gehören. Sie tragen Federn, Schleifen, Handschuhe, große Hüte. Sie haben sich viel Mühe gegeben, sich zu schmücken, aber sie fühlen sich darin ganz und gar sicher. Wenn wir Aristokraten spielen, brauchen wir dieses Selbstvertrauen, diese Sicherheit.

Mitte des neunzehnten Jahrhunderts besuchte Königin Victoria Paris. Sie und Prinz Albert gingen zusammen mit Napoleon III, der sich selbst zum Kaiser ernannt hatte, und dessen Frau, der »Kaiserin« Eugénie, in die Pariser Oper. Die Pariser, denen die snobistische Fähigkeit nachgesagt wird, die Bedeutung jeder einzelnen noch so kleinen Geste zu verstehen, bemerkten, dass Eugénie, als die Herrscher Platz nahmen, sich ganz kurz umdrehte, um zu sehen, ob der Diener den Stuhl unter ihr zurechtrückte. Als Victoria sich setzte, blickte sie weiterhin unbeirrt nach vorne. In ihrem Kopf regte sich nicht der kleinste Zweifel, dass sich ihr Stuhl nicht genau an der richtigen Stelle befinden könnte.

Um den aristokratischen Geist körperlich auszudrücken, müssen wir als Erstes auf Förmlichkeit bestehen. Auch im Kontakt mit Ihren Partnern müssen Sie als Aristokraten einen gewissen Abstand wahren. Die lässige, geistlose Nähe, wie sie heute in Amerika gepflegt wird, wäre undenkbar, ebenso wie spontane Gesten. Diese Menschen erlauben es sich nie, völlig zwanglos aufzutreten. Sie werden nie einen König sehen, der sich an einen Tisch lehnt. Diese Menschen brauchen einen gewissen Raum.

Wenn Sie jetzt aufstehen, um zu arbeiten, sollten Sie nicht ziellos umhergehen. Wenn ich Sie beim Gehen beobachte, denke ich mir bei den meisten von Ihnen: »So ginge ich, wenn man mir sagte, ich solle mich aus gesundheitlichen Gründen ein bisschen bewegen, und ich kein richtiges Ziel hätte.« Sie müssen beim Gehen Stil haben, ein klares Gefühl dafür, wohin Sie gehen wollen. Sie gehen in bestimmte Situationen hinein, Sie gehen nicht nur in die Mitte des Klassenzimmers oder auf die Bühne, sondern immer in Situationen!

Wenn Sie sich in diesen Kostümen bewegen, müssen wir die klassische Antike spüren und ihre edle Auffassung von Menschen, die miteinander kommunizieren. Wir müssen spüren, dass Sie nicht in einer banalen Welt leben, sondern in einer Welt, in der Dinge Bestand haben, in der philosophische Ideale wichtig sind, in der Worte wichtiger sind als Gefühle.

Der Aristokrat weiß, dass er jemand ist. Das können die meisten von Ihnen nicht von sich behaupten. Sie denken, dass Sie niemals jemand gewesen sind, und in Wahrheit sind viele von Ihnen ganz froh darum. Wenn Sie lernen, Schauspieler zu sein, können Sie niemals »niemand« sein, weil Sie in der Lage sein werden, Ideen klar zu machen, und wenn Sie das tun können, *sind* Sie *jemand.*

Suchen Sie sich nun einen Partner. Ich werde einen Walzer auflegen. Um die aristokratische Geisteshaltung zu verstehen, sollten wir eigentlich mit einem Menuett arbeiten, aber wahrscheinlich kann hier keiner ein Menuett tanzen. Ich hoffe, dass alle Walzer tanzen können. Also gut, ich lege die Platte auf, und Sie tanzen Walzer auf der Bühne.

Ihre Kostüme helfen Ihnen bei der Form, nicht wahr? Sie halten sich in den Armen, aber Sie müssen einen gewissen Abstand wahren. Mit Ihren Armen müssen Sie eine bestimmte Form schaffen. Beim Walzer hält man sich nicht so wie beim Foxtrott. Der Foxtrott ist entspannter, man kommt sich dabei näher. Als der Walzer aufkam, wurde er für skandalos gehalten. Er war so schnell, so berauschend. Aber heute hat das Walzertanzen mehr mit Eleganz zu tun. Die Kostüme und die Bewegungen helfen, sie geben Ihnen »Präsenz«.

Gut, hören wir kurz auf. Können Sie eine Minute lang so tanzen, wie es heute modern ist? Gut. Sehen Sie, das ist hässlich. Es funktioniert nicht in diesen Kostümen, oder? Es wirkt lächerlich. Selbstverständlich wirkt es in jeder Art von Kleidung lächerlich. Die Beziehung der Menschen ist doch rein animalisch, rein mechanisch. Kommt dabei Form, Eleganz, Präsenz zum Ausdruck? Nein. Heute tanzen wir wie Maschinen, wie brünstige Roboter.

Zurück zum Walzer. Ich lasse die Platte wieder weiterlaufen. Sehr gut. Achten Sie auf den Rhythmus – *eins* zwei drei, *eins* zwei drei. Finden Sie, dass der Rhythmus Sie behindert? Nein. Er übt einen gewissen Zwang aus, aber wenn man ihn betont, verstärkt sich die Freude am Tanz. Geben Sie sich dem Rhythmus der Musik hin. Sie sind es nicht gewohnt, sich zu einem Rhythmus zu bewegen, Sie haben dieses Vergnügen nie kennen gelernt.

Jetzt gehen bitte sechs Männer und sechs Frauen auf die Bühne und stellen sich in zwei Reihen einander gegenüber auf. Als erstes verbeugen Sie sich und zeigen dabei die Verzierungen Ihrer Kostüme. Damit zeigen Sie auch Ihre Macht.

Jetzt stellen sich die Männer bitte vor, sie seien Adlige, und die Frauen stellen sich vor, sie verbeugten sich vor der Königin. Ich möchte gerne spüren, dass Sie eine größere Macht anerkennen. Dabei sollten Sie jedoch Ihr aristokratisches Selbst nicht aufgeben.

Verstehen Sie, warum es kraftvoller ist, sich zu verbeugen, als sich die Hand zu schütteln? Warum die Japaner sich noch heute voreinander verneigen? Es verleiht ihren Begrüßungen etwas Prononcierteres.

Jetzt bieten die Frauen den Männern die Hand zum Kuss, und die Männer beugen sich hinab, um die Hand der Dame zu küssen. In diesem Fall besteht der Kuss nur darin, dass die Lippen die Hand flüchtig berühren.

Jetzt brauchen wir noch einen König. Ja, Sie sind genau der Richtige! Zuerst gehen die Frauen zu ihrem Monarchen und verbeugen sich. Diese Bewegung muss anmutig, aufrichtig, würdevoll und ehrerbietig sein, ohne dabei das eigene aristokratische Selbst aufzugeben.

Als Nächstes begibt sich der König in den Seitenflügel, und die übrigen beginnen eine Konversation. Dann tritt der König wieder ein, und zwar mit so viel Präsenz, dass Sie sich seiner sofort bewusst werden und Ihre Stimmen senken.

Stellen Sie sich in einer Reihe auf. Während der König an Ihnen vorbei schreitet, verneigen Sie sich vor ihm und zeigen Sie ihm dabei, dass Sie sich der Bedeutung Ihrer Kleidung, Ihrer Ausstrahlung darin bewusst sind.

Jetzt begeben Sie sich bitte wieder auf Ihre Plätze, und zwar noch immer unter Wahrung Ihrer aristokratischen Manieren. Sie setzen sich bitte nicht nur einfach hin. Wir sollten das Gefühl haben, dass Sie einen Thron besteigen.

Die Fantasie wird also immens durch das Kostüm angeregt, doch gleich danach kommen die Gesten. »Um Himmels willen«, werden Sie denken, »muss ich mich jetzt auch noch darum kümmern?« Ja, genau so ist es!

Kostüm und Gestik verhelfen Ihnen zu einem inneren Erwachen. Als Aristokrat müssen Ihre Gesten so selbstsicher wirken, dass Sie sie ganz zurückhaltend ausführen können. Unsere Körper sind verkümmert. Wir machen Gymnastik, Aerobics, um uns gesund zu fühlen. Doch eigentlich müssten wir uns um Ästhetik bemühen, und zwar mit Hilfe einer zurückhaltenden Gestik und Kontrolle. Denken Sie an den Walzer, den Sie vorhin getanzt haben.

Sie halten mich wahrscheinlich für jemanden, der vollkommen rückständig ist. Womöglich denken Sie, ich sehnte mich nach der Monarchie zurück. Dem ist nicht so! Ich bringe Ihnen bei, sich außerhalb Ihrer begrenzten Erfahrungen zu bewegen, damit Sie die Macht und Kontrolle haben, alle möglichen Figuren überzeugend auf der Bühne darzustellen. Um einen König zu spielen, müssen Sie ihn verstehen, Sie müssen *er* sein. Wenn Sie sich aristokratische Selbstbeherrschung aneignen, dann erwerben Sie sich damit auch jene Macht und jene Fähigkeiten. Die Aristokraten waren zumindest großartige Schauspieler!

Jetzt begeben sich bitte ein paar von Ihnen auf die Bühne und fangen einen Streit an. Dann soll ein Höherrangiger dazukommen und nur mit einer kleinen Kopfbewegung den Streit beenden. Mit zurückgenommenen Gesten soll er dann mit der Rechten ein paar aus der Versammlung nach rechts, andere mit der Linken nach links schicken und den Rest mit einer Hand, dem Kopf und einem Blick zur Tür hinaus.

Zur nächsten Stunde illustrieren Sie bitte die folgenden Handlungen durch Gesten und überlegen sich eine Rechtfertigung für die jeweilige Situation.

»Ich trotze dir« – auszudrücken durch Deuten und Zeigen
»Ich gebe mein Leben für das meines Bruders« – auszudrücken mit ausgebreiteten Armen
»Ich erkenne die Götter an« – auszudrücken durch eine Verneigung bis auf den Boden (der Kopf sollte den Boden berühren)

Üben Sie folgende Sätze unter Verwendung situativ begründeter Gesten und einer Betonung der Verben:

Ich stelle mich vor.

Ich werde gekrönt.
Ich herrsche hier.
Ich preise das, woran Sie glauben.
Ich fordere Sie auf, mir Glauben zu schenken.
Ich befehle Ihnen zu stehen.
Ich rufe die Wachen.

Wenn Sie glauben, dass es nicht funktioniert, machen Sie die Gesten erst ohne Worte. Lassen Sie sich von den Gesten unterstützen, äußern Sie die Worte erst danach. Vermeiden Sie einen falschen, melodramatischen Tonfall. Wenn die Gestik zurückhaltend ist, werden Sie das *Wort* hören. Die Geste darf nie das Wort überdecken. Denken Sie daran: Emotion ist die billigste Ware im amerikanischen Theater. Kontrolle ist theatralisch immer interessanter. Mit der Kontrolle werden auch die Worte klar.

Lernen Sie, die folgenden drei Befehle in begründeten Situationen zu geben:

»Bringt ihn herein!«
»Verneigt Euch!«
»Kniet vor Eurem König!«

Denken Sie bei Ihren Vorbereitungen daran, dass der Aristokrat selbst seinen Pflichten freudig nachkommt. Wahren Sie Ihr Selbstwertgefühl.

Als Aristokrat sollten Sie begründet und nicht prahlerisch sagen können: »Selbst! Selbst! Glorreich!« Sie müssen auf Ihr Selbst und Ihre Fähigkeiten wahrhaft stolz sein, vorausgesetzt, bei Ihrem »glorreichen Selbst« geht es nicht um die reine Selbstsucht. Dann sollten Sie – als Schauspieler – in der Lage sein, auszurufen: »Sie! Schauspieler! Gielgud! Schauspielerkönige! Glorreich!« Und es glauben – ohne zu spielen.

20. Lektion

Der Schauspieler ist ein Kämpfer

In unserer gemeinsamen Zeit ist mir immer wieder aufgefallen, dass manche von Ihnen den Unterricht nur absitzen und zuschauen, ohne wirklich mitzuarbeiten. Ich fürchte, Sie werden hier untergehen. Sie müssen sich trauen zu arbeiten, sonst werden Sie in der Masse verschwinden. Sie müssen sich vorwagen, wann immer Sie können. Halten Sie sich nicht zurück! Legen Sie los!

Das ist einer der Gründe, warum es sich lohnt, den Geist des Militärs zu untersuchen. Ein weiterer Grund: Das Militär ist seit Tausenden von Jahren ein Archetyp im Theater. Und noch ein Grund: Es ermöglicht dem Schauspieler zu sagen: »Ich bin mächtig!«, auch wenn er noch jung ist, in einem Alter, in dem ihn niemand mächtig sein lassen will.

Treten Sie also die Macht an. Seien Sie stark. Schauspieler müssen aggressiv sein, sie brauchen innere Stärke. Zeigen Sie nicht immer nur eine Seite, seien Sie nicht immer nur liebenswürdig, nett, gut. Hören Sie auf, durchschnittlich zu sein. Finden Sie den Mörder in sich.

Sie sind in einer Zeit aufgewachsen, in der man das Militär hasst. Sie hassen Förmlichkeit, Sie hassen Reglementierungen, Sie halten das Militär für degeneriert. Wir sind als Land zu passiv. Wir sehen die epische Größe der Armee nicht.

Wenn ein General zur Sowjetzeit ein Moskauer Restaurant oder Theater betrat, war seine Präsenz überwältigend. Er trug seine Orden, seine Uniform war reich verziert, und er wusste, wer er war. Eine solche Einstellung tolerieren wir in diesem Land seit vielen Jahren nicht mehr.

General Patton hatte eine sehr genaue Vorstellung vom aristokratischen Wesen des Militärs und impfte auch seine Truppen damit. Dies half ihm, Deutschland im Handumdrehen zu erobern, mit Stolz, mit Arroganz, mit Können. Seine amerikanischen Soldaten waren nicht teilnahmslos.

Wir haben das Gefühl verloren, dass es in einem Land nichts Stärkeres gibt als die Armee. Jahrhundertelang beschützte die Armee Land und Leute. Sie hütete auch die Tradition. Deshalb hatte sie in der Gesellschaft eine solche Stellung.

Wie die Aristokratie erstarkte das Heer mit dem Niedergang der Kirche. Sie müssen die Armee in ihrem historischen Kontext begreifen, denn das militärische Denken spielt eine wichtige Rolle in der dramatischen Literatur. Sie können Coriolan erst verstehen, wenn Sie das militärische Denken verstehen.

Einige von Shakespeares größten Reden finden sich in HEINRICH V, wenn der König vor der Schlacht seine Truppen versammelt. Ich möchte, dass Sie sich die Rede »Noch einmal stürmt, noch einmal, liebe Freunde« vornehmen.

Ich fordere Sie immer wieder auf, Möglichkeiten zu finden, um Größe zu gewinnen. Sie müssen begreifen, dass diese Zeilen voll Kraft, Macht und Autorität stecken. Die Worte kommen von Gott über Shakespeare zu Ihnen.

Nehmen Sie diesen Text und eignen Sie ihn sich an. Der Schauspieler wird reicher, wenn er die Ideen des Autors zu den eigenen macht. Sie sind der Dirigent des Orchesters, nicht nur ein Mitglied. Sie dürfen innerlich nicht schwach sein. Der Schauspieler muss die Macht, die Qualität, die Größe der Gedanken eines Textes spüren. Wenn Ihnen das rein instinktiv nichts sagt, haben Sie es einfach nicht begriffen, ebenso wenig wie die Rolle an sich.

Wir werden militärische Übungen machen, weil Sie sich eine militärische Haltung aneignen sollten. Ein Soldat ist bereit, in seinem Beruf zu sterben. Diesen Einsatz müssen Sie verstehen. Das ist die Grundeinstellung beim Schauspielen.

Der erstgeborene Sohn eines Adligen ging zur Armee, der zweite zur Marine. Dieser Archetypus zieht sich quer durch die Geschichte, aber in Ihrer Kultur ist er nicht mehr vorhanden. Sie haben das nicht mehr im Blut.

Wir werden jetzt versuchen, den militärischen Körper und Geist zu verstehen. Wir wollen an automatisierten Reaktionen arbeiten, dem Gefühl, dass Sie Teil einer Truppe sind, einer Truppe, die bereit ist zu sterben, um ihr Land zu behüten und zu verteidigen.

Als wir das Dia mit der Kirche betrachteten, sahen wir, dass die Mitglieder eines Ordens Macht in der Ordnung, in der Wiederholung fanden, ebenso, wie es bei den Säulen der Fall ist. Auch beim Militär geht es nicht um die Macht eines Individuums, sondern um eine Gruppe von Männern, die Befehlen folgen und sich nicht aufhalten lassen.

Was zeichnet den militärischen Geist aus? Es ist ein disziplinierter Geist. Ein Soldat befolgt Befehle, ohne über sie nachzudenken. Sein Denken ist auf die Zukunft gerichtet, es ist nicht auf Rückzug eingestellt. Der Soldat denkt so, weil er etwas schützen und verteidigen muss.

Jetzt gehen bitte alle auf die Bühne. Stellen Sie sich in Reih und Glied auf, im gleichen Abstand zueinander. Gut. Wenn ich »Still gestanden!« rufe, schlagen Sie die Hacken zusammen, ziehen den Bauch ein und stehen stramm. Wenn ich »Rühren!« rufe, falten Sie die Hände hinter dem Rücken und stellen sich mit leicht gespreizten Füßen hin. Jetzt salutieren Sie. Gut, dann beginnen wir mit dem Drill: Still gestanden! Rühren! Salutieren!

Jetzt marschieren Sie auf der Stelle – Links! Rechts! Links! Rechts! Knie hoch!

Jede Reihe bekommt nun eine Zahl – fangen wir bei der linken Reihe mit eins an. Marschieren Sie weiter auf der Stelle, aber jetzt rufen Sie hintereinander statt »Links! Rechts!« die Zahl Ihrer Reihe. Lauter! Lauter!

Sie sollen spüren, dass Sie ein Teil einer Kraft sind, die sich vorwärts bewegt, einer unnachgiebigen Kraft. Nichts kann Sie aufhalten. Sie müssen ein Gespür für diese Macht bekommen und wozu sie dient. Es ist wichtig, die Größe, Reichweite, das epische Gefühl einer Gruppe von Männern zu bekommen, die das Land kontrollieren und beschützen.

Sagen Sie nun mit dieser Marschenergie: »Noch einmal stürmt, noch einmal, liebe Freunde!« Vorwärts, Marsch!

Schauspieler lernen unter anderem auch deshalb fechten, weil sie dabei etwas über Aggression erfahren – wie man mit Eleganz und Finesse voranstürmt, sich zurückzieht, den Ausfallschritt macht. Durch das Florett lernen Sie, den Anforderungen Ihres Berufs nachzukommen, stolz und ehrenhaft, ja sogar mit Lust zu töten.

Sie müssen Ihren Körper einsetzen. Sie müssen bereit sein, etwas zu riskieren, etwas zu wagen. Das tut der Soldat, und auch der Schauspieler muss das tun.

Der Schauspieler und militärisches Denken haben mehr gemein als Sie glauben. Was ist wohl eines der berühmtesten Bilder im Zusammenhang mit dem Militär? Wer fällt Ihnen sofort ein, wenn Sie »militärisches Denken« hören? Napoleon. Napoleon kommt uns deshalb so leicht in den Sinn, weil er sehr stark auf sein Image bedacht war. Die von ihm in Auftrag gegebenen Portraits sollten sein Bild nicht nur bei den Völkern bekannt machen, die er erobert hatte, sondern auch in der Nachwelt.

Die Künstler, die ihn malten, verstanden die epische Größe seiner Macht, seine Lust daran, seine Freude, dem Sieg entgegenzumarschieren. Die Gemälde, die Napoleon in einer Schlacht zeigen, lassen seine Macht und seinen Willen zu siegen spürbar werden.

Welches Bild Napoleons hat den stärksten Eindruck auf Sie gemacht? Vielleicht Napoleon auf seinem Schimmel, weil er darauf so theatralisch wirkt? Sein Umhang, sein Kostüm ist theatralisch. Er wusste, dass er das Gefühl vermitteln musste, eine bedeutende Persönlichkeit zu sein. Er wusste, wie wichtig es war, spektakulär geschmückt und mit Orden behängt aufzutreten.

Das wahrscheinlich berühmteste Bild Napoleons zeigt ihn mit einer Hand in seiner Weste, eine Pose, die er auf vielen Portraits einnahm. War dies eine zufällige Geste? Selbstverständlich nicht!

Diese Geste, die Art und Weise, wie er sich der Welt einprägen wollte, wie er seine Macht ausdrückte, brachte ihm ein Pariser Schauspieler nahe. Dieser Schauspieler formte unser Bild von einem der größten Männer aller Zeiten.

Wie sind die Soldaten auf den Bildern angezogen, die Napoleon in einer Schlacht zeigen? Ihre Uniformen sind leuchtend rot, blau und weiß. Sie zeigen nicht nur den Rang, sondern – und das ist noch wichtiger – wirken auch immens theatralisch. Selbst in der Hitze des Gefechtes trugen sie diese phantastischen Uniformen! Sie wahrten stets ihre Förmlichkeit und Tradition. Jeder und alles ist reglementiert, durchdacht, doch das heißt nicht, dass es langweilig ist. Es ist farbenprächtig und lebendig.

Von Winston Churchill gibt es ein sehr bekanntes Foto, das kurz nach dem Zweiten Weltkrieg aufgenommen worden ist. Er trägt darauf eine reich dekorierte Uniform. Dieses Foto wirkt höchst symbolisch und theatralisch. Man schaut sich Churchill an und denkt: »Diese Erde, dieses Land, diese bezepterte Insel, dieses England.«

Auch in Amerika haben wir eine solche Tradition. Welches Bild, wohl eines der berühmtesten militärischen Bilder, kommt uns in den Sinn? Washington, wie er den Delaware überquert! Washington steht am Bug des Bootes. Sein Hut hat eine ganz besondere Form, er wirkt eigentlich eher wie eine Krone. Er trägt einen Umhang, der in seiner Form dem Umhang von Ludwig XIV ähnelt. Ist der General wirklich so Modell gestanden, in einem Ruderboot? War der Maler ein Augenzeuge? Ist das wichtig? Eigentlich zählt nur das Bild.

Generäle wissen um die positive Wirkung des Theaters im Krieg. Das Theater lindert die Monotonie des Alltags

In Washingtons Kostüm und Pose wird sein Vorwärtsstreben deutlich, er bewegt sich vorwärts, weil er sein Land verteidigen will, weil er ein Land schaffen will.

Machen wir uns auch Gedanken über eine Kämpferin, ein vierzehnjähriges Mädchen, welches das französische Heer zu großen Siegen führte. Jeanne d'Arc war absolut furchtlos. Wie schaffte sie es, ihre Furchtlosigkeit auf Männer zu übertragen, die älter, grobschlächtiger waren als sie? Sie trug eine Rüstung! Das schockierte die Männer, aber sie akzeptierten das Mädchen durch ihre Rüstung viel bereitwilliger, als wenn sie nur ihr bäuerliches Gewand getragen hätte.

Beeindruckte Jeanne das französische Heer, weil sie eine große Fechterin war? Hat sie es dank ihrer körperlichen Stärke gegen die Engländer zum Sieg geführt? Nein, sie führte das Heer mit ihrem Geist, mit ihren Ideen, mit ihren Vorstellungen über Frankreich und über Gott. Und mit ihrer Präsenz, ihrem Gespür für Macht.

Ihre Waffe war die Klugheit. Damit stellte sie sich gegen den König von Frankreich. Damit verhöhnte sie ihre Feinde, die englischen Soldaten, die sie schließlich gefangen nahmen. Mit dieser Waffe bot sie den Kirchenfürsten die Stirn, die ihre geistige Unabhängigkeit fürchteten. Mit dieser Waffe konnte sie sie herausfordern, sie als Lügner bezeichnen. Wenn sie keine Angst vor ihr gehabt hätten, hätten sie sie nicht verbrannt. Jeanne d'Arc hatte nichts von einem kleinen Mädchen. Sie beeindruckte durch ihre Fähigkeit, klar zu denken und ihre Gedanken Tausenden von Männern zu vermitteln, sie dazu zu bringen, sich von ihr führen zu lassen.

Shaw verleiht dem Mädchen aus dem einfachen Volk einen aristokratischen Geist. In seinem Drama ist sie eine historisch belegte Gestalt. Ihm zufolge steht sie für das Volk, wie es überall auf der Welt zu finden ist. Shaw sagt: Diese Leute kennen die Wahrheit, die Kirche aber lügt. Und er sagt: Wenn man die Massen bildet, wird jeder Premierminister werden wollen. Jeanne repräsentiert diese Klasse.

Sie repräsentiert auch die Wahrheit, dass Macht aus der Größe einer Idee erwächst. Johanna fordert die Kirche heraus, sie sagt: »Ihr habt gelogen!« Dank ihrer Ideen kann sie über die Juwelen, die Symbole von Reichtum und Macht, die ihre Gegner tragen, sagen: »Diese Dinge beeindrucken mich nicht. Sie lügen.« Ihren Gegnern fehlte das Vertrauen in ihre Kostüme, das Jeanne d'Arc hatte. Sie hatte keine Angst. Nehmen Sie sich ein Beispiel an ihr. Sie sah sich als Trägerin der Wahrheit.

Sie betrachten Soldaten einfach nur als Kämpfer. Doch Sie müssen begreifen, dass das Militär historisch gesehen nicht nur Länder, sondern auch Ideen verteidigte. Ein Heer mag es sich zwar zum Ziel gesetzt haben, einen Feind zu vernichten, ihn zu töten, aber der militärische Geist hat nichts mit sinnloser Gewalt zu tun.

Hinter dem Militär stehen große Ideen. Man beteiligte sich an den Kreuzzügen, weil man eine bestimmte Vorstellung von der Zivilisation und ihren Feinden hatte. In einer der größten Reden in HEINRICH V fordert Heinrich seine Mannen auf, für »Heinrich, England und Sankt Georg« zu kämpfen. In einer anderen Rede erklärt er seinen überwiegend einfachen Männern, durch den Kampf an seiner Seite würden sie ihm ebenbürtig – eine sehr kraftvolle Idee zu einer Zeit, in der der Stand sehr viel mehr als heute bedeutete. Einer der Leutnants des Königs wünscht sich, sie hätten mehr Soldaten. Heinrich weist ihn zurecht:

»O wünsch nicht einen mehr!
Ruf lieber aus im Heere, Westmoreland,
Dass jeder, der nicht Lust zu fechten hat,
nur hinziehn mag; man stell ihm seinen Pass
Und stecke Reisegeld in seinen Beutel:
Wir wollen nicht in des Gesellschaft sterben,
Der die Gemeinschaft scheut mit unserm Tode.
Der heut'ge Tag heißt Crispianus' Fest:
Der, so ihn überlebt und heim gelangt,
Wird auf den Sprung stehn, nennt man diesen Tag,
Und sich beim Namen Crispianus rühren.
Wer heut am Leben bleibt und kommt zu Jahren,
Der gibt ein Fest am heilgen Abend jährlich

Und sagt: »Auf morgen ist Sankt Krispian!«
Streift dann den Ärmel auf, zeigt seine Narben
Und sagt: »Am Krispianstag empfing ich die.«
Die Alten sind vergesslich; doch wenn alles
Vergessen ist, wird er sich noch erinnern
Mit manchem Zusatz, was er an dem Tag
Für Stücke tat: dann werden unsre Namen
Geläufig seinem Mund wie Alltagsworte:
Heinrich der König, Bedford, Exeter,
Warwick und Talbot, Salisbury und Gloster,
Bei ihren vollen Schalen frisch bedacht!
Der wackre Mann lehrt seinem Sohn die Märe,
Und nie von heute bis zum Schluss der Welt,
Wird Krispin-Krispian vorübergehn,
Dass man nicht uns dabei erwähnen sollte,
Uns wen'ge, uns beglücktes Häuflein Brüder;
Denn welcher heut sein Blut mit mir vergießt,
Der wird mein Bruder; sei er noch so niedrig,
Der heut'ge Tag wird adeln seinen Stand.
Und Edelleut in England, jetzt im Bett,
Verfluchen einst, dass sie nicht hier gewesen,
Und werden kleinlaut, wenn nur jemand spricht,
Der mit uns focht am Sankt Crispinustag.«

Arbeiten Sie bitte auch an einigen Texten, die den militärischen Geist spiegeln – HEINRICH V, CYRANO DE BERGERAC, DIE HEILIGE JOHANNA, DER TROJANISCHE KRIEG FINDET NICHT STATT. All diese Stücke erfordern innere Größe, aber Sie sollten vor allem an ihnen arbeiten, um den Rhythmus der militärischen Reden zu studieren. Die Sprache muss über den Rhythmus verstanden werden.

Vielleicht glauben Sie aus irgendwelchen Gründen, dass Ihr Gegenüber Zeit braucht, um Sie zu verstehen. Deshalb hat Ihre Alltagssprache etwas Langsames, Träges an sich. In einer trägen Sprache spiegelt sich ein träges Denken. Ihre Sprache ist nicht straff genug, sie hat keinen Biss. Der militärische Geist ist präzise und flink. Im Kampf gibt es keine Zeit für Ungenauigkeiten.

Und noch eines: Zweifellos denken Sie, im militärischen Geist spielt Wut eine große Rolle. Wut ist billig. Nehmen Sie die Wut heraus. Wut ersetzt nicht das Denken, Ideen, Worte. Schauen Sie sich in der Geschichte um. Gesiegt hat immer die Seite, die für eine Idee gekämpft hat.

21. Lektion

Stanislawski und das Neue Realistische Drama

Harold Clurman und ich waren einmal zusammen in Paris. Für mich war Harold die Rettung. Er hatte das *Group Theater* gegründet, dem ich angehörte. Er hatte eine Theatertruppe ins Leben gerufen, der ich angehören wollte. Harold war der Mann, der den größten Beitrag dazu leistete, mein Talent und meinen Geist zu entfalten, der meine Theaterbildung förderte. Er verlieh meinem Leben, meinem Theaterleben Sinn.

In Paris sagte Harold: »Weißt du, Stella, Stanislawski ist hier.« Zu jener Zeit hatte ich schon viel über diesen Mann gehört. Ich kannte Leute, die nach seiner Technik arbeiteten. Ich war Mitglied des *Group Theater*, das diese Technik angeblich einsetzte. Aber ich hatte als Schauspielerin auch an anderen Orten reichlich Erfahrungen gesammelt und lehnte deshalb das Schauspielen auf der Grundlage einiger der im *Group Theater* eingesetzten Prinzipien ab. Aus diesem Grund entfremdete ich mich der Truppe. Ich zog mich von ihren Proben zurück, distanzierte mich von der Art, wie bei den Stücken Regie geführt wurde. All dies war allen bekannt. Alle wussten, dass ich ablehnte, was im *Group Theater* ablief.

Auch Harold wusste, was in mir vorging. Er meinte, es wäre gut, wenn ich Stanislawski kennen lernte. Aber ich wollte nicht recht. Die Vorstellung machte mir Angst. Ich erklärte Harold: »Wenn ich ihn treffe, fürchte ich, auf etwas in mir zu stoßen, das mir sagt, dass seine Lehre beim *Group Theater* in einer Art und Weise repräsentiert wird, die ich nicht mag.«

Schließlich begleitete ich Harold doch zu ihm. Er wohnte in einem kleinen typisch französischen Appartement, zu dem uns ein kleiner typisch französischer Aufzug brachte. Als Harold die Tür aufmachte, sah ich, dass in dem engen Raum einige Leute versammelt waren, und in einer Ecke entdeckte ich auch Stanislawski. Ich war so überwältigt von diesem Moment, dass ich mich kaum rühren konnte. Harold ging zu ihm und begrüßte ihn. Stanislawski hatte Besuch von seinem Arzt, einem Freund und Olga Knipper, Tschechows Witwe.

Madame Tschechowa stand in der Nähe der Tür, also auch in meiner Nähe und sagte: »Sie müssen zu ihm gehen und ihm die Hand schütteln.« Ich sah sie an und sagte: »Nein.« Sie sagte: »Sie müssen aber!« Ich sagte: »Nein, das muss ich nicht«, und ich tat es auch nicht. Ich stand einfach nur da, ich konnte weder vor noch zurück, ich war wie gelähmt.

Dann schlug Stanislawski vor, gemeinsam zu den Champs-Elysées zu gehen. Dort angekommen setzte er sich auf eine Bank vor einem Baum, und wir gruppierten uns um ihn herum. Wie bei Schauspielern üblich wurde viel gelacht, alle waren frohgemut, alle schienen sich nah zu sein, und es entwickelten sich kluge und witzige Gespräche. Ich erinnere mich noch deutlich daran, dass Stanislawski mit Madame Tschechowa schimpfte und sie als Stümperin bezeichnete, worüber sie natürlich nur lachte. Er tat so, als wollte er sie einschüchtern, und sie tat so, als wäre sie stärker als er. Alles war sehr lustig, es war Ensemblekunst in Reinform, und man freute sich, dabei sein zu dürfen.

Stanislawski, der mit allen scherzte und sprach, merkte irgendwann, dass ich mich sehr zurückhaltend verhielt. Natürlich bemerkte er es, denn er sah alles! Nichts entging seiner Aufmerksamkeit. Schließlich wandte er sich direkt an mich und sagte: »Junge Frau, jeder spricht mit mir, nur Sie nicht!«

Das war der Moment, an dem ich ihm direkt in die Augen blickte und mich sagen hörte: »Mr. Stanislawski, ich habe das Theater geliebt, bis Sie kamen, aber jetzt hasse ich es.« Sein Blick verweilte etwas länger auf mir, dann sagte er: »Nun, in dem Fall müssen Sie mich morgen besuchen.«

An diesen Moment erinnere ich mich noch ganz genau. Wir verabschiedeten uns, und am nächsten Tag besuchte ich ihn. Ich sagte ihm, dass ich eine erfahrene Schauspielerin sei. Er hatte von meiner Familie gehört, denn mein Vater, Jacob P. Adler, hatte Leo Tolstois DER LEBENDE LEICHNAM produziert, bevor es Stanislawski gespielt hatte. Adler hatte dieses Stück als Erster gespielt, und das wussten natürlich alle. Stanislawski wusste, dass ich die Tochter von Jacob P. Adler und Sara Adler war, also aus einer Theaterfamilie stammte.

Stanislawski und ich kamen uns rasch so nahe, wie sich Regisseur und Schauspielerin nur kommen können, und bald waren wir nur noch ein Schauspieler und eine Schauspielerin. Wir arbeiteten ein paar Wochen lang zusammen. Ich musste viele Dinge tun, die ich noch nie zuvor gemacht hatte, und vor allem machte er mir klar, dass ein Schauspieler eine enorme Vorstellungskraft besitzen müsse, welche nicht von Befangenheit behindert werden dürfe. Als Schauspieler stützte er sich extrem auf seine Vorstellungskraft. Er erklärte mir immer wieder, wie außerordentlich wichtig die Vorstellungskraft auf der Bühne sei. Dabei gehe es hauptsächlich darum, die Situationen zu nutzen. Er sagte, wo man sei, bestimme, was man sei und wie man sei und was man sein könne. Man befindet sich als Schauspieler an einem Ort, der einen nährt, einem Stärke und die Fähigkeit verleiht, alles zu tun, was man tun will.

Stanislawski gestand mir, wie sehr er gelitten habe, als er Ibsens EIN VOLKSFEIND spielen sollte. Er habe einfach nicht gewusst, wie er es anpacken sollte. Es sei sehr schwer für ihn gewesen, Ibsen sei sehr schwer für ihn gewesen; er habe zehn Jahre gebraucht, um den richtigen Zugang zu dieser Rolle zu finden. In der Zeit, in der er die Elemente für eine Schauspieltechnik zusammenstellte, habe er die Antwort zu dem Problem gefunden, das ihn als Schauspieler sein Leben lang bedrückt hatte, vor allem während seiner Arbeit an EIN VOLKSFEIND.

In einer Szene des Stückes spricht Stanislawskis Figur zu den Leuten und fordert sie auf, etwas zu tun. Und das war falsch. Er meinte zu mir: »Ich musste zu den *Seelen* der Menschen sprechen. Nur wenn ich ihre Seelen erreichte, würde ich weiter kommen.« Zehn Jahre, nachdem Stanislawski diese Rolle zum ersten Mal gespielt hatte, wurde das Stück neu inszeniert; er bekam die Rolle wieder und konnte sie jetzt auch spielen.

Stanislawski erkannte, dass zeitgenössische Stücke nicht mehr auf traditionelle Weise gespielt werden konnten. Es wurde ihm klar, dass er neue Mittel und Wege, eine universell einsetzbare Technik finden müsste, um diese Stücke wahrhaft spielen zu können. Er brauchte Mittel, um die menschliche Größe und Gestalt durch Kontrolle, Disziplin und gute Sprechtechnik erstehen zu lassen.

Er befasste sich mit Stücken von Ibsen, Tschechow, Strindberg, mit dem Realismus. Diese Stücke stellen die Frage: »Was ist real?« Einfach ausgedrückt ist diese Tasse hier real. Realität ist etwas, was man sehen und berühren kann. Aber der Realismus ist auch eine Technik, ein Handwerk, eine Kunstform, die vom Schauspieler verlangt, die Wahrheit zu erfassen und zu offenbaren. Der Realismus lehrt uns, dass man sich zuallererst mit der Grundidee eines Stückes befassen muss. Man spielt das Stück und die Rolle, um die Grundidee des Verfassers sichtbar zu machen. Man spielt niemals sich selbst. Der Schauspieler muss sich vornehmen, dem Theater zu dienen, niemals sich selbst!

In den Ende des neunzehnten Jahrhunderts verfassten Stücken, an denen sich Stanislawski abmühte, geht es um gesellschaftliche Zustände, um das Leben, das die Menschen damals führten. Im Realismus gibt es keine Helden mehr. Es gibt nicht die Guten und die Bösen. Jeder ist ein Held. Der Autor zeigt richtige und falsche Verhaltensweisen, und das Publikum muss sich seine eigenen Wahrheiten suchen. Das Hauptanliegen des Realismus ist es, die Lügen des öffentlichen und privaten Lebens aufzudecken. Der Realismus beschäftigt sich mit dem Bürgertum und zeigt, warum es an seinen ererbten Werten leidet, also an den Werten, die ihm durch mündliche Überlieferung, Kirche, Erziehung, Regierung vermittelt worden sind.

Der Realismus zielt auf die Wahrheit und deckt sie auf, die Wahrheit des

Bürgertums und seiner Lebensweise. Mit dem Stil des Realismus, seiner Prosa, muss man umgehen, als sei es Lyrik. Der Realismus basiert auf der Sprache, aber man benötigt Übung, um hinter den wahren Sinn der Worte zu kommen.

Es liegen Welten zwischen der Aristokratie, dem Militär und dem Bürgertum. Der aristokratische und der militärische Geist haben mit Förmlichkeit zu tun, der bürgerliche Geist ist nicht formell. Der Aristokrat lebt in Palästen, der Mann des Militärs auf Schlachtfeldern, das Leben des Bürgertums findet in der Familie statt. Napoleon setzte sich für die Geschichte in Szene. Der Bürger kümmert sich nicht um Pomp und Ruhm, er posiert nicht für die Ewigkeit. Im Familienleben des Realismus gibt es keine Steifheit oder großes Getöse. Königin Elizabeth oder Ludwig XIV kann man nicht in einer bürgerlichen Familie ansiedeln. Sie sind zu groß für ein trautes Heim.

Der realistische Autor sagt oft, dass die Familie trotz fehlender Anmaßung, trotz ihres scheinbar schlichten, aufrichtigen Verhaltens weitaus komplizierter ist als die Monarchie.

In NORA ODER EIN PUPPENHEIM sagt Ibsen, die gesamte Familiensituation sei verlogen. In dieser großen Wahrheit liegt der Schlüssel zum Realismus. Er ist viel komplexer, als Sie denken. Sie müssen tief graben und den Schlüssel für jedes einzelne Wort finden.

Das Bürgertum lebt mit ungültigen, überlieferten Ideen. Uns sind Lügen tradiert worden. Wir sind von Meinungen Dritter verdorben. Wir zitieren »Ideen«, ohne zu wissen, ob wir unsere eigene Wahrheit äußern oder die Wahrheit anderer. Die Wahrheit muss aus uns selbst kommen, nicht von Kritikern, Politikern, Erziehern, Journalisten.

Nora kämpft mit den Lügen des bürgerlichen Familienlebens. »Du liebst mich nicht«, sagt sie ihrem Mann. »Du hast mich belogen. Du sagst, dass du mich liebst, aber du tust es nicht.« Sie beginnt zu analysieren, wie sie zu ihren Gedanken gekommen ist. Sie begreift, dass ihr Vater und ihr Mann ihr ihre Ansichten aufgezwungen haben. Sie merkt, dass sie ihre Gedanken unterdrückt, wenn sie anders sind als die ihres Vaters oder ihres Mannes. Ihr wird nicht zugestanden, selbständig zu denken oder eigene Entscheidungen zu fällen.

Wenn Sie diese Wahrheit verstehen, gewinnen Ibsens Worte Bedeutung. Es ist eine große Wahrheit – vernichten Sie sie nicht! Wir wollen Ibsen hören, nicht Sie. Um Ibsen zu erfassen, müssen wir daher alles über seine Figuren wissen, ihre Berufe, ihre Einstellungen zu Familie, Geld, Politik, Sex, Religion, Erziehung – einfach alles. Der Schauspieler muss langsam und bedächtig arbeiten. Das, was wir verstehen müssen, verstehen wir nicht, wenn wir einfach nur die Worte betrachten. Wir müssen die gesellschaftliche Gesamtsituation verstehen, die sozialen Konflikte, die der Autor zu beleuchten trachtet.

Ibsen zeigt, dass es dem Bürgertum ums Geld geht. Es geht ihm nicht um Museen, um kulturelles Wachstum. Die Schicht, die sich mit tiefgründigen Gedanken beschäftigt, gehört der Vergangenheit an. Wir befinden uns in einer Schicht, die von praktischem Denken und Ehrgeiz verseucht ist. Shaw sagte einmal, in seiner Zeit sei die Aristokratie vom Materialismus unterwandert, das Bürgertum vulgarisiert und die Unterschicht brutalisiert worden.

Ich habe ein paar Dinge auf drei Tischen verteilt für eine Übung, durch die wir lernen können, den in der Mittelschicht vorherrschenden Wahrnehmungsrhythmus zu begreifen, und die uns helfen soll, diesen Rhythmus von dem eines Aristokraten oder eines Schauspielers zu unterscheiden.

Stehen Sie jetzt bitte einer nach dem anderen auf. Schauen Sie sich um, betrachten Sie einen Gegenstand, benennen Sie ihn, erkennen Sie ihn, sehen Sie, wofür er benutzt wird, und dann gehen Sie rasch zum nächsten. Sagen Sie mir: Das ist ein Stift, mit dem schreibt man; ein Telefon, damit tätigt man Anrufe; ein Buch, das liest man. Es soll keine emotionale Verbindung entstehen, es geht nur um das rasche Erkennen von Gegenständen.

So sieht die Mittelschicht die Dinge: schnell, ohne Tiefe! Jedes Ding hat seinen Zweck, alles kann millionenfach hergestellt werden.

Dadurch verlieren Dinge aber auch an Qualität. Sie geben uns nichts. Deshalb wenden wir uns ihrem Preis zu. Wie viel hat das gekostet? Das Telefon braucht diesen Rhythmus, die Kamera benutzt diesen Rhythmus. Klick! Warum soll man noch Bilder malen?

Wenn wir so schnell, in diesem Rhythmus, sehen, entgehen uns die Dimensionen. Wir können in diesem Rhythmus nicht *denken*. Wir leben also in einer Gesellschaft, in der Dinge uns nicht anregen. Die Kultur des Betrachtens, des Sehens ist in anderen Ländern höher entwickelt. Dinge so zu sehen entspricht nicht der amerikanischen Mentalität. Wir bewerten Dinge rein nach ihrer Nützlichkeit.

Aber selbst nützliche Dinge kann man eingehender betrachten. Selbst eine in Massenfertigung hergestellte Flasche kann man auf zweierlei Weise betrachten. In Amerika wurde Sprudelwasser früher in Flaschen verkauft, heute in Dosen. In Frankreich werden Flaschen in einem dunklen, rauchigen Grün hergestellt. Am Boden der Flasche gibt es eine kleine Vertiefung, in der sich Sedimente absetzen können. Das Etikett ist bunt gestaltet, und es steht ziemlich viel drauf. Allerdings wird in solchen Flaschen Wein abgefüllt, nicht Coca-Cola.

Wir alle sollten uns nur eine viertel Stunde am Tag Zeit nehmen – also weniger als für Gymnastikübungen oder fürs Jogging – und diese dafür nutzen, Dingen einen Wert zu geben.

Sie sind Geschöpfe der Industriegesellschaft, die Ihnen auch Ihr Selbstwertgefühl raubt. Sie sind sogar so weit, dass Sie feststellen: »Es ist angesagt, ein Nichts zu sein.« Weil Sie rasch und oberflächlich alles akzeptieren, haben Sie etwas verloren. In Ihrem Leben zählt nur das Geld.

Auch an Weihnachten geht es inzwischen nur noch ums Kaufen und Verkaufen. Wir akzeptieren das. Die Menschen freuen sich auf Weihnachten, aber sie haben keine Ahnung, worum es dabei eigentlich geht. Das Symbol, die Krippe, zählt nichts mehr. Der Sinn des Lebens kommt uns abhanden.

Betrachten Sie diesen Tisch: Er ist schwarz, er hat keine Eigenschaften. Die Beine der Tische in Versailles waren reich verziert. Diese Tischbeine hier – das sind doch nur Stäbe! Sie stehen da wie Gefangene kurz vor ihrer Erschießung. Das akzeptieren Sie. Sie wissen nicht, warum es Sie so leer gemacht hat. Der Raum dieses Studios ist absolut nichts sagend. Er ist dazu geschaffen, seinen Zweck zu erfüllen, aber er regt uns nicht an.

Als Schauspieler müssen Sie einen Weg finden, die Außenwelt zu analysieren, ihr Wert zu verleihen. Glauben Sie mir, er ist vorhanden! Sie müssen sich von der Außenwelt nähren lassen. Wenn Sie das nur aus sich selbst heraus tun, sind Sie krank. Wo außen nichts ist, ist kein Leben. Sie müssen sich für Dinge Zeit nehmen, sich von ihnen nähren und nicht nur bedienen lassen.

Eine ausgezeichnete Übung, um dieses Gespür zu kultivieren, ist es, etwas übers Telefon zu verkaufen, egal was – Vitaminpillen, Französischunterricht, ein Zeitschriftenabonnement. Schon beim Eingeben der Telefonnummern werden Sie den Rhythmus der Mittelschicht verstehen. Das Wählen von Telefonnummern mit der Drehscheibe war zeitraubend, deshalb musste das Tastentelefon erfunden werden. Ihr Rhythmus wird Ihnen von der technologischen Gesellschaft diktiert – schnell! Die Geräte sind wichtig. Man muss sich ständig neu erfinden, um sich den Geräten anzupassen, ansonsten wird man ausgemustert. Schauen Sie sich Ihre Schreibtische an: Computer, elektrische Spitzer, elektronische Rechengeräte. Gibt es eine elektronische Vase? Ja! Den Bildschirmschoner – digitale Blumen.

Was bedeutet es, etwas zu verkaufen? Es bedeutet, dass alles, was Sie verkaufen, verkaufbar sein muss. Man betrachtet Dinge in einer bestimmten Weise. Kann ich das verkaufen? Je wichtiger das Produkt ist, desto weniger wichtig sind Sie.

Wenn Sie etwas übers Telefon verkaufen, kennen Sie die Leute nicht, mit denen Sie sprechen. Das zwingt Sie dazu, Ihre Stimme zu neutralisieren. Sie mechanisieren Ihre Stimme. Sie sind in dem ganzen Gefüge ein Nichts.

Wenn Sie etwas übers Telefon verkaufen, sollten Sie möglichst viele Requisiten benutzen. Sie leben in einer Gesellschaft, in der ständig mehrere Dinge auf einmal passieren. Wenn Sie ins Kino gehen, haben Sie Popcorn in der einen und eine Dose Cola in der anderen Hand. Sie können sich nicht mehr konzentrieren. Sie sind modern, indem Sie sich nicht konzentrieren. Oder indem Sie sich auf etwas Elektronisches konzentrieren, das Dinge für Sie erledigt. Das ist das Problem an der Mechanisierung – die Maschinen leben jetzt für uns, wir tun es nicht mehr selbst. Wir können nur noch zuschauen. Es gibt nichts Erbauliches mehr. Deshalb gehen wir zum Psychologen.

Ein Zeichen für unsere Leere ist unsere Passivität, unsere Trägheit. Wir verbringen viel Zeit damit, darauf zu warten, dass etwas geschieht. Unsere Ungeduld drücken wir aus, indem wir mit dem Fuß klopfen, mit den Fingern auf den Tisch trommeln, die Hände aneinander reiben, einen Ring am Finger drehen. Mit solchen Bewegungen drückt der Körper aus: Ich tue nichts, ich langweile mich.

So kann man unsere Mittelschicht hervorragend ausdrücken, die laufenden Maschinen zeigen, zu denen wir alle mutiert sind. Wir sind Menschen, die ständig in Eile sind, ständig schneller werden müssen. Manchmal hält uns das Leben auf – wir kommen an eine Ampel. Also warten wir. Und zappeln dabei herum, trapsen auf der Stelle.

Der praktische Mensch hat keine geistige Ruhe. Er tut ständig etwas. Er ist nicht in der Lage, sich einfach nur zu entspannen. Doch das kostet auch seinen Preis – selbst, wenn nichts passiert, macht man ständig weiter, immer weiter, wie eine Aufziehmaus.

Die Mittelschicht redet auch ununterbrochen. Nicht, dass sie über irgend etwas Bestimmtes redete. Ihre Gespräche sind so vorgefertigt wie die Dinge, über die sie spricht – Autos, Fernseher, Videorekorder, Aktien. Die Worte blubbern einfach heraus, sie sind billige Massenware.

So eine Rolle, die amerikanische Lebensweise in ihrer Reinform, würde Ihnen wahrscheinlich gar nicht so leicht fallen. Interessanterweise ist hier ja niemand praktisch veranlagt. Sie neigen alle dazu, sich dem amerikanischen Rhythmus nicht hinzugeben. Sie fühlen sich zurückgezogen, ja sogar isoliert. Die Wahrheit ist, dass Sie keine Schuldgefühle zu entwickeln brauchen, wenn Sie sich als Schauspieler zurückgezogen fühlen. Das ist doch interessant, oder?

Wir müssen zwischen dem praktisch veranlagten und dem ehrgeizigen Menschen unterscheiden. Vielleicht ähneln sie sich in einigem, aber sie haben unterschiedliche Ziele. Der praktische Mensch legt keinen Wert auf Kunst. Der Praktiker bringt alles »auf den Boden der Tatsachen«, auf die Ebene der »Fakten«. Der Ehrgeizige hingegen würdigt die Dinge nicht herab. Das hat etwas mit Größe zu tun, etwas, was hinter dem reinen Ego liegt. Ehrgeizige Bestrebungen gehen möglicherweise einher mit machtvollen alten und modernen Werten. Die Ballung von Macht bedeutete im aristokratischen Verständnis Tradierung von Werten, alles ging immer weiter, über die reine menschliche Existenz hinaus. Es bedeutete die Gründung von Museen und Bibliotheken.

Der Praktiker sagt: »Ich werde jetzt diesen Kaffee trinken und danach werf ich den Becher weg.« Der Ambitionierte sagt: »Ich möchte meinen Kaffee aus Limoges-Tassen trinken.«

Es ist nicht verkehrt, ehrgeizig zu sein. Ich hatte mal den Ehrgeiz, Italienisch zu lernen. Also stand ich früh auf und lernte aus einem Buch. Ich nahm Unterricht. Ich ging in italienische Restaurants und redete mit den Kellnern. Tag für Tag tat ich etwas dafür. Wenn Sie mich und meine Ambitionen auf der Bühne zeigen sollten, dann vielleicht, indem Sie mich zu einer Unterrichtsstunde eilen oder mich mit einem Kellner radebrechen ließen.

Können Sie Ambitionen in sich entdecken? Denken Sie daran: Sie können eine Rolle nicht auf nur ein Element reduzieren! Sich um den Garten kümmern hat nichts mit Ehrgeiz zu tun.

Vladimir Horowitz war ein außergewöhnlicher Pianist, aber er war auch ehrgeizig. Wie pflegte er sein meisterhaftes Können? Um seine musikalische Intelligenz nicht zu vergeuden, setzte er, wenn er mit Menschen sprach, die nicht in seiner musikalischen Welt lebten, eine Seite seiner Persönlichkeit ein, die ausgesprochen kindisch war. Wenn er die *Times* las, gab er sich nicht mit den Wirtschaftsseiten ab. In einem Stück würde man ihn natürlich am Klavier zeigen und nicht beim Kaffeetrinken.

Der Unterschied zwischen dem Praktiker und dem Ambitionierten wird in Clifford Odets' GOLDENE HÄNDE deutlich. Die ehrgeizige Seite der Hauptfigur will Geige spielen, Musiker werden. Die praktische Seite von ihm strebt nach Ruhm und Geld. Also wird er Boxer.

Ehrgeiz führt stets zu etwas Größerem, das über das rein Praktische hinausgeht. Bei der praktischen Seite wird die Seele nicht einbezogen. Wie praktisch ist es, ein ums andere Mal die E-Saite auf der Geige zu spielen? Ein Hollywood-Star zu werden ist ein praktisches, in Eugene O'Neills Stücken spielen zu wollen ein ehrgeiziges Ziel. Es gibt gewisse Unterschiede in der Einstellung.

In vielen Stücken über die Mittelschicht herrscht ein Gefühl von Verlust, von Desillusionierung. Das Leben der Mittelschicht verspricht bestimmte

Dinge, doch dann wird man enttäuscht. Die ganze Rennerei, das ganze Besitzstreben mündet in einer Sackgasse. Biff Loman lehnt die Werte seines Vaters ab. Sein Vater glaubt an Amerika, an die amerikanische Lebensweise. Er prahlt damit, für seine Firma »den Norden geöffnet« zu haben. Er ist ein netter Mensch. Man bringt es weit, wenn man gemocht wird, sagt er seinem Sohn.

Aber Willy wird entlassen und Biff sieht, dass die Werte seines Vaters ihn nicht weit gebracht haben. Amerika hat falsche Hoffnungen geweckt. Ein Handlungsreisender zu sein war den amerikanischen Wertvorstellungen zufolge etwas Rühmliches. Aber das stimmte nicht. Willy wurde entlassen. Reduzieren Sie dieses Stück nicht auf einen Jungen, der von seinem Vater enttäuscht wird. Es geht um den Verlust Amerikas.

Willy will es nicht hinnehmen, dass sich der amerikanische Traum, der Traum Jeffersons, ausgeträumt hat. Aber Biff erlebt die unendliche Einsamkeit des Amerikaners, der die »amerikanische Lebensweise« ablehnt. Es ist eine epische Einsamkeit. Er sieht, dass einem nichts übrig bleibt, als ein anderes Haus zu kaufen, solange man Teil des Systems ist. Man ist hilflos. Der Kapitalismus verhilft einem zu Geld, aber nicht zu Frieden. So ein Leben kann man nicht als erfolgreich bezeichnen.

Der Autor sagt, dass es noch ein anderes Leben geben müsse in diesem Land, abseits von Arbeit, Erfolg, Geld. Die meisten von uns stecken in diesem fruchtlosen Kreislauf fest. Der Künstler hat einen Ausweg. Er wird durch die Freude an seiner Arbeit entschädigt. Aber er ist von der Mittelschicht ausgeschlossen.

Arthur Miller stellt Biff keinen realen Lebensstil in Aussicht, indem er ihn aus einem erfolgsorientierten Amerika flüchten lässt. Das Leben eines Farmers wird ihm nicht zu Erfolg verhelfen. Im Realismus, in der Beschäftigung mit der Mittelschicht, bekommen die Zuschauer keine Antwort, sie müssen sich selbst Gedanken machen.

22. LEKTION

Verschiedene Schichten auf der Bühne portraitieren

Befassen Sie sich mit sämtlichen Facetten des Lebens. Man sollte zwar herausfinden, was man mit der Rolle gemeinsam hat, die man spielen soll, aber damit ist es nicht getan. Dies gilt vor allem für den letzten Archetypus, den wir jetzt betrachten werden, den Bauern.

Wo und wie erfährt man etwas über Bauern? Teilweise indem man sie beobachtet, wenn man weiß, wo man sie finden kann, zum Beispiel auf Reisen. Aber man lernt Bauern auch kennen, wenn man Breughels BAUERNHOCHZEIT betrachtet.

Als Erstes fällt auf, wie durch und durch fröhlich diese Menschen sind. Das Bild erzählt nichts von Armut, Schikane, Verfolgung. Keiner wirkt bedrückt. Alle sind frei, vergnügt und optimistisch. Ihr Tanz wirkt nicht anmutig, aber sie scheinen eine Menge Spaß zu haben. Man spürt die Harmonie und die Einheit der Menschen. Sie freuen sich an ihrem Beisammensein. Das ist etwas, was wir verlernt haben.

Wie Sie sehen, gibt es auch in dieser Welt Konventionen. Männer wie Frauen tragen Hüte, nicht aus einer praktischen Notwendigkeit heraus, sondern rein zur Zierde. Die Bauern haben nicht viel Geld – das wissen wir –, aber sie tragen schmucke Kleider. Natürlich sind sie nicht so förmlich wie die Aristokraten oder die Bürger, aber sie wirken auch nicht nachlässig oder schlampig gekleidet. Obwohl sie sich für die Hochzeit wahrscheinlich in Schale geworfen haben, sieht es aus, als könnten sie vom Fest gleich zu ihren Herren eilen, wenn ihre Dienste gefordert wären.

In Breughels Bild von Bauern auf einem Heufeld bekommt man einen fast enzyklopädischen Einblick in das, was die Menschen tun. Alle kennen ihre Handgriffe. Es gibt keine Dilettanten. Sie sind von Bäumen umgeben. Sie haben das Land, sie haben alles, was sie für ihr Glück brauchen.

Um einen Bauern zu spielen, müssen Sie sich diesem Typus voll und ganz hingeben. Sie sind mit dem Leben verbunden, und zwar mit all dem Animalischen, dem Irdischen, dem Sexuellen. Der Bauer hat etwas Kühnes an sich, er strahlt eine Fülle aus, auch wenn seine Entscheidungen sehr begrenzt sind – er isst, trinkt, schläft, vögelt, tanzt. Sex ist gut. Das Leben ist gut und frei von Scham. Der Bauer hat eine physische Beziehung zum Leben. Sie müssen etwas *tun*, nicht sagen. Ein Bauer fackelt nicht lange herum. Seine Einstellung zum Tod ist nicht angstbesetzt. Er ist einfach und direkt, spontan und ungehemmt.

Das soll aber nicht heißen, dass der Bauer so roh ist, dass ihm jeglicher Feinsinn abginge. Betrachten wir ein weiteres flämisches Gemälde aus dem sechzehnten Jahrhundert, DIE ANBETUNG DER HEILIGEN DREI KÖNIGE von Hieronymus Bosch. Achten Sie auf die Umgebung – eine Krippe, das klingt relativ elegant, aber wir könnten es auch einfach »Heuraufe« nennen. Klingt es dann weniger fröhlich? Keineswegs.

Die Heilige Familie ist umgeben von bäuerlichen Gerätschaften. So wird Christi Geburt selten dargestellt, aber hier trägt es zum Gefühl der Nähe bei.

Sie müssen den Gedanken, jemand anderes sei »niederen Standes«, aus Ihrem Kopf verbannen. Der Bauer ist anders. Er trägt andere Kleider. Er hat weniger Geld. Aber er ist nicht niederen Standes. Jahrelang haben Modeschöpfer bäuerliche Kleidung aus aller Welt imitiert, weil diese Kleidung bunt und bequem ist. Wir verstecken uns unter unseren Kleidern, Bauern tun das nicht. Bäuerliche Kleidung zeichnet sich durch Üppigkeit aus.

Ein Grund, warum der Bauer frohgemut ist: Er hat etwas, was er nie verlieren kann – den Boden. Dort sind seine Wurzeln. Das ist die kosmische Wahrheit, die er verstanden hat. Er weiß, dass der Mensch Wurzeln braucht.

Ich rede hier vom europäischen Bauern, vielleicht sogar noch in unserer heutigen Zeit, aber gewiss vom europäischen Bauern, wie es ihn noch vor hundert Jahren gab, als der englische Romancier Thomas Hardy AUF VERSCHLUNGENEN PFADEN schrieb. Eine seiner Figuren, ein Stadtmensch, lernt auf dem Land sein Leben wieder zu genießen und kommt davon ab, es nur zu erdulden.

Der Bauer freut sich an allem, was die Erde ihm schenkt: Pflanzen, Gemüse, Tiere. Bei Breughels Gemälde hat man das Gefühl, dass alles miteinander wächst, tanzt. Es herrscht Fülle, Offenheit. Die Erde versteckt sich nicht. Nichts ist versteckt. Die Körper der Menschen wirken frei.

Die Bauern Europas leben in großen Familien zusammen. In den armen Gegenden Italiens gehört ein Kind der ganzen Gemeinschaft. Wenn es schmutzig ist oder sich verlaufen hat, wird es von irgendeiner Frau aufgenommen, getröstet, gewaschen und zu seiner Familie zurückgebracht. Es heißt dort nicht »deine Familie« oder »meine Familie«, alle Menschen sind eine große Familie. Das *Miteinander* wird gelebt.

Der Bauer weiß noch um das Animalische in den Menschen. Ein Tier sagt nicht: »Darf ich mich vorstellen?« In der animalischen Welt gibt es kein Schicksal – Mann und Frau finden irgendwie zusammen. Das Wissen, dass es kein Schicksal gibt, befreit von vielen Sorgen.

Das soll allerdings nicht heißen, dass Bauern nur sorgenfrei und unbekümmert wären. Wenn Sie einen Bauern spielen, können Sie ruhig ein paar Zahnlücken haben.

Vieles in unserem Leben dreht sich um den Schutz vor den Elementen. Der Bauer lebt in direktem Kontakt mit ihnen. Sein Leben ist eng mit der Erde verbunden, er ist ständig der Natur ausgeliefert: den Wolken, dem Regen, dem Sumpf, der Sonne. Er braucht keine Sexratgeber. Seine Sexualität hat etwas Animalisches, Lenz und Lust, etwas in der Richtung haftet ihr an.

Ich möchte noch einmal betonen, dass der Bauer nicht niederen Standes ist! Bauern leben anders als wir, aber nicht minderwertiger. Sie leben auf dem Fleckchen Erde, das ihnen der Großgrundbesitzer zugewiesen hat. Sie sorgen sich nicht um die Miete. Sie gehören keiner Gewerkschaft an. Es sind keine Klempner. Sie denken nicht in Begriffen wie »Stundenlohn«. Sie denken daran, dass sie die Arbeit tun müssen, die getan werden muss. Sie fühlen sich wohl auf ihrem Fleckchen Erde. Es sind keine Lümmel oder Penner, sie sind nicht arm. Sie akzeptieren das Leben und den Tod als Grundbestandteil ihres Daseins. Sie akzeptieren die Erde. Vergessen Sie Schmutz, wenn Sie einen Bauern spielen! Für den Bauern ist das nicht Schmutz, sondern Erde. Sie müssen den Unterschied verstehen. Als Bauer müssen Sie etwas Erdiges an sich haben. Sie müssen offen sein.

Eine gute Übungsaufgabe, um den Bauern zu verstehen, ist es, Kartoffeln auszubuddeln. Sie müssen sich die Umstände vorstellen – ist die Erde nass oder trocken? Werfen Sie Ihre Hemmungen über Bord, rechtfertigen Sie es, dass Sie über und über voller Erde sind.

Was wir über den Aristokraten gesagt haben, trifft auch auf den Bauern zu. Die Kleidung wirkt sich auf den Schauspieler aus. Der Bauer trägt Holzschuhe oder klobige Stiefel. Schauen Sie sich die Schuhe an, die Van Gogh gemalt hat! In dieser Welt wird nichts weggeworfen. Alles hat einen Wert. Nichts ist zu alt oder zu abgenutzt. Jemand hat diese Schuhe so lange getragen, bis er aus ihnen herausgewachsen ist. Solche Schuhe gehören ebenso zum Bauern wie das Schürzchen zum Dienstmädchen.

Wenn Sie eine Rolle entwickeln, können Sie auf einen Teil Ihres Selbst zurückgreifen. Die Schauspielerin, die Anna Christie in O'Neills Stück spielt, muss nicht als Hure arbeiten, um die Rolle zu verstehen. Aber vielleicht weiß sie, was es bedeutet, einen Vertrag zu erfüllen. Eine Hure hat einen Beruf. Sie ist ihrer Arbeit gegenüber distanziert. Sie arbeitet, um Geld zu verdienen. Sie muss etwas Rücksichtsloses an sich haben. Wenn sie einen Vertrag erfüllt, dann bietet sie nicht alles feil, sondern nur das, worauf man sich geeinigt hat.

Aber Ihr Verständnis einer Rolle muss über Ihr eigenes Leben hinausgehen. Als Marlon Brando an der Rolle des Stanley Kowalski in Tennessee Williams' Endstation Sehnsucht arbeitete, studierte er Van Goghs Gemälde Ein Paar Schuhe, um die Rolle besser zu verstehen. Er sah Kowalski als Bauern, der in die Stadt kam und an ihr zerbrach. »Sehr gut, Marlon«, sagte ich, »aber wie willst du das spielen? Wie willst du zeigen, dass er gebrochen ist?«

Er entwickelte eine krumme Haltung, und die wurde sogar noch berühmter als Van Goghs Schuhe.

Der bäuerliche Stand, den wir gerade betrachtet haben, lebt auf dem Land. Aber es gibt auch die Arbeiterklasse, die in der Stadt lebt. Die amerikanische Arbeiterklasse hat viele Phasen durchlaufen, aber jemand, der ihr angehört, versteht sie nicht.

Heute kann man eigentlich gar nicht mehr von »Arbeiterklasse« sprechen. In Amerika gibt es sie nicht mehr in ihrer ursprünglichen Form. Wir müssen also in vergangenen Zeiten nach dem Geist der Arbeiterklasse suchen, in Zeiten, bevor das Gewerkschaftswesen ein Geschäft daraus gemacht hat. Die Arbeiterklasse entwickelte sich in Europa aus den Bauern heraus, der Gemeinschaft der Kleinbauern, die auf dem Land lebten und arbeiteten, bevor es moderne Städte und Hochhäuser gab. Diese historische Arbeitergemeinschaft ist undenkbar ohne ihre Spiele und ihre Musik. Menschen aus der Arbeiterklasse spielten oft ein Instrument, die Mundharmonika oder die Gitarre. Im Lauf der Zeit kamen andere Instrumente, andere Spiele hinzu.

Der Arbeiter entstammt einer Gemeinschaft von Erde und Arbeit. Er hatte Selbstbewusstsein und ein Gefühl seiner Kraft. Voller Selbstachtung sagte er: »Ich werde bis an mein Lebensende arbeiten«. Er war ein Mann, an dem nichts verbogen, schief oder gebrochen war. Seine Bewegungen waren frei und zielsicher. Er lebte auf seinem Stück Land in seinem umzäunten Holzhaus. Er lebte so gut es ihm möglich war. Er konnte mit schwerem Gerät und hölzernen Pflügen umgehen. Er machte seine Arbeit, die Arbeit eines ehrbaren Mannes.

Den Arbeiter im heutigen Amerika kann man nicht als Mitglied der Arbeiterklasse bezeichnen. Früher ging es dabei um eine Tradition, die vom Vater an den Sohn weitergegeben wurde. Das ist heute alles anders.

Früher waren Klassenunterschiede absolut. In unserer Zeit gibt es keine gesellschaftlichen Aufwärtsbestrebungen mehr. Wir haben die Klassen demokratisiert. Das heißt allerdings nicht, dass wir sie beseitigt hätten. Es ist nur schwerer geworden, sie zu erkennen. Das aber gehört zu Ihren Aufgaben als Schauspieler.

Sie müssen die Klasse kennen, die Sie spielen sollen. Wir sind ein demokratisches Land. Wir haben einen Geldadel, einen oberen und einen unteren. Das, was man als Arbeiterklasse bezeichnet, gibt es bei uns nicht. Der Pförtner in dem Haus, in dem ich lebe, besitzt drei Eigentumswohnungen im teuersten Teil New Yorks und parkt sein nagelneues Auto stets direkt vor unserem Haus. Das ist mein Pförtner. *Ich* besitze keine drei Eigentumswohnungen. Natürlich gibt es auch arme Pförtner, aber die Klassen sind nicht mehr klar umrissen. Sie sind durchlässig, elastisch.

Wenn Sie an Tennessee Williams arbeiten, müssen Sie all diese Unterschiede verstehen. Sie müssen auch die Südstaaten verstehen. Im Süden entwickelte sich eine ähnliche Struktur wie im alten Griechenland. Der Süden hatte eine eigene Aristokratie, eigene Werte, eine eigene Lebensweise. Die Männer und Frauen des Südens benahmen sich absolut anders als Sie, sie dachten anders, handelten anders und verstanden Ideen anders. Diese Menschen haben mit der Art und Weise, wie Sie heute erzogen werden, oder mit Ihrem Leben rein gar nichts zu tun. Aber Tennessee Williams wird auf der ganzen Welt gespielt. Ich habe gehört, dass in Moskau letztes Jahr sieben seiner Stücke auf dem Spielplan standen.

Im Süden gab es unterschiedliche Klassen und, wie Sie wohl wissen, die Baumwollindustrie. Millionen Schwarzer arbeiteten auf den Plantagen. Dort spielt sich ein Großteil der Handlung ab, ein Großteil des Dramas.

Um 1700 konnten Sie mit einem Dollar einen halben Morgen Land, circa zweitausend Quadratmeter, kaufen. Anfangs erhielt jeder Neuankömmling in Amerika fünfzig Morgen, jeder einzelne. Es war ein großes Land, viel Land und nichts, mit dem man es hätte bearbeiten können. Wenn man sich die Karte ansieht, wirkt es fast so, als nähme der Süden ganz Amerika ein. Er ist riesig.

Die Lebensverhältnisse damals waren alles andere als einfach, denn es kamen die unterschiedlichsten Menschen, von der Arbeiterklasse bis zum Adel. Die Engländer schickten auch ihre Verbrecher. Am Anfang lebte dort der Adel neben den Kriminellen, die sich hocharbeiteten, und beide schufen eine Kultur.

Eine Kultur, in der es Sklaven und Plantagenbesitzer gibt, unterscheidet sich in vielem von der, in der Sie aufgewachsen sind. Manche Plantagenbesitzer wohnten in riesigen Anwesen, sie wohnten so stattlich wie der König von Frankreich. So weit sind wir im Norden nie gekommen, aber im Süden wollte man Paläste bauen und hat das auch getan.

Dann kam der Bürgerkrieg. Wir halten ihn oft für einen gerechten Krieg, denn der Norden hat gewonnen, und wir haben die Sklaven befreit. Wer so denkt, ist ein Romantiker. Tennessee Williams, der im Süden aufwuchs, kennt die Zeit der Rekonstruktion. Für den Süden bedeutete es, dass die Yankees seine Baumwolle bekamen, sie weiterverarbeiteten und viel Geld damit verdienten. Der Norden wollte das Geld des Südens, das dieser durch die Ausbeutung der Schwarzen verdient hatte. Dafür kämpften sie. Der Süden sollte in eine weitere große Fabrik verwandelt werden. Doch der Süden fühlte sich vom Norden nicht besiegt. Die Menschen benahmen sich nicht wie Besiegte. Bei Tennessee Williams entdeckt man, dass der Süden unbezwingbar ist.

Kürzlich wurde ich von der University of North Carolina eingeladen, mir ein paar Einakter anzuschauen und zu beurteilen. Jeden Abend sah ich drei Einakter und wunderte mich sehr. In jedem Stück ging es um den Bürgerkrieg, und jedes Mal gewannen die Südstaaten. In jedem Stück war der Held ein Soldat.

Im Süden verstand man das Militär im klassischen Sinn. Die Generäle waren stattliche, wohlerzogene Männer. Sie behandelten die Menschen gut und liebten ihr Heer, und der Süden liebte es, geführt zu werden. Wir mögen es nicht, geführt zu werden. Wir mögen die Menschen. Sie verehrten ihre Führer, folgten ihnen, ahmten sie nach. Das verlieh ihnen etwas Aristokratisches.

General Lee, seines Zeichens Oberbefehlshaber der Konföderierten Armee, war elegant. Sie haben wahrscheinlich nie einen Mann in Uniform gesehen, der Sie dazu veranlasste, einen militärischen Anführer zu verehren. Wenn Sie Robert Edward Lee betrachten, wie er auftrat, und dann seinen Gegenpart von der Unions-Armee, Ulysses S. Grant, verstehen Sie den Norden und den Süden. Im Süden benahmen sich die Menschen wie Aristokraten und sahen auch so aus. Dort entstanden angesehene Familien. Dort genoss das Familienleben große Achtung.

Im Süden erkannte man an der Art, wie jemand gekleidet war, zu welcher Klasse er gehörte: ob zur Oberschicht oder zu den armen Weißen. Das kann man in New York nicht erkennen. Niemand kann nur vom Äußeren her sagen, wer der Mensch neben ihm ist. Heute ziehen wir uns in ganz Amerika gleich an – kurze Hosen, Pullis, T-Shirts, Jeans. Unser Äußeres ist völlig homogenisiert.

In Tennessee Williams Süden gibt es mindestens vier Klassen – arme Weiße, Aristokraten, Arbeiter und Sklaven. Da muss man eine Menge lernen – die Leute dort mussten es tun, aber Sie müssen das jetzt auch. Sie mussten sich an die Regeln halten oder die Konsequenzen tragen, und das müssen Sie auch, wenn Sie als Schauspieler einen Südstaatler spielen.

Die Männer aus dem Süden bewunderten die Haltung anderer. Sie ahmten sie nach. Sie waren männlich, höflich, bemüht und sehr vornehm. Heute bedeutet vornehm: »Ich verbeuge mich, und ich will keine Nähe. Auf keinen Fall Nähe!« Im Süden herrschten große Vornehmheit und

Würde bei Arm und Reich. Und es herrschte auch eine große Verbundenheit.

Verstehen Sie das bitte: Es ging nicht ums Geld! Es lag im Wesen ihrer Kultur, dass die Menschen sich gleichsam als Adlige betrachteten und verhielten – eine gute Seele, ein trainierter Körper, ein gebildeter Verstand. Wenn man das hatte, blickten die Menschen zu einem auf. Die Ärmeren blickten zu solchen Menschen auf, wollten selbst auch so sein, ahmten sie nach.

Zu Beginn des Zweiten Weltkriegs war der Süden verarmt – was sich in den Dramen von Tennessee Williams zeigt. Wenn das Land Stück für Stück verkauft werden muss, wenn die Sicherheit, etwas zu besitzen, gänzlich schwindet, dann kommt es zur ENDSTATION SEHNSUCHT. Es gab keine Arbeit. Es kam zu einem völligen Zusammenbruch. Es herrschte schreckliche Armut. In Williams' ersten Stücken leben die Menschen in grauenhaften Umständen. In DIE GLASMENAGERIE gelangt man nur über die Feuerleiter in die Zweizimmerwohnung. Jetzt können Sie anfangen, sich das Ausmaß der Armut vorzustellen: Die Wohnung hatte nicht einmal einen Eingang! In ENDSTATION SEHNSUCHT dringt die verarmte Klasse in Stanley Kowalskis Wohnung ein.

An Menschen wie Blanche DuBois kann man erkennen, was die Armut aus ihr und ihrer Familie gemacht hat. Sie ist aus dem Süden geflohen, weil sie alles verkauft haben und pleite sind. Nun schlägt sie sich mit verschiedenen Gelegenheitsjobs durchs Leben, eine Aristokratin aus alten Zeiten, die im Süden dazu erzogen worden war, etwas Besonderes zu sein, etwas absolut Besonderes, die so besonders war, dass sie im Leben einfach eine Rolle spielen musste.

Die Frauen des Südens lebten hinter einer Maske. Sie redeten affektiert. Sogar beim Einkaufen führten sie sich wie etwas ganz Besonderes auf. Selbst in der Armut behielten diese Frauen die Maske des Plantagenlebens auf, auch wenn sie völlig mittellos waren.

Die Frau bildete in den Südstaaten den Mittelpunkt, die Lebenskraft. Sie war allen überlegen, weil es an ihr lag, den Lebensstil an ihre Kinder weiterzugeben und damit fortzuführen. Dafür wurde sie gebraucht, und die Männer mussten deshalb auch überlegen auftreten.

Die Männer zwangen die Frauen, auf eine bestimmte Art aufzutreten, überlegen zu sein. Sie wollten Reinheit. Reinheit bedeutete: »Ich spreche mit niemandem. Ich lasse niemanden an mich heran. Ich schüttle niemandem die Hand, nur meinen mir überlegenen Eltern. Nähe liegt mir fern.« Sie mussten sich ständig so »aufführen«, damit es auch als Aufführung *gesehen* wurde.

Blanche kommt herein, lässt ihre Blicke schweifen und sieht, dass sie in einer ärmlichen kleinen Zweizimmerwohnung gelandet ist. Sie ist so erschrocken über diese Armut, so verängstigt, dass sie sofort daran zerbricht.

Die meisten von Ihnen werden das wohl nicht so recht verstehen. Sind Sie alle auf der Mayflower nach Amerika gekommen? Nein, Sie kommen von irgendwoher, Sie haben keine Ahnentafel! Sie sind das, was man heutzutage als *White Trash* bezeichnet. Sie können Ihre Bühnenrollen nicht an Ihrem eigenen Mittelschichtleben messen. Sie müssen die Figuren aus deren Perspektive verstehen, sie aus ihrer Perspektive portraitieren, sonst spielen Sie für alle Zeiten nur sich selbst und Ihre Familie. In der Zeit vor dem Bürgerkrieg erkor der Mann im Süden eine Frau dazu aus, die Mutter seiner weißen Kinder zu werden, und dadurch hatte *er* Macht und Stärke und *sie* war künstlich geformt durch ihre Reinheit.

Heute spricht wahrscheinlich niemand mehr über Reinheit, oder? Ist eine der hier Anwesenden rein?

Die Frauen bei Tennessee Williams scheuen den Erfolg, sie scheuen die Konsequenzen. Ich glaube, heute versteht jede Frau, dass alle älter und krank werden und sich in der Welt durchsetzen müssen. Tennessee Williams' Frauen stellen sich aber nicht den gewöhnlichen Problemen des Lebens. In ENDSTATION SEHNSUCHT kommen absolut grauenhafte Typen am Samstag Abend zum Kartenspielen ins Haus, und Blanche macht sich Sorgen, ob sie richtig angezogen ist. Stanley findet das neurotisch – und ich muss ihm Recht geben.

Wird dadurch die Rolle des Mannes und die Rolle der Frau etwas klarer? In diesem Stück fängt die Welt auf einer Plantage an, die sich mit einem Schloss von Ludwig XIV messen könnte, und dann löst sie sich einfach auf. Ein Bankrott zwingt ihre Bewohner, sie zu verlassen und woanders hinzuziehen. Sie gehören nicht mehr zu dieser großartigen Plantage, und an ihrem neuen Wohnort müssen sie sich der brutalen Realität des Kleinstadtlebens stellen.

Sind wir uns nun im Klaren darüber, was Armut bedeutet? Wie schwierig es für eine Südstaaten-Mutter ist, die glaubt, sie habe siebzehn Gentlemen um sich herum, die ihr den Hof machen? Verstehen Sie, früher war sie ja umgeben von all dem Pomp, sie badete in Komplimenten, wurde mit Blumen überhäuft, ihre Verehrer drängten sich im Garten, daran kann sie sich noch gut erinnern.

In DIE GLASMENAGERIE gibt es einen Mann, der sich mit ihrer Tochter verabreden möchte, einer wunderschönen, jedoch verkrüppelten und lebensuntüchtigen Jungfrau. Für diesen einen Gentleman-Beau, der, wenn ich mich recht entsinne, zehn Dollar im Monat verdient, keine Zukunft hat, dumm und gewöhnlich ist, für diesen Mann zieht sie all die Kleider an, die sie als junges Mädchen trug.

Ist diese Kultur nicht eine beeindruckende – wenn eine Frau für einen Taxifahrer ihr Hochzeitskleid anzieht?

In den meisten Stücken, an denen Sie arbeiten werden, gibt es einen Konflikt, zwei widerstreitende Lebensstile. Als Schauspieler kommt Ihnen das Privileg und die Pflicht zu, diese beiden Lebensstile auf ihr höchstes Niveau zu heben, ihnen Größe zu verleihen, das Thema des Stückes zu verstärken, es nicht zu verwässern.

Wenn Sie intensiv genug an diesen Prinzipien gearbeitet haben, können Sie zuversichtlich davon ausgehen, dass Sie eine Schauspieltechnik erlernt haben, die Sie nie wieder verlernen werden. Vielleicht trägt sie nicht auf der Stelle Früchte, aber irgendwann einmal wird sie es tun.

Wenn Sie als Schauspieler Ihre Hausaufgaben gemacht haben, gibt es keinen Grund, sich demütig oder entschuldigend an Agenten oder Direktoren oder Produzenten zu wenden. Sie haben die kräftezehrende Arbeit geleistet, die Ihr Beruf erfordert, die anderen haben das nicht getan. Sie beginnen dann richtig zu spielen, wenn Sie Ihre Technik einfach vergessen, wenn diese in Ihnen so stark verankert ist, dass Sie gar nicht mehr bewusst auf sie zugreifen müssen. Indem Sie sich öffnen, werden Ihnen die Dinge zufallen.

Befreien Sie Ihr Talent, lassen Sie es arbeiten. Sie erreichen Ihr Ziel durch das Wunder des *Nicht-Schauspielens*. Sie erzielen dann die größten Erfolge, wenn Sie so wirken, als spielten Sie gar nicht.

Aber auch Erfolg ist nur ein vorübergehendes Ziel. Kein Schauspieler hat das Gefühl, dass er auf immer und ewig gut sein wird. Auch wenn er gute Arbeit leistet und weiß, dass er gut ist, kann er das Gefühl haben, dass er es schon am nächsten Tag nicht mehr so sein wird.

Der Schauspieler hat ein gebrochenes Herz. Das hilft ihm zwar, die Dinge zu verstehen, aber nicht, zu gewinnen. Es gibt keinen Schauspieler, der am Ende seines Lebens wie ein Banker aussieht. So ein Schauspieler mag zwar distinguiert wirken, aber nicht wie ein Sieger. Die Schauspielkunst erfordert einen hohen Einsatz – das Herz des Schauspielers.

Quellenverzeichnis

Den Zitaten aus den Dramentexten liegen folgende Übersetzungen ins Deutsche zugrunde:

S. 34 Khalil Gibran, DER PROPHET: deutsch von Barbara Röhl, Piper Verlag, München 2002, S. 82.

S. 37 Thornton Wilder, UNSERE KLEINE STADT: deutsch von Hans Sahl, S. Fischer Verlag, Frankfurt am Main 2003, S. 82 ff.

S. 91 Tennessee Williams, ENDSTATION SEHNSUCHT (A STREETCAR NAMED DESIRE): deutsch von Helmar Harald Fischer. A STREETCAR NAMED DESIRE © © 1947, 1974 The University of the South. ENDSTATION SEHNSUCHT © 1954 S. Fischer Verlag. © der Neuübersetzung 2003 bei Jussenhoven & Fischer, S. 105.

S. 92 f. Eugene O'Neill, JENSEITS VOM HORIZONT: deutsch von Leopardi und Eckstein, S. Fischer Verlag, Frankfurt am Main 1991, S. 17 – 18.

S. 93 John van Druten, SO WAR MAMA: deutsch von Carl Zuckmayer, S. Fischer Verlag, Frankfurt am Main ca. 1960, S. 6.

S. 126 Eugene O'Neill, ANNA CHRISTIE (1920): deutsch von Angela Schumitz.

S. 128 William Shakespeare, CORIOLANUS (3. Aufzug, 3. Szene): deutsch von Dorothea Tieck, in: Sämtliche Werke, Dritter Band: Tragödien, Verlag Lambert Schneider, Heidelberg, o. J., S. 69 f.

S. 134 William Shakespeare; ROMEO UND JULIA (1. Aufzug, 1. Szene): deutsch von August Wilhelm von Schlegel, in: Sämtliche Werke, Dritter Band: Tragödien, Verlag Lambert Schneider, Heidelberg, o. J., S. 183.

S. 139 Bernard Shaw, PYGMALION: deutsch von Siegfried Trebitsch, Coron-Verlag, Zürich 1966, S. 163.

S. 168 William Shakespeare, MASS FÜR MASS (3. Aufzug, 1. Szene): deutsch von Wolf Graf Baudissin, in: Sämtliche Werke, Erster Band: Komödien, Verlag Lambert Schneider, Heidelberg, o. J., S. 250.

S. 187 f. William Shakespeare, HEINRICH V (4. Aufzug, 3. Szene): deutsch von August Wilhelm von Schlegel, in: Sämtliche Werke, Zweiter Band: Historien, Verlag Lambert Schneider, Heidelberg, o. J., S. 396.

Außerdem lieferbar:

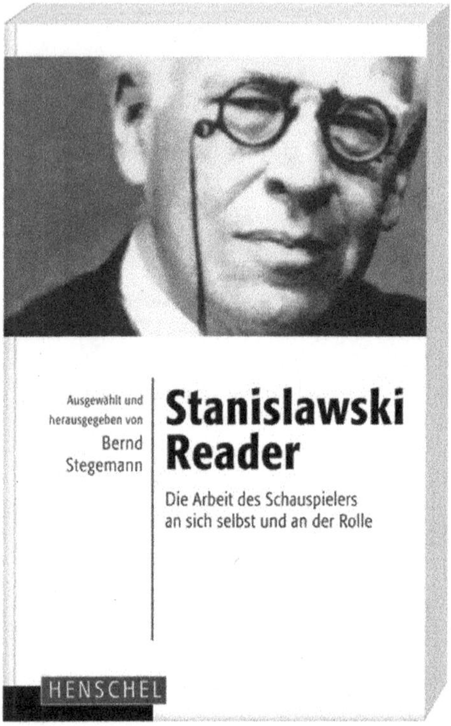

Bernd Stegemann
Stanislawski-Reader
Die Arbeit des Schauspielers an sich selbst und an der Rolle
432 Seiten, 1 s/w Abbildung
ISBN 978-3-89487-574-9

Das »Stanislawski-System« ist das Resultat von Stanislawskis lebenslanger Arbeit als Schauspiellehrer und Regisseur. Zahlreiche Methoden und Schulen haben sich aus seiner Lehre entwickelt, so etwa Lee Strasbergs »Method Acting«, und noch heute berufen sich prominente internationale Film- und Theaterstars auf seinen Schauspielansatz. Aus den wichtigsten Texten Stanislawskis (»Die Arbeit des Schauspielers an sich selbst« und »Die Arbeit des Schauspielers an der Rolle«) sind in diesem Band die prägnantesten Passagen für die Entwicklung der schauspielerischen Individualität und ein effektives Rollenstudium ausgewählt und kommentiert.